项目资助：广西高等学校高水平创新团队及卓越学者计划项目——北部湾
用教育部重点实验室（南宁师范大学）
广西自然基金创新团队项目：北部湾海陆交互关键带与陆海统筹

广西北部湾地区海洋非物质文化遗产生产性保护研究

陈炜 著

中国海洋大学出版社

·青岛·

图书在版编目（ＣＩＰ）数据

广西北部湾地区海洋非物质文化遗产生产性保护研究 /
陈炜著 . -- 青岛 : 中国海洋大学出版社 , 2019.5

ISBN 978-7-5670-2222-5

Ⅰ . ①广… Ⅱ . ①陈… Ⅲ . ①海洋—非物质文化遗产
—保护—研究—广西 Ⅳ . ① G127.67

中国版本图书馆 CIP 数据核字 (2019) 第 092676 号

广西北部湾地区海洋非物质文化遗产生产性保护研究

出 版 人	杨立敏			
出版发行	中国海洋大学出版社有限公司			
社　　址	青岛市香港东路 23 号	邮政编码		266071
网　　址	http://pub.ouc.edu.cn			
责任编辑	郑雪姣	电　　话		0532-85901092
电子邮箱	zhengxuejiao@ouc-press.com			
图片统筹	河北优盛文化传播有限公司			
装帧设计	河北优盛文化传播有限公司			
印　　制	三河市华晨印务有限公司			
版　　次	2020 年 12 月第 1 版			
印　　次	2021 年 1 月第 1 次印刷			
成品尺寸	170mm×240mm	印　　张		13.25
字　　数	231 千	印　　数		1~1000
书　　号	ISBN 978-7-5670-2222-5	定　　价		59.00 元
订购电话	0532-82032573（传真）	18133833353		

发现印刷质量问题，请致电 18133833353 进行调换。

摘　要

　　我国疆域辽阔、地理环境各异、民族众多，长期以来，各族人民在日常生产、生活中创造出丰富多彩的传统文化，形成中华民族深厚的文化底蕴，推动着社会文明的发展进程。其中，历史悠久、形态各异的海洋文化是我国传统文化的重要组成部分。海洋非物质文化遗产作为海洋文化的重要内容，反映了沿海民众在生产、生活、文学艺术、思想形态等方面的智慧，对其进行生产性保护是激发民族自信、弘扬海洋文化、形成文化生产力的重要途径。

　　广西北部湾地区位于我国南部沿海，有着古代海上丝绸之路的始发港，主要有钦州、北海、防城港三个沿海城市。这里生活着汉族、客家、疍家、壮族、京族等不同族群，各民族在悠久的历史发展及长期的生产劳作过程中创造了数量众多、形式多样、极富地方特色的海洋非物质文化遗产。然而，随着现代化进程的加快与时代的变迁，海洋非物质文化遗产的生存土壤发生了巨大变化，其保护与传承正面临着前所未有的困境，并日益受到政府及社会各界的广泛关注。近年来，国家先后制定出台了《文化部关于加强非物质文化遗产生产性保护的指导意见》《关于实施中华优秀传统文化传承发展工程的意见》《全民海洋意识宣传教育和文化建设"十三五"规划》《全国海洋经济发展"十三五"规划》等涉及海洋非物质文化遗产保护传承与创新发展的政策文件，为海洋非物质文化遗产的保护与利用指明方向。所谓非物质文化遗产的生产性保护，主要是指以保持非物质文化遗产的真实性、整体性和传承性为核心，以有效传承非物质文化遗产技艺为前提，借助生产、流通、销售等手段，将非物质文化遗产及其资源转化为文化产品的保护方式。实践证明，通过科学合理的方式，对海洋非物质文化遗产实施生产性保护，是新的时代背景下实现其可持续发展的重要途径。

基于以上思路，本课题紧扣广西北部湾地区海洋非物质文化遗产生产性保护现况进行研究，在对广西北部湾地区海洋非物质文化遗产的资源现况、生产性保护现状、影响因素等问题进行系统分析的基础上，探明广西北部湾地区海洋非物质文化遗产生产性保护的驱动机制，而后根据广西北部湾地区海洋非物质文化遗产的生存环境及生产性保护现状，构建该区域海洋非物质文化遗产生产性保护模式，并针对问题提出模式实施的对策。研究成果对于深入挖掘与合理开发利用广西北部湾地区海洋非物质文化遗产，进一步丰富和完善海洋非物质文化遗产生产性保护的理论体系；对于揭示并有效破解该区域海洋非物质文化遗产生产性保护所面临的问题，增强遗产保护与传承的自身造血功能；对于探索广西北部湾地区海洋非物质文化遗产生产性保护的创新模式，提升其保护与利用绩效；对于培育和打造广西海洋文化特色产业，实现广西海洋强区与民族文化强区建设的战略目标，都具有较为重要的理论借鉴意义与实践应用价值。

本课题通过文献研究和实地调查相结合的方法，对广西北部湾地区海洋非物质文化遗产进行了系统的历史总结与现状分析，包括广西北部湾地区海洋非物质文化遗产的生存环境、数量与规模、类型与分布、特征与功能，以及生产性保护取得的现实成绩、存在问题、问题产生的原因等的全面整理和分析。在此基础上，采用利益相关者图解法，辨析影响广西北部湾地区海洋非物质文化遗产生产性保护的主要因素，进而探明该区域海洋非物质文化遗产生产性保护的驱动机制；通过充分吸收国内外有关海洋非物质文化遗产生产性保护的成功经验，结合广西北部湾地区海洋非物质文化遗产资源的特点，从政府主导、市场主导和文化传播主导等视角因地制宜地构建了三种生产性保护模式；最后提出有针对性的实施对策。

本书的研究内容分三部分共七章。

第一部分是研究综述与理论基础，也即第一章，主要是阐述研究背景和意义、界定相关概念、对国内外的相关研究进行评述，并对研究的理论依据和方法逐一说明。

第二部分为核心内容，包括第二章、第三章、第四章、第五章、第六章。其中，第二章是广西北部湾地区海洋非物质文化遗产的调查研究，对该区域海洋非物质文化遗产的生存环境、类型与数量、分布与特点、功能与价值进行了全面系统的整理和分析，从而为后续的进一步研究做铺垫。另外，从现实成绩、存在问题、问题产生的原因等方面入手，具体剖析了广西北部湾地区海洋非物质文化遗产生产性保护现状。第三章采用利益相关者图解法，在识别广西北部湾地区海洋非物质文化遗产生产性保护过程中不同类型的利益相关者及其利益诉求、相互关系的基础上，辨析了影响广西北部湾地区海洋非物质文化遗产生产性保护的主要因素。第四章借鉴系统动力学的相关原理，构建了广西北部湾地区海洋非物质文化遗产生产性保护的驱动系统，并探明其生产性保护的驱动机制。第五章采用文献分析法，充分吸收国内外海洋非物质文化遗产资源生产性保护的成功经验，在产业集群理论、文化再生产理论、点轴开发理论等有关理论的指导下，分别构建了以市场为主导的文化产品保护模式、以政府为主导的产业融合发展模式和以文化传播为主导的资源共享模式三种针对性较强的海洋非物质文化遗产生产性保护模式。第六章对广西北部湾地区海洋非物质文化遗产生产性保护提出了相应的对策建议。

第三部分是研究结论与展望，也即第七章，全面总结了本研究的主要成果、存在问题，并对该领域今后的研究方向进行展望。

目 录

第 1 章　绪论

1.1　研究背景及意义

1.1.1　研究背景

　　我国地域辽阔、历史悠久，各族人民在其特定的生存空间里、在漫长的历史发展中创造并积淀了深厚的文化遗产，构成了博大精深的文化体系。其中，海洋非物质文化遗产反映了沿海地区民众在不同时空的思维图式、生产生活方式，蕴含了一代代人的创造力和思想力，在文化的浩瀚宇宙中灿若繁星，是我国民族文化、地域文化多样性的生动体现，具有丰富的文化内涵与价值功能。对其进行保护传承与开发利用，意义重大而深远。然而，随着社会经济的发展与时代的变迁，千百年来积淀下来的这些海洋非物质文化遗产，正面临着全球经济一体化的严峻挑战和市场经济的猛烈冲击，它们的生态或者遭到不同程度的破坏，或者严重失衡而岌岌可危。海洋非物质文化遗产的保护与发展问题日益受到政府及社会各界的广泛关注。

　　海洋非物质文化遗产是对沿海居民在长期的涉海生产、生活中创造并积累的非物质文化遗产的总称，是按照区域特点划分的非物质文化遗产类型，是海洋文化的重要组成部分。2008 年，国务院批准的《国家海洋事业发展规划纲要（2006—2010 年）》明确指出，要增强全民海洋意识，大力弘扬海洋文化，加强海洋文化遗产的保护和挖掘。自此，海洋文化建设成为国家海洋事业发展五年规划中的重要内容。2016 年，国家海洋局与教育部、文化部、国家新闻出版广电总局、国家文物局联合印发了《提升海洋强国软实力——全民海洋意识宣传教育和文化建设"十三五"规划》，指出要开展海洋文化遗产普查和保护，摸清海上丝绸之路相关文化遗产资源的家底，创新海洋文化遗产的保护、传承、利用、发展的模式，鼓励大力发展具有鲜明地域特色和海洋风情的海洋生态旅游和海洋文化旅游产品。由此可见，有关海洋文化遗产的挖掘保护与开发利用，不仅涉及我国优秀传统文化保护传承问题，而且与我国海洋强国建设战略密切相关，与之有关的学术研究正日益显现出其重要性和迫切性。

广西北部湾海域位于我国南海西北部，是中国古代海上丝绸之路的始发港[1]，也是如今重要的对外贸易通道。沿海而居的有京族、壮族、疍家、客家等等不同族群。他们在长期的历史发展中，以海洋生产为背景，创造出大量各具特色的海洋非物质文化遗产，为我国南疆海洋文化勾画出浓墨重彩的一笔。海洋非物质文化遗产是广西北部湾地区的主要文脉组成，是社会发展、生产进步的活水源，也是地区发展战略的重要依托资源。新的时代背景下，在注重保持遗产真实性、整体性和传承性的基础上，借助生产、流通、销售等手段，将其转化为文化产品，是实现其保护传承与创新发展可持续性的重要途径。

目前学术界对广西北部湾地区海洋非物质文化遗产资源尚未进行系统的挖掘和整理，对其保护传承与开发利用的途径、方式也缺乏深入的探讨，其潜在的社会经济文化价值没有得到充分的发挥。有鉴于此，本研究紧扣时代脉搏，以广西北部湾地区海洋非物质文化遗产生产性保护为主题，在摸清广西北部湾地区海洋非物质文化遗产资源状况的基础上，针对其生产性保护所面临的困境，通过综合运用多学科的理论与方法，充分吸收国内外相关研究成果及实践经验，构建广西北部湾地区海洋非物质文化遗产生产性保护模式，并据此提出相应的对策建议，以期在深化海洋非物质文化遗产活化利用的研究方面有所突破，从而为优化创新海洋非物质文化遗产的保护传承方式，拓展海洋非物质文化遗产传承利用途径，以海洋文化软实力推进广西海洋强区建设，提供理论指导和经验借鉴。

1.1.2　研究意义

1.1.2.1　理论意义

随着国家对海洋非物质文化遗产保护的日益重视，与之有关的学术研究正愈发显现出其重要性和迫切性。本课题综合运用多学科的理论与方法，通过理论与实践、定性与定量研究相结合，针对广西北部湾地区海洋非物质文化遗产生产性保护问题展开系统而深入的研究；为深入挖掘与合理开发利用广西北部湾地区海洋非物质文化遗产，进一步丰富和完善海洋非物质文化遗产生产性保护的理论体系；为培育和打造广西北部湾地区海洋特色文化产业，实现广西北部湾地区海洋非物质文化遗产保护传承与开发利用的协同发展，提供理论支撑和方法指导。

1.1.2.2 现实意义

广西北部湾地区海洋非物质文化遗产历史悠久、特色鲜明，极具保护传承与开发利用价值，加强对该区域海洋非物质文化遗产的生产性保护是广西推进海洋强区建设的重要内容之一。本研究对于揭示并有效破解广西北部湾地区海洋非物质文化遗产生产性保护所面临的瓶颈制约，增强遗产保护与传承的自身造血功能；对于进一步探索该区域海洋非物质文化遗产生产性保护的创新模式，提升其保护与传承绩效；对于实现广西海洋强区和民族文化强区战略的发展目标，推动广西北部湾地区和谐社会建设，都具有重要的实践意义与应用价值。

1.2　国内外研究综述

进入 21 世纪，各国综合国力的竞争日趋激烈，其根源就是文化软实力的竞争[2]。随着文化跃升为国家软实力的重要内容，各国越来越重视以文化为驱动力，对文化资源进行保护传承、开发利用，将文化资源优势转变为经济发展优势。生产性保护因其提倡将海洋非物质文化遗产通过生产、流通、销售等途径转化为文化产品，有助于海洋非物质文化遗产的持续传承与创新发展。因此，有关海洋非物质文化遗产生产性保护的研究也逐渐成为学术界所关注的热点。本研究通过对国内外非物质文化遗产，特别是海洋非物质文化遗产生产性保护相关文献的梳理，对其研究现状进行总结，以此作为本课题的研究基础和理论指导。

1.2.1　国外研究综述

海洋非物质文化遗产的生产性保护，是指以保持海洋非物质文化遗产的真实性、整体性和传承性为核心，借助旅游开发、文化创意产品等市场化手段，将海洋非物质文化遗产及其资源转化为文化产品的保护方式。通过搜集图书馆馆藏图书资源以及 Elsevier、Web of Science、EBSCO、Springer 等外文文献数据库，并以谷歌学术、百度学术等网络数据库作为辅助资源，以 "Maritime intangible Cultural Heritage" "Maritime Culture" "Ocean Culture" "Oceanic Culture" "Coastal Culture" "Coastal Tourism" "Island Culture" "Island Culture Tourism" 等为主题词进行检索，发现相关研究较少，且尚未发现直接涉及 "广西北部湾地区海洋非物质文化遗产" 的文献资料。因此，为了保证理论基础的科学性与合理性，将海洋遗产、海洋文化、海岸文化、海岛文化、非物质文化等涉海文化资源及非物质文化遗产资源统称为海洋文化遗产，并将文献资料按研究的主要内容进行归类。结果发现，国外有关海洋非物质文化遗产生产性保护的研究较少，而关于非物质文化遗产生产性保护的研究较多，主要集中在生产性保护的必要性及意义和生产性保护的路径及方式两个领域。

1.2.1.1 非物质文化遗产生产性保护的必要性及意义

Durán Roi, Farizo Begoña A., Vázquez Mariá Xosé（2015）采用离散选择试验对欧洲大西洋地区海洋文化遗产的经济价值进行了评价，认为当地传统渔业遗产以及其他海洋文化遗产对当地社会福利的增长有重要作用 [3]。Sidi Ali Ould（2012）认为从建立旅游管理意识到建设维护和养护非物质文化遗产是其延续传承的关键 [4]。Georgiev, Georgi, Vasileva, et al（2012）从旅游学视角，分析了全球和区域范围的非物质文化遗产特点，并针对其保护与传承提出了一些建议 [5]。Esfehani, Minoo H, Albrecht, et al（2018）通过实证研究，阐述了非物质文化遗产保护与旅游发展之间的相互作用 [6]。López-Guzmán, Tomás, Santa-Cruz, et al（2017）从旅游学视角，通过游客满意度分析，探讨非物质文化遗产旅游发展的影响因素 [7]。Park, Carey（2012）从制度层面分析了韩国和日本对非物质文化遗产的保护模式，强调社区参与在非物质文化遗产生产性保护中的重要性 [8]。Byun Jiaun（2016）通过对无形文化财产的必要性和方向的研究，阐明了立法对非物质文化遗产生产性保护的必要性 [9]。박희진（2014）认为随着时代的发展，非物质文化遗产政策基调应由 "保护" 向 "应用" 转变，国家应适当引入非物质文化遗产传承的创新方法和可持续发展的具体方案 [10]。朝仓敏夫（2009）在《日本赢得世界遗产的战略》一文中指出非物质文化遗产是世界文化力量的基础，并认为文化产业是 21 世纪最有影响力的行业，这对于研究非物质文化遗产的生产性保护具有重要指导意义 [11]。

Martina Kalamarova, Erika Loucanova, Jan Parobek，et al（2015）认为，非物质文化遗产作为一种文化资本，它的文化价值和经济价值承载着历史发展的过程，应当以恰当的方式进行保护与传承 [12]。Cominelli Francesca（2011）以法国传统手工艺为例，研究工艺商品的发展路径，表明传统技艺产品生产技能是其保护与传承的必要途径 [13]。Manuel Bamerta, Maarit Ströbeleb, Matthias Bucheckerb（2016）以农业文化遗产为研究对象，认为农业文化遗产是传统生活方式的有效载体，保护这些弥足珍贵的农业文化遗产有助于增强社区居民的文化认同，提升其保护意识，进而壮大遗产保护队伍 [14]。

1.2.1.2　非物质文化遗产生产性保护的路径及方式

1. 从旅游学视角研究

James Bender（2015）分析了亚得里亚海海岸和岛屿的海洋性非物质文化遗产，阐述了其与旅游之间的关系，并提出了基于线索方法论的社区生态管理保护模式 [15]。De Figueiredo, Marina Dantas（2015）通过文献研究和实证分析相结合，研究巴西非物质文化遗产生产性保护的现状，探讨非物质文化遗产生产性保护的方式、方法 [16]。Julie Urquhart, Yim G Acott（2013）探讨了英国康沃尔近海渔业发展的困境与机遇，认为可将当地独特的海洋饮食文化以及捕鱼习俗与旅游业结合起来，打造地方旅游品牌 [17]。Su Rui（2013）回顾《保护非物质文化遗产》一书的"博物馆"旅游保护模式，试从文化新视角探寻非物质文化遗产生产性保护的路径 [18]。Sun Meng-yang, Shi Mei-yu 探讨不同地域文化背景的游憩游客市场细分思路，促进了非物质文化遗产资源的开发利用 [19]。여사헨、나성숙（2014）以朝鲜王朝的讲故事形式传承非物质文化遗产为例，探讨故事与文化产业的互动发展关系 [20]。Tsen-Chien Chen, Kuo-chengku, Ta-chung Ying（2012）通过介绍台湾绿岛丰富的旅游资源，建议人们在海洋的开发与管理过程中要重视海洋文化遗产的旅游开发 [21]。류호철（2016）以传统白酒制作技艺为例展示了传统技艺的商业化保护与利用的途径 [22]。Falser M.S（2014）以皇家吴哥窟为建筑舞台，将"皇家高棉芭蕾"作为文化表演和遗产的再现形式，认为文化遗产是当今世界旅游业最有利可图的全球化商品 [23]。James Bender（2015）通过创建网络支持，构建一个类似克罗地亚的可变换的休闲型旅游产品，开发当地的海上旅游场所并在旅游线路中展示沿海和岛屿的非物质文化遗产 [24]。

2. 从工艺品商业化的视角研究

LeeJae-Soo（2017）以韩国燃灯节为例，通过对联合国教科文组织申遗程序的讨论，探寻提升非物质文化遗产的保护利用方式 [25]。송희영（2012）从产品开发的角度，探讨非物质文化遗产如何通过创新产品内容、变换展现形式等文化创意方式寻求文化产业的持续发展路径 [26]。안재식、이상노、이달원、다른（2015）以传统武术为例，就如何通过设计新的文化艺术内容将非物质文化遗产转向健身行业展开了讨论 [27]。민경선、최영화（2017）讨论如何利用网络化、虚拟与现实结合等科技手段促进非物质文化遗产的有效利用，使其成为生活中活的遗产 [28]。최형섭（2015）通过对我国苗族国家级非物质文化遗产的特点及实际利用情况研究，指出苗族非物质文化遗产在利用过程中日趋自然且具有娱乐性，有助于其保护与传承 [29]。고상현（2014）以韩国元宵节为例，研究了宫廷非物质文化遗产创造性的利用方法 [30]。Kim，Sangtae，심연옥（2014）通过对文化空间布局方面的研究，提出了博物馆展示空间规划的建议 [31]。Kim，H.W，Honan Jeong Gang，Hu Ting（2012）通过对韩国文化遗产节的效果比较研究，分析了举办节日后对该地区的影响以及节日的变化，探讨区域文化遗产节庆是否能够发扬本区域的文化，并具有社会经济效应 [32]。임장혁（2008）以朝鲜族传统舞蹈为例，研究开发非物质文化遗产的各种有效记录和利用方法，并结合联合国教科文组织对非物质文化遗产的定义，就非物质文化遗产如何对后代产生持续效益展开研究 [33]。Cheungs，Sidney C.H（2013）从饮食行业的角度出发，指出部分传统技艺类（食品制作）非物质文化遗产在市场化过程中，其原真性和完整性由于过度商业化行为而被陷入保护与传承的困境 [34]。Kristen K，Swanson，Dallen J. Timothy（2012）就本土艺术和手工艺在成为旅游产品的商品化过程提出文化遗产在旅游领域的未来发展方向，强调数字化、信息化、媒体化的手段将是非物质文化遗产活态传承的有效途径 [35]。

3. 从创意产业的视角研究

Kim，K（2015）从区域发展角度出发，讨论了非物质文化遗产与产业和谐共生的"创意软城市"发展方式 [36]。Silvia Rita Sedita（2012）通过对创意产业的经验总结，认为可以通过域内技术为基础、域间技术为基础、域内利用为主和域间使用为主四种方式创新利用非物质文化遗产的经济价值 [37]。Vasile

Valentina，Surugiu Marius-Răzvan（2015）利用定性研究的方法，依据本地综合业务发展的基础，从具体的就业和创业角度分析，认为非物质文化遗产的创新产品供应方，应在授权消费模式的基础上，增加参与和认知的情感辅助功能[38]。Mateja Šmid Hribar，David Bole，Primož Pipan（2015）认为非物质文化遗产的可持续管理涉及社会、经济和地方文化发展的方方面面，并指出遗产的成功利用和有效管理依赖于人，管理者应当从非物质文化遗产的特性、相关产业链、完善的服务配套、创新的销售服务四方面进行利用和管理，达到生产性保护的效果[39]。Irini Dimitriyadis，Süreyya O. Akyuz，Feride H. Basturk（2012）研究资助非物质文化遗产得到大规模推广的有效机制，而该种机制并非完整的商业模式，而是基于有针对性的项目捐款创建的解决方案[40]。Andrea Báez，Luis César Herrero（2012）运用成本效益分析法来评估一个文化项目通过非营利基金支持非物质文化遗产保护与开发的综合效益，从而设计保护与传承非物质文化遗产的政策[41]。Tullio Scovazzi（2014）认为文化空间必须为更多具有地域性特征的非物质文化遗产提供社会实践的场所，并强调社区参与的重要性[42]。Esteve-Sendra Chele，Moreno-Cuesta Ricardo，Portalés-Mañanós Ana 等（2012）建议，非物质文化遗产可通过新技术与传统技术相结合的方式，引导用户运用传统技艺的实践素质，激发用户的灵感和创新精神，创造可持续发展的产品[43]。Hee Min Choi，Bong Hwan Ko，So Young Sohn（2010）运用金融领域的 WTP 分析方法，将非物质文化遗产融入金融领域，并提供这些金融产品的设计寓意，通过联合分析的结果设计金融产品在韩国市场的文化遗产商业模式[44]。Frédéric Leroy，Pwter Scholliers，Virginie Amilien（2015）以肉类制作技艺为例，提出非物质文化遗产产业化发展应借鉴行业和消费者的需求[45]。Susan Luckman（2015）认为，以传统手工技艺为基础的工艺品，正在发展成为人们的业余爱好，因此可以作为一个理想的产业融入当代工艺经济，促进传统手工技艺的活态传承[46]。Yong-sook Lee，Woo-jin Shin（2015）通过对日本清酒酿造厂的案例研究，认为可将传统的生产方式与讲故事的创新方式结合进行创意营销[47]。Nyasha A. Gurira，Patrick，Ngulube（2016）以大津巴布韦遗址为例，运用应急评估方法，对文化遗产旅游开发与保护的互动关系进行了调查与评价[48]。

1.2.2　国内研究现状

我国海洋非物质文化遗产资源非常丰富，极具保护与利用价值，吸引了国内众多学者关注，有关海洋非物质文化遗产生产性保护的研究成果较国外丰富。近年来，随着国家对非物质文化遗产重视程度的提高和文化旅游的发展，如何将我国丰富多彩的非物质文化遗产转化为带动区域经济发展的旅游资源，实现其文化价值向经济价值的转化，成为学者们普遍关注的重点议题。实践证明，生产性保护是非物质文化遗产活态传承的重要方式之一。许多学者都热衷于从多角度研究非物质文化遗产的生产性保护，其研究内容主要集中在海洋非物质文化遗产生产性保护的意义、海洋非物质文化遗产保护模式、海洋非物质文化遗产旅游开发、海洋非物质文化遗产产业化发展等四个方面，但关于广西北部湾地区海洋非物质文化遗产生产性保护研究很少。

1.2.2.1 关于海洋非物质文化遗产生产性保护的意义研究

刘玲（2012）认为宁波海洋非物质文化遗产是当地独特的历史财富，进行合理的开发和有效的保护对促进当地海洋经济的发展具有重要意义[49]。崔凤（2017）认为海洋非物质文化遗产对于社会发展、文化建设、海洋经济建设等方面具有不可替代的作用，海洋非物质文化遗产生产性保护研究对当今时代的发展具有重要的历史和现实意义[50]。黄国平、黄永良（2008）以海洋民俗体育为例，认为其具有传承、亲和、强身健体、美育、经济等功能，并建议在海洋非物质文化遗产保护过程中应重视海岛城市化进程中的民众需求，以充分挖掘海洋民俗体育的当代价值[51]。祁正道（2017）认为，相较于抢救性保护、整体性保护、立法保护三种非物质文化遗产保护方式而言，生产性保护方式能够让非物质文化遗产持续性地回归生产、生活[52]。潘树红（2017）运用定量分析和定性分析相结合的方法，对山东海洋非物质文化遗产进行了价值评估，认为海洋非物质文化遗产的生产性保护对促进海洋强省建设具有重要意义[53]。丁爱梅（2017）认为，海洋非物质文化遗产的生产性保护研究是民族文化认同的基础，也是其文化价值被充分挖掘利用的重要航标[54]。杨亚庚、陈亮、贺正楚等（2014）认为，从理论视角、制度建设、保障机制、企业投入等方向构建生产性保护模式，对于海洋非物质文化遗产的活态传承具有重要作用[55]。刘德龙（2013）认为，生产性保护方式在拉动消费、扩大就业、改善民生，实现区域经济、社会、文化全面协调可持续发展等方面发挥积极作用[56]。陈炜、高翔（2016）以广西北部湾地区海洋非物质文化遗产为例，在描述海洋非物质文化遗产社会功能、精神功能、教育功能等以及历史文化价值、科学研究价值、艺术审美价值、经济开发等价值的基础上，认为海洋非物质文化遗产的生产性保护研究具有不可忽视的现实意义[57]。李瑞林（2012）通过对我国海洋非物质文化遗产——汉沽飞镲的详细介绍，说明了海洋非物质文化遗产是民族精神、民族气质、民族智慧的结晶，并鼓励对海洋非物质文化遗产进行生产性保护方面的研究，以促进其实现活态传承[58]。

1.2.2.2　关于海洋非物质文化遗产保护模式的研究

贾全聚（2013）在概述舟山非物质文化遗产特点的基础上，运用定量分析法，对舟山沿海地区的非物质文化遗产进行归类、整理和总结，分析其保护与发展所取得的成绩及存在的问题，在此基础上，提出了"船老大"保护模式[59]。王高峰（2013）分析了嵊泗列岛的海洋非物质文化遗产保护与传承现状，探讨海洋非物质文化遗产活态传承的有效模式，并认为在海洋经济时代，应充分发挥海洋非物质文化遗产的价值，在"保护第一，以保护促发展"的原则上促进海洋非物质文化遗产的可持续传承[60]。张茜、毛海莹（2015）依据浙江海洋非物质文化遗产当前所面临的困境，有针对性地提出了海洋非物质文化遗产"产业化运作模式""教学基地模式""数字化平台模式"，并对三种模式的应用提出自己的看法[61]。徐霄健（2017）以传统手工技艺类海洋非物质文化遗产为例，分析了国家级、省级海洋非物质文化遗产在大工业化时代发展所面临的机遇和挑战，并为促进其适应海洋强国战略需求提出了传统手工技艺类海洋非物质文化遗产的创新保护模式[62]。王伟君（2017）在梳理民间文学类和传统技艺类海洋非物质文化遗产的基础上，分析其特征和价值，并提出相应的保护对策[63]。于家宁(2017)从海洋实践视角分析了民俗类海洋非物质文化遗产的独特性及保护现状，认为应从保护主体及文化空间方面构建海洋非物质文化遗产保护模式[64]。孙靓、金云亮（2017）认为，海洋非物质文化遗产因其特殊的地理环境以及独特的文化属性而具有地域性、民俗性、多样性等特征，因此对其生产性保护模式的构建应从活态化保护角度出发[65]。裘杰（2014）以宁波海洋非物质文化遗产项目保护为例，针对其在创意产业背景下生产性保护存在的问题，提出了依托文化市场平台，运用现代科技手段促进海洋非物质文化遗产产业化运营的保护模式[66]。李远龙、曾钰诚（2017）从产业数字化角度提出了非物质文化遗产产业化发展与数字化融合的保护模式[67]。

1.2.2.3　关于非物质文化遗产旅游开发的研究

由于中国海洋非物质文化遗产保护起步较晚且资金投入不足，通过开发遗产具有的经济价值来弥补保护资金不足的替代途径逐渐发展起来，其中最重要的方式之一就是旅游开发。因此，从旅游开发视角探讨其生产性保护的研究成果相对丰富。李志丹（2012）认为，旅游开发是非物质文化遗产融入生活的最直接方法，且有利于非物质文化遗产的活态传承，同时提出非物质文化遗产旅游开发时应注意保护为主[68]。廖国一（2005）对广西沿海京族的非物质文化遗产类型和特征进行了系统分析，并根据其地域特点提出"建设京族海洋文化风情园，发展中越边境旅游"的旅游开发模式[69]。官秀成、马友乐（2013）从生态伦理视角分析了广西北部湾经济区以旅游为代表的地区开发与开放行为导致当地生态环境与传统海洋文化的危机，指明在海洋非物质文化遗产旅游开发过程中应当重视生态保护[70]。席晓丽（2016）以海南疍家饮食文化的旅游开发为例，分析了游客对文化旅游的关注点，提出了非物质文化遗产旅游开发应注重游客的参与性和体验性[71]。韩富贵（2011）在探索西藏非物质文化遗产旅游开发路径的基础上，从旅游开发视角为西藏非物质文化遗产的生产性保护提出了新对策[72]。苏勇军（2010）认为，海洋非物质文化遗产的旅游开发应遵循"保护第一"的原则，并指出坚持可持续的旅游开发才是海洋非物质文化遗产传承的有效手段[73]。俞爱玲（2014）分析了海南海洋民俗体育的旅游开发，并认为其多层次、多方位、多形式途径的旅游开发值得借鉴，建议对非物质文化遗产的旅游开发应由企业、社区居民、协会组织、表演队等利益主体相互合作[74]。谭宏（2016）以民族旅游为例，认为非物质文化遗产资源可开发为民族地区的特色旅游产品，成为当地特色经济的重要组成部分，有利于非物质文化遗产的保护与传承[75]。于晨曦（2016）在对我国海洋非物质文化遗产研究的相关文献进行搜集、整理、分析基础，从旅游学角度提出了海洋非物质文化遗产适应当代海洋经济发展的新对策[76]。

1.2.2.4　关于海洋非物质文化遗产产业化的研究

随着产业经济时代的发展，文化的产业化开发与产业融合理念逐渐进入海洋非物质文化遗产生产性保护领域。苏勇军（2011）从文化产业视角出发，分析了我国海洋非物质文化遗产旅游开发现状，提出了文化经济背景下海洋文化产业与相关产业的互动发展对策[77]。裘杰（2014）通过对宁波海洋非物质文化遗产项目保护与传承现状的分析，认为在创意产业视域下，海洋非物质文化遗产的活态传承关键在于将其以文化产业形式融入市场，并运用项目管理方式实现其产业化运营[78]。张鹏（2015）以舟山群岛新区海洋非物质文化遗产为例，探索促进海洋非物质文化遗产适应文化产业新浪潮的生产性保护模式，为舟山海洋非物质文化遗产产业化发展提供新思路 [79]。赵英如（2013）通过对青岛海洋非物质文化遗产进行实地调研、梳理、归类，运用层次分析法对其在全球化背景下保护性开发现状进行研究，提出了海洋非物质文化遗产产业化运营策略及产业融合路径 [80]。刘堃（2011）认为，海洋经济是海洋文化的物质基础，海洋文化是海洋经济发展的精神动力，在分析海洋非物质文化遗产产业化发展现状的基础上，提出以海洋非物质文化遗产为支撑，将海洋文化产业与滨海旅游业、涉海休闲渔业、涉海体育产业、涉海工艺品等产业进行融合，促进海洋文化产业与海洋经济的协同发展 [81]。李锋（2017）分析了龙泉青瓷的特点，提出现代龙泉青瓷产品创新思路与产业化模式，建议将现代科技和产业思维融入传统工艺产业化开发 [82]。胡卫伟（2015）以典型的海岛旅游目的地为研究对象，通过定性分析与定量分析相结合，深入剖析海岛旅游与其文化遗产资源开发之间的相互影响，认为海洋非物质文化遗产可作为其旅游资源促使当地产业结构调整及文化产业的升级 [83]。杨姗姗、黄小华（2017）认为，非物质文化遗产的生产性保护应借助生产、流通等市场化手段，将非物质文化遗产资源转化为经济生产力，促进非物质文化遗产与现代产业的互动发展 [84]。魏利粉（2016）认为，非物质文化遗产衍生产品设计是其文化产品适应现代市场发展趋势的重要途径 [85]。覃萍、张发钦（2014）认为，非物质文化遗产的产业化发展应重视品牌化运营，坚持品牌创新营销路径 [86]。刘石磊（2015）认为，法律体系的构建、市场运营制度的规范以及非物质文化遗产的权利救济途径在很大程度上决定着非物质文化遗产的产业化发展 [87]。郑岩、李晓敏（2013）对大连市的海洋文化类型进行了分析，并根据类别差异提出不同的产业化开发策略，并认为海洋非物质文化遗产可结合养生、工业、科教、节庆、美食、军事、体育等产业进行融合发展 [88]。

1.2.3 研究述评

目前，国外关于海洋非物质文化遗产生产性保护的成果较少，研究对象主要集中在传统工艺领域，研究成果多为如何促进非物质文化遗产的传承，尚未发现直接涉及广西北部湾地区海洋非物质文化遗产生产性保护的研究成果。国内有关海洋非物质文化遗产生产性保护的研究成果较国外丰富。由于我国海洋非物质文化遗产保护起步较晚及公共资金投入不足，所以应通过开发遗产具有的经济价值来弥补保护资金不足。这种替代途径逐渐发展起来，其中较常见的就是旅游开发与产业化运作。因此，从海洋非物质文化遗产旅游开发视角和海洋非物质文化遗产产业化运营视角探讨其生产性保护的研究成果相对丰富。仍有以下几点研究不足。第一，现有研究对区域性海洋非物质文化遗产生产性保护的研究较少，对其生产性保护所面临的困境、影响因素、驱动机制缺乏关注；对广西北部湾区域海洋非物质文化遗产生产性保护的全面、系统性调查与研究尚属罕见。第二，现有研究对海洋非物质文化遗产如何依托其赖以生存的文化空间进行生产性保护的关注较少；对其生产性保护过程中利益相关者的利益诉求关注明显不够；研究结论的可操作性不强。第三，现有研究所运用的学科理论方法较为单一；理论研究较多，实证研究较少；定性研究较多，定量研究不足。本课题将在借鉴国内外优秀成果的基础上，针对其研究的不足，以广西北部湾地区海洋非物质文化遗产为例，对其生产性保护的影响因素、驱动机制、创新模式、对策等方面进行深入研究。

1.3　相关概念界定

1.3.1　非物质文化遗产

"非物质文化遗产"的最早相关概念源起于 1950 年日本颁布的《文化财保护法》，其首次提出了"无形文化财"，即"无形文化遗产"。1962年，韩国受日本影响颁布的《文化财保护法》，规定了无形文化财主要指历史、艺术、学术等方面具有较高价值的音乐、舞蹈、工艺技术以及其他无形的文化载体。进入 21 世纪后，学术界及国际组织等越来越关注非物质文化遗产的生存状态。联合国教科文组织在 2003 年颁布的《保护非物质文化遗产公约》将"非物质文化遗产"定义为："非物质文化遗产"，指被各社区群体，有时为个人，视为其文化遗产组成部分的各种社会实践、观念表述、表现形式、知识技能以及相关的工具、实物、手工艺品和文化场所。具体包括：口头传说和表述，包括作为非物质文化遗产媒介的语言；表演艺术；社会实践、仪式、节庆活动；有关自然界和宇宙的知识和实践；传统手工艺。

我国在 2005 年出台的《国务院关于加强文化遗产保护的通知》中将"非物质文化遗产"定义为：各种以非物质形态存在的与群众生活密切相关、世代相承的传统文化表现形式，包括口头传统、传统表演艺术、民俗活动和礼仪与节庆、有关自然界和宇宙的民间传统知识和实践、传统手工艺技能等以及上述传统文化表现形式相关的文化空间。2011 年,《中华人民共和国非物质文化遗产法》颁布实施。我国为非物质文化遗产的保护立法,这在世界属于首例,也是我国非物质文化遗产保护史上的里程碑事件。这部法律再一次明确了我国对于非物质文化遗产的概念表述:非物质文化遗产是指各族人民世代相传并视为其文化遗产组成部分的各种传统文化表现形式,以及与传统文化表现形式相关的实物和场所。具体包括:传统口头文学以及作为其载体的语言;传统美术、书法、音乐、舞蹈、戏剧、曲艺和杂技;传统技艺、医药和历法;传统礼仪、节庆等民俗;传统体育和游艺;其他非物质文化遗产。

1.3.2 海洋非物质文化遗产

目前关于海洋非物质文化遗产的研究较少,相关学者大多将非物质文化遗产的概念具体化延伸来对海洋非物质文化遗产进行概念界定。苏勇军(2008)提出海洋非物质文化遗产是沿海各地人民世代相承、与群众生活密切相关的优秀传统文化,并将海洋非物质文化遗产具体分为海洋文学艺术作品、海洋民间习俗、海洋节庆活动、海洋传统技艺、海洋信仰五类。贾全聚(2013)在其硕士论文中根据非物质文化遗产的概念引申,提出海洋类非物质文化遗产指的是沿海居民世代相承的、与沿海地区居民生活密切相关的、以口头或动作方式相传的各种传统文化表现形式和文化空间等 [89]。华海坤(2015)认为是沿海居民在长期的涉海行为过程中积淀形成的具有海洋特征的非物质文化遗产,具体包括文学艺术作品、民间习俗、海洋节庆活动、民间传统技艺、海洋信仰等 [90]。

综观相关文献可知,目前海洋非物质文化遗产的定义和分类尚未统一,但在定义上,其地理位置为"沿海地区",内容形式"涉海"等已达成共识。此种定义的核心是基于地理区位,而非物质文化遗产的性质,不能排除沿海居民族群迁徙至内陆地区而仍保有海洋文化记忆的特殊情况;也无法涵盖众多主要服务于海洋生产生活或主要取材于海洋的文化形式。本课题将海洋非物质文化遗产定义为:直接产生于或主要服务于海洋生产生活的,或主要取材于海洋自然与人文环境的,被世代传承的各种传统文化表现形式。由于广西北部湾地区海洋非物质文化遗产涉及内容主要是关于海洋文化方面的故事传说,如美人鱼传说;关于海产品方面的手工技艺如贝雕、鱼雕等;关于海洋生产方面、以娱乐为主的表演和耍杂技,如捉贝竞赛、顶杆、上刀山下火海等;以及涉及祭祀、庆祝等活动的传统节庆如三婆信仰、京族哈节等。因此,本课题在借鉴前人对海洋非物质文化遗产分类方法的基础上，参考联合国教科文组织在 2003 年颁布的《保护非物质文化遗产公约》中的类型划分方式，以及中国非物质文化遗产十大类别的分类标准，并根据广西北部湾地区海洋非物质文化遗产的功能、特征，将其分为民间文学、传统表演与游艺、传统工艺与技能、民间信俗四大类型。

1.3.3　生产性保护

"生产性保护"的概念最早出现于 2006 年中国艺术研究院院长王文章先生编撰的《非物质文化遗产概论》一书。书中指出生产性保护是非物质文化遗产保护的基本方式和原则，并提出非物质文化遗产中的手工技艺必须在生产实践中进行保护和传承。2009 年，文化部副部长周和平在"非物质文化遗产生产性方式保护论坛"首次对"生产性保护"这一概念进行深入的探讨，即生产性保护是指通过生产、流通、销售等方式，将非物质文化遗产及其资源转化为生产力和产品，产生经济效益，并促进相关产业发展，使非物质文化遗产在生产实践中得到积极保护，实现非物质文化遗产保护与经济社会协调发展的良性互动 [91]。2012 年，《文化部关于加强非物质文化遗产生产性保护的指导意见》中明确规定："非物质文化遗产生产性保护是指在具有生产性质的实践过程中，以保持非物质文化遗产的真实性、整体性和传承性为核心，以有效传承非物质文化遗产技艺为前提，借助生产、流通、销售等手段，将非物质文化遗产及其资源转化为文化产品的保护方式。" [92] 孙谦认为，生产性保护就是在结合当前我国社会发展实际的基础上，对非物质文化遗产进行与时俱进的保护，但不等同于盲目追求纯粹文化产业的行为，而应是借助文化生产和文化产品的物质载体，保证非物质文化遗产生命力的传承 [93]。唐芒果，孟清认为，生产性保护中的"生产"绝非市场经济语境下的生财之路，而是从非物质文化遗产的文化价值、精神价值、传承价值等出发，在一定限度下采用市场化手段将其进行活态传承的过程 [94]。

可见，生产性保护的主要目的是以市场化的途径对非物质文化遗产进行保护与传承，促进相关产业的发展，实现非物质文化遗产保护与经济社会协调发展的良性互动，但在此过程中也要注意避免因利益驱使而导致非物质文化遗产过度商业化的行为，即生产性保护并非简单地对非物质文化遗产进行包装生产，而是在遵循非物质文化遗产原真性、完整性的基础上，根据其功能及价值，借助生产、流通、销售等市场化手段因地制宜地进行保护性开发，实现非物质文化遗产的活态传承。

1.4 相关理论基础

1.4.1 利益相关者理论

"利益相关者（Stakeholder）"一词最早在 1963 年由斯坦福研究所的一些学者提出，他们对利益相关者的定义是：与企业生产经营行为和后果具有利害关系的群体或个人。1984 年，弗里曼（Freeman）在其专著《战略管理：利益相关者管理的分析方法》中首次明确阐述了利益相关者理论（Stakeholder Theory）。该理论强调企业的经营管理者为综合平衡各个相关者的利益要求而进行的管理活动 [95]。相比于传统的利益相关者概念，该理论认为一个公司的发展离不开公司股东、企业员工、债权人、债务人、消费者、经销商、零售商等群体或个人的投入，而且还需要社区居民、各级政府以及新闻媒体等主体的参与。这一理论提出，引起了国际社会的广泛关注，并逐渐从企业扩展到政府、教育、旅游等诸多领域，为促进各利益主体的协调发展提供了理论参考。

广西北部湾地区海洋非物质文化遗产是沿海居民在长期的生产生活中总结出的智慧结晶，是各方群体所共有的精神文明财富，对其进行保护传承离不开诸多利益群体的参与和支持，如需要非物质文化遗产传承人、社区居民、政府、企业等利益相关者的参与，也与非政府组织、专家、学者、志愿者、新闻媒体等利益主体的支持密切相关。只有兼顾不同利益相关者差异化的利益诉求，协调非物质文化遗产传承过程中各方存在的矛盾冲突，才能较好地促进其传承发展。目前，广西北部湾地区海洋非物质文化遗产的生产性保护虽取得一定成效，但仍然存在不足，如参与生产性保护的各主体利益分配不协调等问题引起的产品过度商业化、市场开拓不足、产品流通不畅等问题。因此，在广西北部湾地区海洋非物质文化遗产生产性保护过程中，应引入利益相关者理论，探析各利益相关主体的利益诉求与相互关系，辨析其对非物质文化遗产传承造成影响的主要因素，为获得多方主体的共赢及海洋非物质文化遗产的生产性保护提供参考。

1.4.2 系统动力学理论

系统动力学（System Dynamic）是在 1965 年由美国麻省理工学院富瑞斯

特（Jya W Forrester）教授创立的，这一学科最初主要应用于工业企业管理，因此，最初亦称工业动态学。随着该学科的逐步发展，其应用范围不断扩大，逐渐形成一门比较成熟的学科——系统动力学，它是认识、解决系统问题，研究信息反馈的综合学科。该学科以开放的系统为研究对象，运用"凡系统必有结构，系统结构决定系统功能"的系统科学思想，在系统论、控制论、信息论等理论的指导下，通过动态性思考，对系统内部各组成要素的信息反馈关系进行分析，构建定量的规范模型，进而深入剖析系统中可能存在的问题，并找出对策，对模型加以修正[96]。广西北部湾地区海洋非物质文化遗产生产性保护的驱动因素较多，既有宏观层面的因素，也有微观层面的因素，这些因素相互作用，共同驱动着该区域海洋非物质文化遗产的生产性保护。本课题借鉴系统动力学理论，通过文献检索与理论分析，揭示了广西北部湾地区海洋非物质文化遗产生产性保护的驱动因素，并构建海洋非物质文化遗产生产性保护的驱动系统，进一步明确了各驱动系统的特征、结构及相互之间的关系、作用机理，以探明广西北部湾地区海洋非物质文化遗产生产性保护的驱动机制。

1.4.3 推 – 拉理论

推拉 – 理论（Push—Pull theory）起源于 19 世纪。1885 年，英国学者雷文斯坦（E. Ravenstien）对人口迁移进行了研究，提出人口迁移的七条规律，划分了影响迁移的推拉因素。Herberla 和 Mitchell 分别在 1938 年、1946 年提出了推 – 拉理论，他们认为原住地的耕地不足、自然灾害等原因构成了迁移的推力，而目的地教育和就业机会等则是迁移的拉力，在推力和拉力的共同作用下产生了迁移现象[97]。张雯妍则运用推 – 拉理论对非物质文化遗产与地方旅游业的互动关系开展了研究，指出旅游者对非物质文化遗产的体验需求是两者互动发展的推力，地方旅游业中的非物质文化遗产文化产品是两者互动发展的拉力[98]。广西北部湾地区海洋非物质文化遗产生产性保护也受到推力和拉力的共同作用。其中，推力是海洋非物质文化遗产生产性保护的外在驱动力，包括区域经济发展水平、政府支持、传统文化保护与弘扬、社会重视程度、企业竞争与合作、文化产业转型升级、科技进步与创新等七个因素；拉力是海洋非物质文化遗产生产性保护的内在吸引力，涉及海洋非物质文化遗产资源吸引力、海洋非物质文化遗产经济价值、市场需求、海洋非物质文化遗产活态性特征、海洋非物质文化遗产创新变革能力、社区居民文化自觉与自信等内容。

1.5　研究内容与方法

1.5.1　研究内容

本课题以广西北部湾地区海洋非物质文化遗产为研究对象，在对遗产资源进行调查的基础上，分析海洋非物质文化遗产生产性保护的影响因素及驱动因素，建立海洋非物质文化遗产生产性保护驱动机制模型，最后构建海洋非物质文化遗产生产性保护模式并提出相应对策，旨在为广西北部湾地区海洋非物质文化遗产的生产性保护提供若干参考。

1.5.1.1　调查广西北部湾地区海洋非物质文化遗产资源概况及其生产性保护现状

通过全面搜集相关文献资料、网络资料，并根据实地调查结果，摸清广西北部湾地区海洋非物质文化遗产的资源赋存情况；统计其数量，并按照一定原则进行类型划分；分析其特点和地域分布状况；通过整理多方资料，对广西北部湾地区海洋非物质文化遗产的生产性保护现状进行全面总结，分析其取得的成绩和存在的不足，为后续研究提供资料基础和参考依据。

1.5.1.2　分析广西北部湾地区海洋非物质文化遗产生产性保护的驱动因素

在代表性、系统性、引导性等原则的指导下，通过深入分析相关文献，总结提炼前人研究成果，结合广西区相关的政策文件和发展战略，初步提取广西北部湾地区海洋非物质文化遗产生产性保护的驱动因素，并通过对相关政企人员、传承人、社区居民的深入访谈验证、修改或丰富驱动因素体系，建立海洋非物质文化遗产生产性保护的驱动机制模型，以此分析广西北部湾地区海洋非物质文化遗产生产性保护的内外部条件，为后续研究奠定基础。

1.5.1.3　提出广西北部湾地区海洋非物质文化遗产生产性保护的模式与对策

通过前面的基础性分析，本课题以利益相关者理论、系统动力学理论、推－拉理论等理论为指导，结合广西北部湾地区海洋非物质文化遗产的类型与数量、分布与特点、功能与价值、参与生产性保护的主体、影响因素、驱动因素等情况，构建有针对性的海洋非物质文化遗产生产性保护模式，并提出广西北部湾地区海洋非物质文化遗产生产性保护的对策。

1.5.2 研究方法

1.5.2.1 文献分析法

前人研究成果是学术研究上进行深入探索和创新的基础。本课题主要针对广西北部湾地区海洋非物质文化遗产生产性保护的相关问题开展，需要参考大量相关文献。首先，通过地方志、学术论文、书籍、研究报告等现有研究成果广泛搜集广西北部湾地区海洋非物质文化遗产资源概况，对其进行汇总，为后续研究提供资源基础；其次，大量阅读国内外与海洋非物质文化遗产、海洋文化遗产、海洋文化、海洋旅游、广西北部湾地区海洋非物质文化遗产研究等相关的文献资料，分析目前的研究状况，为后续研究提供理论指导，同时有助于本课题的研究寻找新的突破口和创新点；再次，大量阅读与驱动机制、驱动因素、非物质文化遗产生产性保护模式等相关的文献，为海洋非物质文化遗产生产性保护驱动因素的确立以及模式的构建奠定理论基础。

1.5.2.2 实地调研法

实地调研是社会科学研究中获取一手资料的最有效方法。文献资料、网络信息等二手资料存在及时性差、信息不全等缺点，为了提高研究数据的可靠性与同步性，本课题选择通过实地调研获取数据以弥补现有数据的不足。实地调研分为两种形式：一种是前往广西钦州、北海、防城港等沿海城市的图书馆、相关文化和旅游部门、旅游景区通过查询或访问获取更丰富的资料；另一种是通过实地观摩或访谈，对广西北部湾地区海洋非物质文化遗产资源情况、保护状况、利用思路等进行针对性的调查，以确保本课题资料全面、丰富，来源科学、可靠，为后续研究提供数据基础。

1.5.2.3 访谈调查法

访谈调查严格来说属于实地调研的一种，但为了突出其特殊作用，本课题将其单独叙述。本课题在实地调查过程中，采用访谈法目的是期望对相关问题有更深入、更客观的了解；访谈的对象主要是相关机关单位人员、相关领域学者、相关企业人员、社区居民、消费者等。访谈的主要内容涉及海洋非物质文化遗产生产性保护的政策环境、技术环境、发展方向、社区居民认知情况等。

通过对访谈调查结果的综合提炼，广西北部湾地区海洋非物质文化遗产生产性保护的现状、驱动因素等将更加明晰，更为深入，也更为客观。

1.5.3 研究的技术路线

本课题采用科学有效的方法对广西北部湾地区海洋非物质文化遗产生产性保护相关问题进行系统研究，具体的技术路线如图 1-1 所示。

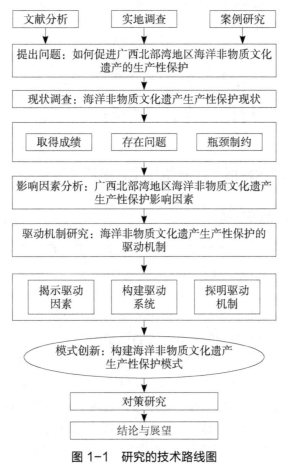

图 1-1 研究的技术路线图

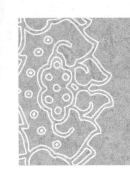

第 2 章　广西北部湾地区海洋非物质文化遗产生产性保护现状调查

2.1　广西北部湾地区海洋非物质文化遗产资源现况

2.1.1　广西北部湾地区海洋非物质文化遗产生存环境概况

2.1.1.1　独特的自然地理环境

北部湾位于中国南海西北部，是一个半封闭的海湾。它东临中国的雷州半岛和海南岛，北临广西壮族自治区，西临越南，与琼州海峡和中国南海相连，为中越两国陆地与中国海南岛所环抱。其中，防城港素有"天然深水良港"之称，是中国通往东南亚、非洲、大洋洲航程最短的港口，已与世界上 100 多个国家和地区通航，是全国 20 个沿海主要枢纽港之一，是北部湾地区的重要城市之一 [99]。鉴于广西在北部湾地区地理位置的重要性，2008 年，国务院正式批准了《广西北部湾经济区发展规划（2006—2020）》，将南宁、北海、钦州、防城港四市划为经济区范围，作为重点发展区域，要将其打造成中国 – 东盟开放合作的物流基地、商贸基地、加工制造基地和信息交流中心，以支撑并带动我国西部大开发战略和国际区域发展战略。考虑到经济区的交通和物流需求，邻近的玉林、崇左两市也被纳入经济区，因此形成了"边海互动""一轴两翼"的"4+2"城市格局。自此，广西北部湾经济区包含了南宁、钦州、北海、防城港、玉林、崇左六个城市，总面积达 7.27 万平方千米，占全区土地面积的 30.7%，人口则占全区总人口的 42%。

本课题的研究区域虽为广西北部湾地区，但研究对象为该地区的海洋非物质文化遗产,因此,研究地域必须具有一定数量的海洋非物质文化遗产才具有研究意义。本课题的调查发现:广西北部湾地区的海洋非物质文化遗产主要集中于钦州、北海、防城港三市;南宁市为内陆地区,海洋非物质文化遗产较为罕见。基于此,为了保证研究的针对性、科学性和可行性,本课题的研究区域主要为广西北部湾沿海的钦州、北海、防城港三市。

北海、钦州、防城港三市总面积约 2.04 万平方千米,占广西全区总面积的 8.62%;拥有 671.68 万人,占全区总人口的 14.13%。广西海岸线总长为1 595 千米,全部分布于"钦北防"三市,其中,防城港市海岸线最长,达584.0 千米,占海岸线总长的 36.61%;钦州和北海次之,分别拥有海岸线510.9 千米和 500.1 千米。从岛屿岸线来看,钦州市岛屿众多,且面积较大,岛屿海岸线最长,占三市的 62.73%;其次为防城港市,北海市岛屿岸线总长最短。从民族方面来看,广西北部湾地区有汉族、壮族、京族、苗族、瑶族等世居民族,但从事海洋生产的以汉族、京族和壮族为主。具体情况见表 2-1。

表2-1　广西北部湾地区基本情况(根据网络资料整理)

内容 地区	区域面积 (km²)	人口数 量(万)	岛屿岸线 总长(km)	海岸线总 长(km)	主要民族
北海市	3 337	171.97	31.9	500.1	汉族、壮族、苗族、瑶族、 京族
钦州市	10 843	404.10	232.9	510.9	汉族、壮族、瑶族、苗族
防城港市	6 173	95.61	106.5	584.0	汉族、壮族、京族、瑶族

2.1.1.2　多样的社会经济环境

海洋非物质文化遗产是沿海居民在长期的涉海生产生活中创造并积累的非物质文化遗产的总称,是按照区域特点划分的非物质文化遗产类型,是海洋文化的重要组成部分。社会经济环境是人类在长期的历史发展过程中,为其生存与发展所进行的社会、经济、文化活动的总和,是人类精神文明和物质文明发展的标志。社会经济环境对广西北部湾地区海洋非物质文化遗产的形成与发展有着深刻的影响,本课题从社会、经济、文化三方面阐述其多样的社会经济环境。

首先,海洋非物质文化遗产的生产性保护得到国家的战略性支持。2008年,国务院批准并印发的《国家海洋事业发展规划纲要》明确指出:要增强全民海洋意识，大力弘扬海洋文化，加强海洋文化遗产的保护和挖掘。自此，海洋文化建设成为国家海洋事业发展五年规划的重要内容。2016年，国家海洋局与教育部、文化部、国家新闻出版广电总局、国家文物局联合印发了《提升海洋强国软实力——全民海洋意识宣传教育和文化建设"十三五"规划》。指出要开展海洋文化遗产普查和保护；摸清海上丝绸之路相关文化遗产资源的家底；创新海洋文化遗产的保护、传承、利用、发展的新模式；鼓励大力发展具有鲜明地域特色和海洋风情的海洋生态旅游和海洋文化旅游产品。由此可见，作为海洋文化遗产的重要组成内容，海洋非物质文化遗产的生产性保护对提高沿海地区文化竞争力、促进我国海洋文化建设具有重要意义。

其次，经济是海洋文化产业发展的基础，良好的经济环境有利于海洋非物质文化遗产的保护与传承。同时，海洋经济也是经济的重要组成部分之一，其繁荣与否直接关系着海洋非物质文化遗产传承的可持续性。自2008年，我国将南宁、北海、钦州、防城港、玉林、崇左六市以打造中国—东盟开放合作的物流基地、商贸基地、加工制造基地和信息交流中心为基础目标，以支撑并带动我国西部大开发战略和国际区域发展战略，从而借助经济发展的潮流推动海洋非物质文化遗产的保护与传承。社会经济的快速发展，文化的繁荣，兼容并蓄的社会风气，为各民族提供了一个相对良好的交流融合环境，再加上国家对海洋文化的重视，我国海洋文化逐渐呈现多元化的发展趋势。如近年来北部湾地区开始出现北海恒星有限责任公司、钦州坭兴陶有限公司等对海洋非物质文化遗产进行产业化保护与传承，促进海洋非物质文化遗产商品化、产业化发展。

再次，随着我国文化产业的发展，国家通过分批次对非物质文化遗产进行搜集、整理、建档、保存，并对代表性传承人进行专业保护与培养，为广西北部湾地区海洋非物质文化遗产的保护创造了良好的外部条件。近年来，国家陆续在北部湾地区建立海洋非物质文化遗产博物馆、海洋非物质文化遗产陈列厅、海洋非物质文化遗产传习基地以及海洋非物质文化遗产传承人培训场所等，并设立非物质文化遗产保护日，为该区域的文化交流提供平台，营造良好的海洋非物质文化遗产保护氛围，促进了当地文化资源的融合发展，有利于海洋非物质文化遗产的生产性保护。可见，良好的社会经济环境是海洋非物质文化遗产繁荣发展的前提，反之则阻碍非物质文化遗产的保护与传承。

2.1.2　广西北部湾地区海洋非物质文化遗产资源概况

2.1.2.1　广西北部湾地区海洋非物质文化遗产的类型与数量

自古以来，广西北部湾地区居民沿海而居，形成了以海洋捕捞、滩涂采集、海盐生产等为代表的传统生产生活方式。宋代范成大在其著作《桂海虞衡志》中就有对沿海疍民生活场景的描述："蜑（即疍），海上水居蛮也。以舟楫为家，采海物为生，且生食之。入水能视。合浦珠，池蚌蛤，惟蜑能没水探取。"[100] 长期以来，广西北部湾地区的疍家、客家、京族、壮族正是以海洋生产为背景，创造并积累了大量的、特色鲜明的海洋非物质文化遗产。

本课题通过广泛搜集广西北部湾地区的文史资料、相关学术研究成果，提取海洋非物质文化遗产内容；结合实地调研，走访地方文化部门、图书馆等，以获取更多相关文献资料；并深入广西北部湾沿海，对相关海洋非物质文化遗产项目进行验证、补充，最终搜集到 137 项海洋非物质文化遗产。根据前面文献综述结果，将其划分为民间文学、传统表演与游艺、传统工艺与技能、民间信俗四种类型，如表 2-2 所示。

表2-2　广西北部湾地区海洋非物质文化遗产类型与数量

类型	数量	具体项目
民间文学	40	美人鱼传说、珠还合浦民间传说、白龙城传说、新渡古圩传奇故事、六湖峒传奇、阿斑火传说、北海童谣、龙泾还珠、景公庙的传说、三婆石的传说、盲鲨的传说、京族喃字、白龙镇海大王故事、独弦琴的传说、山榄探海故事、海龙王开大会故事、白牛鱼的故事、计叔的故事、宋珍与陈菊花传说、挖海故事、骑鱼过江故事、姜刷哥气死锦绒叔、海龙王救墨鱼、红姑娘的故事、红树林传奇、白龙珍珠传说、箭山古渔村传说、企沙三牌庙故事、火山岛传说、玉石滩传说、玉石滩百味石传说、石龟头的故事、三口浪妈祖传说、扛鼓抓贼的故事、好心弟弟和坏心哥哥的故事、仙人山传说、皇帝岭传说、仙人桥传说、仙人献宝的故事、蝴蝶岛的传说

类型	数量	具体项目
传统表演与游艺	43	咸水歌、耍花楼、公馆木鱼、老杨公、道公舞、北海粤剧、廉州山歌剧、西海歌、东海歌、三棋、花艇拔河、颠船、钦南采茶戏、鹤舞、海歌、钦州八音、还叹调、鬼师调、骨蚌舞、水上木偶戏、上刀山下火海、京族独弦琴艺术、京族民歌、京族哈歌、企沙山歌、京族嘲戏、京族竹杠舞、京族天灯舞、京族摸螺舞、京族对花屐、京族敬酒舞、京族进香舞、京族花棍舞、踢沙和掷木叶、活捉鸭竞赛、摸鸭蛋竞赛、捉贝竞赛、顶杆、顶头、顶臂、拉吊、打狗、踩高跷
传统工艺与技能	27	疍家服饰制作技艺、贝雕技艺、沙蟹汁制作技艺、合浦角雕技艺、疍家棚技艺、海盐生产技艺、天然珍珠采捞技艺、杂海渔业技艺、南珠养殖技艺、南珠加工技艺、打铁技艺、北海鱿鱼丝、北海米乙、虾仔饼、钦州坭兴陶烧制技艺、钦州造船技艺、海产品加工技艺、煮海制盐技艺、京族鱼露、京族风吹饼制作技艺、京族江平粉丝、京族油堆、京族烧牡蛎灰、京族服饰、京族网具制作技艺、京族传统干栏建筑营造技艺、东兴石雕技艺
民间信俗	27	疍家婚礼、外沙龙母庙会、三婆信仰、赛龙舟、疍家海洋禁忌习俗、钦南跳领头、伏波信仰、雷神信仰、钦州伏波庙会、京族哈节、京族歌圩日、渔业谚语、京族民间谚语、京族海洋禁忌、妈祖信仰（疍家）、龙王信仰（疍家）、观音信仰、端午祭海（疍家）、东兴伏波庙会、京族哭嫁习俗、京族降生礼俗、京族拉大网、京族高跷捕鱼、京族刺网捕鱼、京族塞网捕鱼、京族渔箔捕鱼、京族虾灯捕虾

由表 2-2 可知，广西北部湾地区海洋非物质文化遗产类型多样，资源丰富。其中，民间文学主要包括与海洋文化相关的民间传说故事、民间文学作品、民族文字等，共计 40 项；传统表演与游艺主要包括传统舞蹈、民间戏剧、民间歌曲、民间游戏与杂技等以娱乐表演为主要目的的海洋非物质文化遗产类型，共计 43 项，是广西北部湾地区海洋非物质文化遗产数量最多的类型；传统工艺与技能主要包括传统手工技艺、生产技艺、传统美术、海洋生活技能等，共计 27 项；民间信俗是指民间信仰，以及相关节庆活动、生活禁忌等，也包括北部湾沿海地区居民的日常生活习俗，共计 27 项。

2.1.2.2　广西北部湾地区海洋非物质文化遗产的分布与特点

1. 广西北部湾地区海洋非物质文化遗产的分布

由于广西北部湾地区的南宁市暂未发现与海洋直接相关的非物质文化遗产类型，因此本课题在对广西北部湾地区海洋非物质文化遗产进行统计时，没有将其纳入考虑范围。主要研究区域包括钦州、北海、防城港三市。其中，钦州市下辖钦南区、钦北区、灵山县、浦北县，沿海区为钦南区；北海市下辖海城区、银海区、铁山港区和合浦县，各区县均与海洋接壤；防城港辖港口区、防城区、上思县、东兴市（县级），除上思县外，其他区市均与海洋直接相连。各地各民族居民正是在与海洋的直接接触中形成了各具特色的海洋民俗文化，创造了大量的海洋非物质文化遗产。受地域、历史文化、民族结构等因素的影响，不同地区的海洋非物质文化遗产在数量和具体内容上存在一定差异，探寻这种差异有助于透彻了解广西北部湾地区海洋非物质文化遗产资源的分布情况以及宏观把控其生产性保护思路。因此，本课题在前文的基础上，将各项海洋非物质文化遗产按地区归类，得到广西北部湾地区海洋非物质文化遗产的分布情况（表 2-3）。

表 2-3　广西北部湾地区海洋非物质文化遗产分布情况

地区	数量	具体项目
北海市	39	疍家婚礼、咸水歌、耍花楼、公馆木鱼、外沙龙母庙会、疍家服饰制作技艺、贝雕技艺、老杨公、道公舞、美人鱼传说、珠还合浦民间传说、白龙城传说、三婆信仰、沙蟹汁制作技艺、合浦角雕技艺、北海粤剧、赛龙舟、廉州山歌剧、新渡古圩传奇故事、六湖垌传奇、阿斑火传说、西海歌、东海歌、三棋、疍家棚技艺、海盐生产技艺、天然珍珠采捞技艺、杂海渔业技艺、南珠养殖技艺、南珠加工技艺、打铁技艺、北海童谣、渔业谚语、疍家海洋禁忌习俗、北海鱿鱼丝、北海米乙、虾仔饼、花艇拔河、颠船
钦州市	21	钦南跳岭头、钦南采茶戏、鹤舞、海歌、钦州八音、龙泾还珠、景公庙的传说、三婆石的传说、盲鲨的传说、还叹调、鬼师调、骨蚌舞、钦州坭兴陶烧制技艺、伏波信仰、雷神信仰、钦州伏波庙会、钦州造船技艺、水上木偶戏、上刀山下火海、海产品加工技艺、煮海制盐技艺

地区	数量	具体项目
防城港市	77	京族哈节、京族独弦琴艺术、京族鱼露、京族风吹饼制作技艺、京族江平粉丝、京族油堆、京族烧牡蛎灰、京族服饰、京族民歌、京族喃字、京族哈歌、京族歌圩日、京族民间谚语、京族海洋禁忌、企沙山歌、妈祖信仰（疍家）、龙王信仰（疍家）、观音信仰、端午祭海（疍家）、东兴伏波庙会、京族嘲戏、京族哭嫁习俗、京族降生礼俗、京族拉大网、京族高跷捕鱼、刺网捕鱼、塞网捕鱼、渔箔捕鱼、虾灯捕虾、京族网具制作技艺、京族传统干栏建筑营造技艺、京族竹杠舞、京族天灯舞、京族摸螺舞、京族对花屐、京族敬酒舞、京族进香舞、京族花棍舞、东兴石雕技艺、踢沙和掷木叶、活捉鸭竞赛、摸鸭蛋竞赛、捉贝竞赛、顶杆、顶头、顶臂、拉吊、打狗、踩高跷、白龙镇海大王故事、独弦琴的传说、山榄探海故事、海龙王开大会故事、白牛鱼的故事、计叔的故事、宋珍与陈菊花传说、挖海故事、骑鱼过江故事、姜刷哥气死锦绒叔、海龙王救墨鱼、红姑娘的故事、红树林传奇、白龙珍珠传说、籐山古渔村传说、企沙三牌庙故事、火山岛传说、玉石滩传说、玉石滩百味石传说、石龟头的故事、三口浪妈祖传说、扛鼓抓贼的故事、好心弟弟和坏心哥哥的故事、仙人山传说、皇帝岭传说、仙人桥传说、仙人献宝的故事、蝴蝶岛的传说

注：“钦北防”三市民族类型相似，其海洋文化具有共通性，因此严格来说，各市海洋非物质文化遗产项目存在一定的交叉性，按地域统计的遗产总数理应远远大于137项。但为了突显海洋非物质文化遗产在地区的集中性和主导性，本课题仅将各项遗产归入其代表区域，在其他地区不作重复统计。因此，遗产项目总数仍为137项。

由表2-3可知，就地域而言，广西北部湾地区各市海洋非物质文化遗产数量差距较大。防城港市数量最多，达77项，占北部湾地区海洋非物质文化遗产总量的56.2%；其次是北海市，有海洋非遗39项，占总数的28.5%；钦州市海洋非物质文化遗产数量最少，仅有21项，占总数的15.3%。造成这种数量差距的原因有两个。一个是民族（族群）因素：防城港和北海是我国京族的主要聚居地，疍家人也相对较多，而这两个族群在历史上均以海洋生产为主，因此海洋文化较为深厚，海洋非物质文化遗产的数量和类型也相较丰富；而钦州以壮族和汉族为主，对海洋的依赖程度较小，因此，海洋非物质文化遗产也相对较少。另一个原因是沿海地域因素：北海和防城港直接与外海相连，其海洋文化特征更为明显；而钦州虽然海岸线较长，但主要是由大榄江、茅尾海组成的内海，因此其海洋文化特征相较北海和防城港不太明显，海洋非物质文化遗产数量相对较少。

2.广西北部湾地区海洋非物质文化遗产的特点

（1）地域性。文化是人类社会活动的成果，它的产生、存在和发展都离不开与之息息相关的地理环境[101]。海洋非物质文化遗产作为人类文化的组成部分，其形成、生存和发展也必然与当地居民所居住的地理环境密切相关。俗话所说的"靠山吃山，靠水吃水"，就是指人们对生存环境中特有的生活资源具有依赖性[102]。从某种程度上来说，海洋非物质文化遗产是海洋这一地理环境下居民"靠海吃海"的直观反映，因此具有较强的地域性。以民间信仰为例，广西北部湾地区沿海居民普遍信奉三婆（妈祖），视其为海上的守护神，这与当地居民的海洋生产是分不开的；另外，广西北部湾位于我国南疆，在历史战争中涌现出很多民族英雄，如伏波将军，当地居民为表彰其功绩，感恩伏波将军给当地带来的平安，均建有伏波庙，尊其为神，因此形成了伏波信仰。此外，广西北部湾地区的海洋制盐、渔业捕捞、民间故事传说等也无不具有深厚的地域文化色彩。

（2）民族性。民族性是指海洋非物质文化遗产的形成与发展是各民族社会生活的综合反映，是一个民族（族群）的群体品格，具有鲜明的民族特性。广西北部湾地区有汉、壮、京、苗、瑶等多个世居民族。其中，临海而居的主要是京族、壮族，以及汉族中的疍家人和客家人。不同族群虽然均以海洋生产为主，但仍保有其民族文化传统，因此其海洋非物质文化遗产也被烙上民族印记。壮族和普通汉族也是广西北部湾沿海的重要族群，他们的海洋生活习俗更多地保留了民族特点，如钦南沿海的壮族与汉族混居地区有跳领头的习俗，该习俗仅"撬船"环节具有海洋特色，其他环节与钦北等地区跳领头类似，因此民族特性极强。

（3）多样性。广西北部湾地区海洋非物质文化遗产具有多样性的特点，主要有两方面的原因。其一是海洋非物质文化遗产的定义决定了其涵盖范围广的特点。众所周知，非物质文化遗产按照其内容和表现形式可分为表演艺术、民间文学、传统手工艺技艺、生产生活经验、传统节日与仪式活动等多种类型[104]，海洋非物质文化遗产并不是按照其表现形式来定义的，而是按照非物质文化遗产的地域特点和生产生活环境来定义的。因此，海洋非物质文化遗产也包含上述非物质文化遗产的各种类型，在表现形式上具有多样性的特点，可以映射出沿海居民生产生活的整体画面。其二是广西北部湾地区海洋非物质文化遗产的所属民族（族群）不同，壮族、汉族、京族有不同的信仰、生产工艺、生活技能、民间文学以及传统习俗，即便是同一种类型的海洋非物质文化遗产，也会因为民族的不同而呈现出多样性、差异性的特点。

（4）活态性。"活态"的重点在于"活"字，强调一种生命力，一种生存状态，代表着事物是动态存在的，是会不断变化发展的[105]。非物质文化遗产普遍具有活态性的特点，即它对"人"和文化生态空间的依赖性更强[106]，非物质文化遗产只有通过传承人才能代代相传。然而，"人"是具有主观意识和创造能力的个体，在海洋非物质文化遗产的传承过程中，每个人对非物质文化遗产的理解不一样，各自的应用和创新能力也不一样。因此，海洋非物质文化遗产会因为"人"的主观认识和创新应用而发生改变，体现出活态流变的特点。随着广西北部湾地区居民思想观念的转变，活态依附在他们身上的海洋非物质文化遗产在传承和发展中面临着"人"的主观选择、刻意改变的问题。因此，海洋非物质文化遗产也因"人"的这种活态思想而发生动态改变，表现出活态性的特点。

（5）脆弱性。非物质文化遗产之所以称为"遗产"，是因为它具有历史遗存、世代相传的脆弱性特点。与其他非物质文化遗产一样，广西北部湾地区的海洋非物质文化遗产是形成于特定区域、特定时期，流传于特定人群的活态文化遗产，体现着广西北部湾地区沿海居民的精神世界、认知水平、生产生活水平。然而，随着社会生产力的进步、教育的普及、经济的飞速发展以及现代化进程的加快，海洋非物质文化遗产的依存环境发生了较大变化，使得原本适合其生存的土壤不复存在或者是发生了重大改变。这种改变往往是"致命的"，可以直接导致海洋非物质文化遗产的遗失或突变，凝聚着该地区世代居民的心血、代表着当地传统文化、象征着各民族特性的海洋非物质文化遗产，因为生态环境变化、人们思想观念转变、社会文化的变迁而濒临消失，具有明显的脆弱性特点。

2.1.3　广西北部湾地区海洋非物质文化遗产功能与价值评价

2.1.3.1　广西北部湾地区海洋非物质文化遗产的功能

1. 交流娱乐功能

广西北部湾地区经济发展相对落后，在漫长的历史发展过程中，当地民众依托海洋资源进行生产、生活，创造当地特有的语言、风俗、文化，海洋非物质文化遗产就是在此种环境下孕育而生并流传至今，逐渐发展成为人们交流、娱乐、调节生活的重要工具。如京族哈节是为纪念海神公诞生的传统歌节，主要活动是"唱哈"，即唱歌。通常是一个"哈哥"、两个"哈妹"三人一组，"哈哥"主要负责持琴伴奏，"哈妹"则互相轮流演唱。"听哈"者以八人一桌入席，一边饮宴，一边"听哈"。整个节日持续三天，其乐融融，十分热闹。唱的有叙事歌、劳动歌、风俗歌、颂神歌、苦歌、情歌等，同时伴有"采茶摸螺舞""进酒舞""灯舞""竹竿舞"等。其中，"采茶摸螺舞"是"桃姑"（女舞者）们用各种模拟采茶和捕捞螺丝的动作在歌声陪伴下翩翩起舞，把人们的思绪忽而带到绿茵葱茏的茶林，忽而又引向碧波喧嚣的海边，展现姑娘们摸螺捉虾的喜悦之情；"进酒舞"则反复以双膝微颤的三角步进退往复于神案前，同时双手在胸前表演从小指依次轮指带动手腕转动的"轮指手花"和两手互绕、手指轮转拉开的"转手翻花"等柔美舞姿，以表达京族少女对诸神的爱戴和崇敬。这些歌舞是人们进行海洋生产作业的复原，反应人们的智慧及对生活的热爱，极具趣味性和娱乐性。哈节期间除了精彩的歌舞表演，还有美味的特色小吃，人们在哈节中祈求人畜兴旺，五谷丰登，既可交流感情，又可放松身心。类似的与海洋渔业相关的节庆活动、传统歌舞、民族记忆等海洋非物质文化遗产逐渐发展成为当地人交流、娱乐、丰富生活的重要方式。

2.教育传承功能

广西北部湾地区海洋非物质文化遗产承载着当地人民的智慧与创造力，在中国文明史和世界文明史上均占有重要地位。其中教育传承功能体现在以下两方面。一方面，在早期的生产生活过程中，由于语言、文字欠发达，信息交流途径单一，人们主要通过肢体动作等原始的方式将生产、生活的技能传授给下一代，于是以身体活动为主的教育也由此逐渐萌生。例如，京族的哈节，不仅具有浓厚的文化内涵、精彩的活动形式，还通过一系列寓教于乐的表现形式巧妙地诠释出人们长期以来的生产、生活各个方面。例如，反映生产场面的"造船""煮海制盐""贝雕""角雕"等，反映生活的"刺网捕鱼""虾灯捕虾""风吹饼制作"等，讲述民间信俗的"疍家婚礼""伏波信仰""妈祖信仰"等，利用具有生产、生活气息的海洋非物质文化遗产作为载体来传承生活、生产技能，其直观、易懂的教育表达方式潜移默化地起到了教育后人的作用。另一方面，海洋非物质文化遗产作为北部湾地区人们生产生活的智慧结晶，能反映当地独特的自然生存环境、传统的生活生产方式、淳朴的民族风俗以及原始的民俗信仰，体现了少数民族勤劳淳朴、踏实进取、团结创新的民族精神。人们通过集体参与海洋非物质文化遗产活动当中，从中学习与感受前辈们传承下来的民族精神，从而促进民族文化代代传承。另外，北海市非遗陈列厅、京族博物馆、坭兴陶烧制技艺生产性保护示范基地等展览设施的建设，运用现代科技手段将北部湾地区人们生产生活的演进和变革真实展现，挖掘了海洋非物质文化遗产的传承功能，有效促进海洋非物质文化遗产的保护与传承。

3. 凝聚民心功能

北部湾地区海洋非物质文化遗产伴随人们的生产生活而产生，不仅是各民族内部的交流工具，也是各民族之间相互融合的一种形式和载体。由于海洋非物质文化遗产类型多样，涵盖传统表演与游艺、传统工艺与技能、民间信俗和民间文学等多种类型，能拉近不同等级人们之间的关系，有益于生理健康、心理愉悦及精神交流，为社会的稳定发展创造一种较为和谐的气氛。由于各个民族受到社会经济、历史传统、生活方式以及特殊的地理环境影响，通过历史长河的洗礼，形成了本民族独特的语言、文学艺术、社会风尚、生活习俗、宗教信仰以及共同的心理素质等。这些独特的民族特征无疑成为本民族凝聚力的重要保障。而北部湾地区海洋非物质文化遗产阐释的正是本民族长期以来形成的共同心理结构、意识形态、生产生活方式和习俗等特征，并且在一些需多人完成的非物质文化遗产项目比赛或者活动中，需要本民族同胞的齐心协力、共同协作，这也增进了本民族的凝聚力。例如，京族的"上刀山下火海"具有强身、健体、娱乐、观赏等多方面的功能，在竞赛中通过互相切磋技艺，对交流思想、增进友谊与团结等也起到了很好的作用。另外，像赛龙舟、活捉鸭竞赛、摸鸭蛋竞赛、捉贝竞赛等皆需要通过集体的默契配合与顽强拼搏方能取胜。因此，在平时的训练、比赛或表演时，团队成员之间在合作过程中磨合出来的情感交流，往往可以加深彼此之间的友情，从而有利于凝聚人心，促进本民族的内部团结。

2.1.3.2　广西北部湾地区海洋非物质文化遗产的价值

1. 历史文化价值

广西北部湾地区海洋非物质文化遗产历史悠久，是我国文化遗产的重要组成部分，蕴含着深厚的文化底蕴。其起源可以追溯新石器时代的"贝丘文化"。

其遗址主要分布在我国沿海地区，在广西主要分布在环北部湾地区的沿海地带。彼时，北部湾地区的先民就已经开始了傍海而居、耕海牧渔的生活。大海为北部湾地区海洋文化的诞生、繁衍及传承提供温润的土壤，当地居民在大海的哺育中繁衍生息，创造了光辉灿烂的海洋非物质文化遗产，具有较高的历史文化价值。北部湾地区海洋非物质文化遗产的历史文化价值主要体现在两个方面：其一，海洋非物质文化遗产与当地民众生产生活息息相关，并完全脱胎于海洋，是当地民众几千年来进行海洋捕捞、滩涂采集、海盐生产等海洋渔业生产生活的综合提炼；其二，北部湾地区海洋非物质文化遗产相对于大陆其他地区的非物质文化遗产而言，其受到外界的冲击与侵蚀较少，具有较为稳定的海洋地域特征和海洋文化特征，且保存较为完整。被列入第三批广西区级非物质文化遗产名录的北海贝雕技艺，是沿海而居的人们根据生产生活的场景而雕刻的，并随着时代的发展不断优化改良，将日常生活中的点滴作为内容雕刻在贝壳里，贝雕造型虽小，但在一定程度上反映了当时人们的生产生活场景，对研究我国沿海居民发展历史有重要的参考价值。

2. 社会经济价值

为加快东部沿海产业的转型升级，党的十八报告中提出了"发展海洋经济""建设海洋强国"的发展战略，海洋资源的经济属性及海洋产业的重要地位得到了认可，海洋经济已成为全球经济的新增长极。广西北部湾地区沿海资源丰富，居民傍海而居，日常的生产、生活都离不开海洋渔业生产，使得当地海洋非物质文化遗产呈现出源于海洋渔业劳动，又服务于海洋渔业劳动的特点。目前，该区域依托海洋非物质文化遗产等文化资源逐步通过生产基地、产业园、风情街、特色小镇等方式深入挖掘海洋非物质文化遗产的价值，以延长其价值链，形成产业辐射效果。如北海恒星有限责任公司、钦州坭兴陶有限公司等，以企业化形式对海洋非物质文化遗产进行深入挖掘，既增加当地居民的收入，又促进当地的经济发展。不仅如此，广西北部湾地区依托独特的地理条件、悠久的海洋历史和特色的海洋文化，创造并积累了丰富的海洋非物质文化遗产。作为当地独具魅力的文化资源，该区域海洋非物质文化遗产凭其独特的民族性、地域性、趣味性等特征而具有较高的旅游开发价值。如北海涠洲岛、北海银滩、钦州三娘湾等以其独特的滨海资源、神秘的文化习俗、多元化的海洋非物质文化遗产等特征形成独特的旅游品牌，受到国内外旅游者的青睐。此外，部分海洋非物质文化遗产，如东兴京族哈节、北海贝雕、钦州坭兴陶等均可以发展为文化旅游产业，以产业化的形式进行开发，实现文化产业与旅游产业的融合，是其社会经济价值的生动体现。

3. 科学研究价值

广西北部湾地区海洋非物质文化遗产是伴随着当地社会经济、政治、文化的发展而逐渐积累形成的，它们是一定时期内北部湾地区社会条件下生产力发展水平、科学技术水平和人们创造能力的综合反映，是当地海洋文化发展的缩影，对深入研究北部湾地区海洋文化的起源、历史和发展趋势具有重要作用，科研价值较为突出。北部湾地区海洋非物质文化遗产为后人的科学研究提供了珍贵的一手资料。以钦州传统造船工艺为例，钦州的传统造船业发展历史久远，钦州的航海工具——独木舟距今至少有 600 年的历史，通过对钦州传统造船工艺的考察可以了解钦州海洋渔业、航海运输业和航海经济的发展过程，以及钦州地区宋至明朝期间航海工具的生产状况、造船技术等发展历程。再如北部湾地区著名的京族哈节，其节庆开展的内容、形式等均是当地居民在一定时期的生产生活中凝练出的智慧结晶，为研究人类文明进步奠定了坚实的基础。目前，广西北部湾地区仍保存有传统节庆的原始风貌，保留着古老传统的工艺技艺，这些都是人们了解该地区海洋文化发展的重要载体，具备较高的科研价值。

2.2　广西北部湾地区海洋非物质文化遗产生产性保护现状

2.2.1　广西北部湾地区海洋非物质文化遗产生产性保护取得的成绩

2.2.1.1　海洋非物质文化遗产生产性保护相关的政策法规逐步完善

文化作为一种新型生产力，在推动经济发展、社会进步、民族团结等方面发挥着日益重要的作用 [107]。广西北部湾经济区海洋非物质文化遗产作为广西重要的文化资源，近年来当地相关政策法规的逐步完善，促进了海洋非物质文化遗产的生产性保护，符合活态传承对其原真性、完整性以及经济效益等方面的要求。目前，相关政策法规的完善具体体现在政策和资金等方面。

在政策方面，早在 2011 年，《中华人民共和国非物质文化遗产法》颁布，以法律形式明确规定了各级主管部门对非物质文化遗产保护的主要职责，为非物质文化遗产的生产性保护奠定了法律基础。其中，第三十七条："国家鼓励和支持发挥非物质文化遗产资源的特殊优势，在有效保护的基础上，合理利用非物质文化遗产代表性项目开发具有地方、民族特色和市场潜力的文化产品和文化服务。"2012 年文化部《关于加强非物质文化遗产生产性保护的指导意见》中指出："坚持政府引导，建立完善非物质文化遗产生产性保护的工作机制；要鼓励开展各种健康有益的民俗文化活动，尊重和支持民众在民俗文化活动中开展非物质文化遗产生产性保护实践；对有市场潜力的项目，鼓励采取'项目＋传承人＋基地''传承人＋协会''公司＋农户'等模式，结合发展文化旅游、民俗节庆活动等开展生产性保护，促进其良性发展。"这些指导意见从工作机制上支持非物质文化遗产的生产性保护，并为海洋非物质文化遗产生产性保护提供典型的发展范式。随着非物质文化遗产生产性保护被纳入国家文化发展战略，广西北部湾地区也积极响应号召，加大了对海洋非物质文化遗产生产性保护的支持力度，就快速推进文化产业项目建设事业积极投入专项资金。近年来，北海市打造了贝雕文化、合浦汉文化、工艺美术、老街文化、南珠文化等一批海洋非物质文化遗产文化品牌。截至 2015 年，北海已经拥有八家市级文化产业示范基地，以及一个市级文化产业园[108]。防城港市则对海洋非物质文化遗产进行了地毯式的普查，坚持"保护与开发兼顾、以开发促进保护"的原则，通过多种形式宣传，积极转化"海洋非遗"成果，制定印发了《关于加快建设海洋文化名市的实施意见》等一批政策文件，为海洋非物质文化遗产生产性保护文化服务体系建设提供了政策引导。

在资金方面，《广西壮族自治区非物质文化遗产保护条例》第五条指出，县级以上人民政府应当加强对本行政区域内非物质文化遗产保护、保存工作的领导，将保护、保存工作所需经费列入本级预算，建立健全与经济社会发展相适应的经费保障机制，逐步加大资金投入力度。第三十九条"有经营性收入的文化生态保护区应当安排一定比例的经费，用于非物质文化遗产保护"，为海洋非物质文化遗产生产性保护的资金来源提供保障。另外，政府将大量资金投入到北部湾地区海洋非物质文化遗产生产性保护项目建设中，支持海洋非物质文化遗产生产性保护各项活动的开展，鼓励其依托海洋非物质文化遗产资源发展特色文化产业。例如，2016 年，中央文化产业发展委员会对广西南珠宫投资控股集团有限公司"北海南珠文化研发展示中心"项目投入专项资金 220 万元[109]；设立北海市文化产业专项资金，以政府奖励、贴息、资助等方式扶持重大文化产业项目及文化企业；2016 年，中央补助专项资金 25 万元用于北海市非遗中心公共文化服务体系建设。钦州、防城港也对海洋非物质文化遗产产业有较大投入，这些投资成为海洋非物质文化遗产生产性保护的重要经济支撑。

2.2.1.2 海洋非物质文化遗产生产性保护形式日渐多样化

广西北部湾地区海洋非物质文化遗产资源丰富，涵盖了民间文学、传统表演与游艺、传统工艺与技能、民间信俗四个方面 [110]，根据海洋非物质文化遗产不同的类型、功能及表现形式，其生产性保护方式也逐渐呈现多元化、活态化的生产性保护特色。

广西北部湾地区以"设厅立馆"或建立生产性保护基地等方式，借助海洋非物质文化遗产翔实的史料、实物、场景、工艺、技艺等，向民众系统展示当地海非物质文化遗产的历史渊源、艺术特色、价值功能以及传习技能，通过静态生产性保护形式为民众提供参观、游览并感受海洋非物质文化遗产文化内涵的平台，唤起民众对海洋非物质文化遗产生产性保护的思考。例如，疍家婚礼传习基地、曲艺合浦公馆木鱼传习基地及京族鱼露制作技艺传承基地等传习基地。北海市非遗陈列厅、北海坭兴陶馆、北海贝雕艺术博览馆、京族博物馆等展馆，以及防城港市的群艺馆、文化馆、乡镇综合文化站等。此外，钦州和防城港也分别建立了坭兴陶烧制技艺生产性保护示范基地、独弦琴艺术传承示范基地，以生产、流通、销售等新颖的文化传承方式，引起民众活态保护与传承海洋非物质文化遗产的共鸣。

随着文化建设的发展，城乡居民收入水平的提高以及社会消费需求的变化，该地区海洋非物质文化遗产的生产性保护形式由传统的静态模式逐渐向参与性强、影响力广的动态生产性保护形式转变。一些传统表演与游艺、民间信俗类的海洋非物质文化遗产以演艺产品、节庆活动等旅游产品的形式展现在广大民众面前。例如，防城港市的"哈节"，每年都会吸引成千上万的游客前来参与，不仅带动了文化旅游产业的发展，也促进了防城港市海洋非物质文化遗产生产性保护工作的持续开展。北海的"非遗入春节""三月三"系列活动，通过将合浦公馆木鱼、老杨公、山口杖头木偶戏、疍家婚礼等海洋非物质文化遗产以节目形式融入大型节庆活动中，传承并弘扬了海洋非物质文化遗产的精神内涵，同时也促进了当地旅游业的发展。钦州的跳岭头展演等也是以海洋非物质文化遗产为基础，开发成特色旅游产品，保护与传承海洋非物质文化遗产的同时，也带动当地的经济发展。

另外，"非遗进校园"也是海洋非物质文化遗产生产性保护的新形式。如北海粤剧进校园、防城港推广独弦琴艺术教学、钦州市非遗中心与钦州学院（今北部湾大学）共建校外实践教学基地等，通过在校园设立海洋非物质文化遗产课程，开展传承培训班、讲座等形式将海洋非物质文化遗产以教育途径进行传承，推动海洋非物质文化遗产生产性保护的可持续发展[111]。除此之外，广西北部湾地区各市的政府部门积极将海洋非物质文化遗产与其他产业融合，通过生产基地、产业园、风情街、特色小镇等方式深入挖掘海洋非物质文化遗产价值，以延长其价值链，形成产业辐射效果。较为典型的是北海恒星有限责任公司。该公司是北海贝雕生产性保护示范基地，目前运营状况良好，已发展成为海洋非物质文化遗产企业化运作的典范。还有北海的海洋文化产业集群带、钦州的疍家风情小镇、坭兴陶文化创意产业园等，以海洋非物质文化遗产为主要依托资源进行产业化运作，产出了一大批海洋非物质文化遗产产品，有效拓展了海洋非物质文化遗产的产品开发渠道，创设了一批新型海洋非物质文化遗产生产性保护典范。

2.2.1.3　海洋非物质文化遗产生产性保护管理体系逐渐完善

管理体系是海洋非物质文化遗产有效保护与传承的重要基础，随着海洋非物质文化遗产生产性保护方式逐渐多元化，管理体系的建立和完善成了海洋非物质文化遗产生产性保护的关键举措。

首先，相关政策的不断出台促进海洋非物质文化遗产生产性保护管理体系逐渐完善。从 2005 年《关于加强我国非物质文化遗产保护工作的意见》到 2011 年《中华人民共和国非物质文化遗产法》的出台，国家在完善非物质文化遗产数据库、建立非物质文化遗产信息共享机制、实施非物质文化遗产动态管理、加强非物质文化遗产传习基地管理等方面作出详细指示。北部湾地区已响应国家号召，在海洋非物质文化遗产的挖掘、整理、认定、记录、建档等方面开展了大量工作，分级别建立了海洋非物质文化遗产名录管理体系，构建了较为完整的海洋非物质文化遗产档案数据库，并在当地成立典型的海洋非物质文化遗产生产性保护示范基地、传习所、博物馆等，以生产性保护方式分门别类地进行海洋非物质文化遗产项目管理，如北海贝雕生产性保护示范基地、北海坭兴陶馆、京族博物馆等因地制宜地对北海贝雕、坭兴陶、京族海洋非物质文化遗产进行管理运营。此类以数据库、信息共享平台、示范基地、展览馆等方式对海洋非物质文化遗产进行分类管理，促进了广西北部湾地区海洋非物质文化遗产生产性保护管理体系的逐步完善，有利于加快广西北部湾海洋非物质文化遗产生产性保护的步伐。

其次，北部湾地区通过线上与线下结合的方式对海洋非物质文化遗产生产性保护进行专业化管理。通过在特色文化产业示范县成立典型海洋非物质文化遗产生产性保护示范基地，并建立完善网络管理体系，带动当地海洋非物质文化遗产生产性保护的发展。如北海恒星珠宝有限责任公司、钦州坭兴陶有限公司，一方面这些公司在线下开展市场推广、品牌运营建设、售后服务等工作，另一方面通过建立和完善公司网站，提供产品展示区、最新资讯区、咨询服务区等网站版块，系统化地对北海贝雕、钦州坭兴陶项目进行针对性的管理和宣传，有效促进了这些项目的生产性保护，为其他海洋非物质文化遗产项目的生产性保护管理体系建立奠定基础。

再次，地方性非物质文化遗产网站的建立，提高了海洋非物质文化遗产生产性保护的管理效率。广西非物质文化遗产网的正式开通，北海市非物质文化遗产保护中心官方网站及后台数据库的建立，北海晚报、北海人民广播电台、北海新闻网等媒体开设的非物质文化遗产专栏，为当地提供一个非物质文化遗产网络信息共享平台，以数字化、信息化的形式对海洋非物质文化遗产生产性保护项目进行归类，提供海洋非物质文化遗产生产性保护项目的发展资讯，同时通过公共舆论平台，快速发现生产性保护过程中存在的不足并及时纠正，有效提高了当地海洋非物质文化遗产的信息化管理效率。由此可见，国家对非物质文化遗产管理工作的重视、当地线上线下结合管理体系的建立以及网络平台的完善等，为广西北部湾地区海洋非物质文化遗产生产性保护管理体系的建立和完善提供强有力的支持，在国家的引导下，北部湾地区海洋非物质文化遗产生产性保护的管理体系正逐步完善。

2.2.1.4 海洋非物质文化遗产生产性保护效益日益凸显

随着广西北部湾地区海洋非物质文化遗产管理体系的日趋完善，海洋非物质文化遗产生产性保护逐渐取得一定成效，形成一个集社会、经济、文化为一体的效益体系，增强了海洋非物质文化遗产保护与传承的自身造血功能，有效促进了该地区海洋非物质文化遗产活态传承与社会发展的良性循环。

首先，国家级、地区级、市级海洋非物质文化遗产项目生产性保护基地分别由专业性的企业进行开发运营，如钦州坭兴陶艺有限公司负责钦州坭兴陶烧制技艺的生产性保护基地建设；北海恒星珠宝有限责任公司将北海贝雕技艺进行公司化运营，以及北海市海城区一手贝艺创新工作室、合浦金蝠角雕有限责任公司等，将海洋非物质文化遗产融入企业运作，为当地民众创造了一定的就业机会，在保护与传承海洋非物质文化遗产的过程中，海洋非物质文化遗产产品的市场份额逐渐扩大，逐步发展成为当地重要的文化产业和群众致富的新渠道，推动当地的经济增长。

其次，广西北部湾地区多地开展非物质文化遗产传承"校—企联盟"模式，在海洋非物质文化遗产生产性保护方面也起到了一定的促进作用。该模式主要是地方文化主管部门开展"非遗进校园"活动，鼓励高校培养非物质文化遗产相关专业的人才，同时引导企业将海洋非物质文化遗产进行企业化运营，形成一定的非物质文化遗产产业链，并引导学校与企业签订合作协议，如广西民族中等专业学校与北海市恒兴珠宝有限责任公司和合浦金福角雕厂等两家民族工艺企业签订校企合作协议，学校充分利用自身专业优势，为企业提供人才服务，企业选派海洋非物质文化遗产相关专家到学校提供项目式教学支持，为学生实习就业提供便利等。如此一来，海洋非物质文化遗产的传承、保护、产业化运营得以一体化进行，既解决传承人缺乏后辈力量的问题，又能够为学生就业提供帮助，以生产性保护的方式传承海洋非物质文化遗产，达到活态传承的效果。

再者，2013 年，广西启动的"中越边境非物质文化遗产保护惠民富民示范带"建设基本完成，广西北部湾地区的东兴万尾岛、防城港区峒中镇均在这条非遗传承示范带上。目前，该示范带已经打造了东兴万尾京族"哈节"、独弦琴、鱼露等海洋非物质文化遗产的文化创意品牌并流入市场，给边民带来一定经济收入，也丰富了他们的精神生活，逐渐形成良好的社会效益 [112]。另外，近年来，文化产业正逐渐发展成为新的经济增长点，广西北部湾地区海洋非物质文化遗产的生产性保护也推动了当地文化产业的发展。当地将海洋非物质文化遗产项目融入中国（北海）工艺美术创意产业园、北海贝雕文化艺术博览馆、北海文化产业园等，不仅促进海洋非物质文化遗产的生产性保护，还带动当地文化产业项目的进一步发展。

2.2.2　广西北部湾地区海洋非物质文化遗产生产性保护存在的问题

2.2.2.1　海洋非物质文化遗产生产性保护资金来源不足

经济基础决定上层建筑，资金是海洋非物质文化遗产生产性保护的基本支撑，资金投入的多少很大程度上决定了生产性保护实现可持续发展的可能性。

海洋非物质文化遗产生产性保护所涉及的产品生产、市场宣传、运营管理等各个领域均需要资金作为保障，而资金的来源渠道是筹措资金的关键。目前，广西北部湾地区海洋非物质文化遗产生产性保护的资金来源渠道较少，因此拓宽筹资渠道、为海洋非物质文化遗产生产性保护奠定雄厚的经济基础仍是当前生产性保护工作的重心。

当前，广西北部湾地区经济发展相对滞后，海洋非物质文化遗产生产性保护的资金大多来源于政府部门，资金短缺已成为制约该地区海洋非物质文化遗产生产性保护的主要瓶颈。该地区海洋非物质文化遗产的文化产品设计、市场拓展、产品宣传和销售等工作的开展仍是以文化和旅游部等相关部门为主导，其资金主要来源于政策性资金，而政策性资金仅能基本满足部分海洋非物质文化遗产项目的基础保护，远远无法满足现代化经济发展对海洋非物质文化遗产生产性保护在产品升级、市场开拓等方面的需求，阻碍了当地海洋非物质文化遗产生产性保护的发展进程。另外，广西北部湾部分地区自身经济落后、物资匮乏，对海洋非物质文化遗产生产性保护的资金投入较少，制约其生产性保护的发展。如防城港上思县的县级海洋非物质文化遗产多达 34 项，但该县在自身的城镇化建设与经济发展方面资金已经严重缺乏，难以将资金投入海洋非物质文化遗产的产品开发、品牌树立、市场开拓、运营管理等领域，导致该地的海洋非物质文化遗产长期以来难以得到有效的生产性保护。

除此之外，企业、社会团体等社会性资金投入不足也是其发展缓慢的重要原因，特别是民营资本和有实力的企业资金投入有限，虽有部分企业资金流入海洋非物质文化遗产生产性保护领域，但大多来源于一些本土的小微型企业，如北海市恒兴珠宝有限责任公司、合浦金福角雕厂等，其资金实力不够雄厚，资金投入力度较小，在技术引进、人才培养、策略创新、管理运营优化等方面的资金极度匮乏，企业长期得不到转型，产品难以创新升级，在激烈的文化产品市场竞争中处于劣势，不利于海洋非物质文化遗产的生产性保护。可见，广西北部湾地区海洋非物质文化遗产生产性保护的融资渠道较窄，筹措的资金不足，使海洋非物质文化遗产生产性保护的效果难以得到提升。

2.2.2.2　海洋非物质文化遗产生产性保护专业人才匮乏

海洋非物质文化遗产的生产性保护涉及文化产品的设计、生产、流通、宣传、推广、管理等多个方面，因此广西北部湾地区海洋非物质文化遗产的生产性保护不仅需要精通海洋非物质文化遗产内涵与技艺的传承人才、具有创造力的产品设计人才，还需要综合能力强的市场开发人才以及高素质的专业管理人才等各领域的专业人才。然而，目前该地区海洋非物质文化遗产专业人才匮乏仍是海洋非物质文化遗产生产性保护过程中的突出问题，主要表现在以下三个方面。

一是海洋非物质文化遗产生产性保护相关的专业人才培养学校尚未建立，并且在广西北部湾地区高校中，尚未设立海洋非物质文化遗产生产性保护相关的专业。虽然近年来"非遗进校园"等保护与传承活动陆续开展并取得一定成效，但是这仅是非物质文化遗产保护与传承的一种简单模式，并未涉及海洋非物质文化遗产的生产性保护。关于将海洋非物质文化遗产进行产业化运作、管理运营这方面的人才培养非常少，许多海洋非物质文化遗产相关的企业工作人员都是半路出家，没有经过系统的学习和培训，因此难以将海洋非物质文化遗产生产性保护进行长远、持续的运营，更难以将具有发展战略的海洋非物质文化遗产产业的管理运营方式传递给下一代。二是后辈传承人才从事海洋非物质文化遗产生产性保护工作的较少。北部湾地区经济较落后，本地的青壮年大多倾向于选择到外地就业赚钱，更难以吸引外来人才到该地区就业。本地年轻的后辈人才即使回到当地就业也不愿意从事海洋非物质文化遗产生产性保护相关的工作，而是选择到政府部门、企事业单位工作。这样一来，从事海洋非物质文化遗产生产性保护相关工作的人才少之又少。加之外来文化的冲击，使人们更向往城市生活，人口大规模地涌向城市，其中就包括一些精通海洋非物质文化遗产的传承人才。部分海洋非物质文化遗产项目已经面临后继无人的尴尬境地，更谈不上对其进行产品创新、生产以及向市场推广，直接影响到当地海洋非物质文化遗产生产性保护的成败。三是目前广西北部湾地区拥有热衷于传承海洋非物质文化遗产且具备创新能力、管理能力、市场运营能力的复合型人才极少，大部分从事海洋非物质文化遗产企业化运营的人员都缺乏相关的管理经验与文化知识。此外，北部湾地区尚未形成完善的人才培养体系，导致海洋非物质文化遗产文化产品设计、生产、市场运营管理等专业性人才奇缺，不利于海洋非物质文化遗产生产性保护工作的升级发展。

2.2.2.3　海洋非物质文化遗产生产性保护出现过度商业化

海洋非物质文化遗产的生产性保护目的是在保留海洋非物质文化遗产原真性和完整性的基础上通过生产、流通、销售等手段从多角度向人们展示海洋非物质文化遗产的文化内涵，以达到持续保护与传承海洋非物质文化遗产的目的。随着现代化市场经济的发展，人们过度追求商业利益而忽视对海洋非物质文化遗产内涵的保护与传承，导致海洋非物质文化遗产在保护与传承过程中逐渐被歪曲甚至丧失原有的文化内涵。

当前，广西北部湾地区海洋非物质文化遗产的生产性保护主要是通过小微企业或者小型生产公司进行产业化运作，如北海贝雕技艺场馆、北海市恒兴珠宝有限责任公司、合浦金福角雕厂等。这些小微型企业在将海洋非物质文化遗产进行产品转化过程中，基本能够保证海洋非物质文化遗产的原真性，达到了海洋非物质文化遗产生产性保护的目的。然而，部分海洋非物质文化遗产并不适合以市场化运作等生产性保护的方式进行保护与传承。例如京族海洋禁忌、妈祖信仰、龙王信仰、观音信仰、美人鱼传说等民间信俗和民间文学，这些项目应注重内容和展现形式的原真保存，并不适合商业化运作。而当地部分民众或小微型企业受商业利益吸引，将一些如三婆石传说等项目进行戏剧化地展演甚至在原有基础上进行夸张渲染和改造，利用民众对海洋非物质文化遗产认知的模糊，通过夸张甚至造假手段欺骗消费者，为自己谋利。这些过度商业化的做法搅乱了海洋非物质文化遗产产品化运作的市场秩序，歪曲了海洋非物质文化遗产原有的文化内涵，违背了海洋非物质文化遗产生产性保护的原则，不利于海洋非物质文化遗产的活态传承与可持续发展。

另外，不同的海洋非物质文化遗产项目因特性差异其生产性保护方式也不尽相同。如北海的贝雕技艺通过旅游纪念品的方式流向市场，而赛龙舟则是作为旅游产品为游客提供感官体验。但随着旅游业的发展，国家鼓励非物质文化遗产保护与旅游开发协同发展，部分商人并没有根据海洋非物质文化遗产的特性因地制宜地进行产品设计与市场营销战略制定，而是利用政策契机，不顾海洋非物质文化遗产的文化内涵及原有的展现形式，随意歪曲海洋非物质文化遗产的内容或者改变原有的展现形式，提高其"可观赏性"，为自己谋取利益。如防城港的"三月三"歌节，商家为了扩大市场宣传，提升海洋非物质文化遗产的知名度，将该地区大部分的传统歌曲如咸水歌、东海歌、海歌、京族哈歌与采茶戏《乐游防城》、锯琴《跳盘王》等统一展现，虽充分展示了部分海洋非物质文化遗产，吸引大量游客观赏，但是未考虑不同海洋非物质文化遗产的特性及展现所需的原生场景，未能将海洋非物质文化遗产的完整性与原真性传达给大众，不利于海洋非物质文化遗产的持续传承。此外，在歌节的节目表演过程中会出现一些与海洋非物质文化遗产传承无关的现象，如茶叶促销，或者对表演者的民族服饰进行现代化改造，为游客提供试穿民族服饰拍照赚取一定的服务费用等。这些过度的商业行为偏离了海洋非物质文化遗产生产性保护的真正目的。

2.2.2.4　海洋非物质文化遗产生产性保护的布局结构失衡

均衡的布局结构是广西北部湾地区将生产性保护方式用于海洋非物质文化遗产保护与传承的基础，是海洋非物质文化遗产项目实现产业结构优化的重要举措，有利于实现海洋非物质文化遗产的活态传承。当前，该区域海洋非物质文化遗产生产性保护布局存在明显的不合理之处，主要体现在两个方面。

一方面，海洋非物质文化遗产项目实行生产性保护的空间布局不均衡。在现有的海洋非物质文化遗产生产性保护项目中，北海合浦贝雕和鱼雕技艺、钦州跳岭头、防城港东兴京族哈节等传统技艺及传统游艺表演项目因具有较强的观赏性而成为生产性保护的重点对象；而其他一些知名度较低的海洋非物质文化遗产项目如耍花楼、顶头、拉吊等，尚未被运用生产性保护手段进行保护。可见，当地海洋非物质文化遗产生产性保护覆盖的海洋非物质文化遗产类型较少，长此以往，部分没有进行生产性保护的项目将逐渐被世人遗忘，不利于实现活态传承。另外，海洋非物质文化遗产生产性保护示范基地和海洋非物质文化遗产相关的企业数量较少且空间分布不均。目前区级以上海洋非物质文化遗产生产性保护示范基地仅 3 处（钦州坭兴陶烧制技艺、京族独弦琴艺术、北海贝雕技艺），且分布在交通便利、民族人口居住较为集中的地区，在县城及乡、镇、村屯几乎没有设立生产性保护示范基地。如国家级非物质文化遗产生产性保护示范基地（钦州坭兴陶有限公司）、自治区级代表性项目北海贝雕生产性保护示范基地（北海恒星珠宝有限责任公司）都是设立在市区。因此，对于较为偏远地区、人口较少且交通闭塞地区的海洋非物质文化遗产项目而言，其生产性保护力度要远远低于前者。

另一方面，海洋非物质文化遗产生产性保护的产业结构有待调整和优化。通常海洋非物质文化遗产产品需要生产部门、流通部门、市场营销部门等部门间的相互协作，通过产品设计、生产到市场宣传、推广每一个环节须紧密结合，达到商家获利同时海洋非物质文化遗产得以活态传承的目的，共同促进海洋非物质文化遗产生产性保护工作的顺利开展。然而，广西北部湾地区海洋非物质文化遗产项目在转化成产品并流入市场的过程中，部分商家往往注重非物质文化遗产产品的市场宣传推广，花大量精力在拓展市场上，而忽略海洋非物质文化遗产产品的创新设计，导致顾客回头率较低，无法利用口碑宣传当地的海洋非物质文化遗产。如东兴市的"赛龙舟"等传统节庆活动在作为旅游产品进行传承的过程中，注重市场宣传和营销，忽略通过以顾客为导向的产品体验设计，与广西其他地区的"赛龙舟"并无太大差别，因此对游客没有很强的吸引力。此外，一些企业如北海恒星珠宝有限责任公司在将北海贝雕技艺进行产业化运营过程中，重视产品的精雕细琢却没有注重市场品牌的全面推广，导致产品知名度较低，市场销量上升速度很慢。因此，在海洋非物质文化遗产产业化运作过程中，应该加强生产部门、流通部门、销售推广部门等各相关部门的紧密合作，从产业结构优化和调整方面促进海洋非物质文化遗产生产性保护工作的有效开展。

2.2.3 广西北部湾地区海洋非物质文化遗产生产性保护问题产生的原因

2.2.3.1 海洋非物质文化遗产生产性保护的市场宏观调控有待加强

政府的宏观调控是北部湾地区海洋非物质文化遗产生产性保护工作运行的有力保障。当前，该地区海洋非物质文化遗产生产性保护的资金匮乏是制约其有效保护与传承的关键因素之一，虽然许多海洋非物质文化遗产项目在一定程度上得到政府的政策和资金支持，但其资金远远不足以满足海洋非物质文化遗产生产性保护的需求，这与政府对市场的宏观调控和对社会企业的有效引导有着直接的关联。

近年来，广西北部湾地区政府运用政策、法规、计划等手段对海洋非物质文化遗产生产性保护运行状态进行调节和干预，以保证其适应当地经济的发展。然而，目前海洋非物质文化遗产生产性保护的市场宏观调控仍然存在不足。一方面，为了提高现有海洋非物质文化遗产生产性保护的效益，该地区各级政府纷纷响应国家号召，出台了许多关于非物质文化遗产保护的政策，但这些政策大多是关于非物质文化遗产的保护、传承与开发，较少有海洋非物质文化遗产生产性保护相关的针对性政策，且国家和地方政府投入的政策性资金远远无法满足当地海洋非物质文化遗产保护的需要。此外，北部湾地区属于经济后发达地区，发展水平与发达地区相差甚远，落后的经济水平成为海洋非物质文化遗产生产性保护的主要障碍，亟须国家及地方政府的宏观调控，加大对当地海洋非物质文化遗产生产性保护专项资金的支持力度。

另一方面，拓宽海洋非物质文化遗产生产性保护的资金来源渠道是生产性保护不断向外延伸的重要途径。但近年来，政府的宏观调控主要倾向于国家、地方政府拨款支持文化遗产保护，缺乏对社会企业资金入驻的有效引导，归根到底是当地缺乏调动社会资金方面的调控政策，特别是对于民营资本和有实力企业的调动。就目前来看，广西北部湾地区出台鼓励民营资本及有实力企业投入到海洋非物质文化遗产生产性保护的政策制度较少，民营企业对于海洋非物质文化遗产活态传承的重要性和紧迫性认识不足，对现有海洋非物质文化遗产生产性保护前景缺乏信心，缺乏一定的文化传承自觉性，因而不愿意将资金投入到海洋非物质文化遗产生产性保护中。在全球化经济发展的过程中，广西北部湾地区应当充分发挥市场在海洋非物质文化遗产产品分类设计、资金投入、市场推广等方面资源配置的基础导向作用，促进以市场为导向的海洋非物质文化遗产生产性保护工作进一步发展。不仅要从思想上加强广大民营资本企业对当地海洋非物质文化遗产生产性保护的认识，增强其对海洋非物质文化遗产生产性保护的文化自信和文化自觉性；同时要运用行政手段调控整个市场，采取一定的货币宽松政策，为拓宽海洋非物质文化遗产生产性保护的融资渠道提供制度保障，正确引导社会资金进入海洋非物质文化遗产生产性保护领域，解决海洋非物质文化遗产生产性保护资金缺乏等障碍。

2.2.3.2　海洋非物质文化遗产生产性保护的人才培养机制尚未建立

人才是海洋非物质文化遗产生产性保护各个环节的软实力保障，从海洋非物质文化遗产产品的设计、生产、市场推广、经营管理等各个环节都需要人力资源的支持。当前，广西北部湾地区海洋非物质文化遗产专业人才的匮乏是其生产性保护发展缓慢的重要因素。

首先，北部湾地区虽运用多种方式培养海洋非物质文化遗产生产性保护的各类人才，但系统化的人才培养机制尚未建立，导致培养的人才泛而不专，对海洋非物质文化遗产内容掌握广而不精。该地区虽有少部分学校通过"非遗进校园"活动将海洋非物质文化遗产项目引入到教育领域，在一定程度上为传承人的挖掘与培养奠定了基础。但目前广西北部湾地区高校几乎没有开设海洋非物质文化遗产相关的选修课程，也没有专业的教材，更没有针对生产性保护对学生进行培训；而只是根据学生的兴趣和教学情况，选取部分代表性项目进行传播，学生无法从中全面了解海洋非物质文化遗产的内涵以及生产性保护的知识，从而难以为海洋非物质文化遗产生产性保护培养专业人才。另外，海洋非物质文化遗产在企业化运作过程中，企业员工大多是靠自己摸索着发展，并没有接受过专业的在职培训，导致企业发展速度较缓慢。

其次，非物质文化遗产传承人对于文化的传承至关重要[113]，他们是非物质文化遗产得以延续至今和发展繁荣的重要因素，海洋非物质文化遗产的生产性保护离不开传承人队伍的支持。目前，北部湾地区海洋非物质文化遗产传承人的人力资源保障机制尚未建立，传承人培养的保障力度严重不足，缺乏人才激励机制，导致海洋非物质文化遗产传承人才培养过程中出现人才流失或者人才断层等现象，不利于海洋非物质文化遗产生产性保护工作的持续开展。当前亟须政府部门进一步完善适合该地区传承人的保障工作，在做好传承人认定和培养工作的基础上，明确传承人的地位，在传承基地建设、技能传授、生活补贴等方面给予传承人必要的政策支持和制度保障，解决传承人的福利待遇问题，不断壮大传承人队伍，为海洋非物质文化遗产生产性保护提供必要的传承人才基础。

再次，广西北部湾地区缺乏海洋非物质文化遗产产业化运营管理人才的培养体系。当地海洋非物质文化遗产生产性保护需要一大批掌握包括民族经济、市场营销、文化遗产管理、文化创意产业等各方面知识的综合性人才。这些人才不仅要对海洋非物质文化遗产文化内涵有深入的了解，还要具备与生产性保护相关的产品设计、市场推广、组织运营、管理等方面的能力，从而胜任海洋非物质文化遗产生产性保护工作。目前，该区域海洋非物质文化遗产生产性保护发展滞后与该领域产业化运营管理人才的匮乏有较大的关系，因此需通过多样化的途径建立有效的人才培养机制，确保生产性保护工作顺利开展，为当地海洋非物质文化遗产生产性保护提供强有力的智力支撑。

2.2.3.3 海洋非物质文化遗产生产性保护的原生环境发生变化

广西北部湾海洋非物质文化遗产生产性保护过程中部分非物质文化遗产项目出现过度商业化的重要原因是其生存环境发生了不同程度的变迁。随着经济的发展、城镇化进程的加快、社会生产生活方式的变化，人们对物质生活有了更高的追求。在经济利益的驱使下，海洋非物质文化遗产面临着文化原真性保护与迎合商业需求之间的矛盾冲击，中外文化碰撞使其生存环境遭到不同程度的破坏[114]，造成部分海洋非物质文化遗产在生产性保护过程中出现过度商业化的现象，使生产性保护工作开展难度日益加大。

随着全球化浪潮的推进，现代化和城市化进程的加快，以及我国文化发展战略的转型，民族文化正经历着一场巨大的变革[115]。对于北部湾地区而言，部分外来文化正强烈冲击着当地的传统文化，使人们的思想观念逐渐发生改变，甚至忽视对当地海洋非物质文化遗产文化内涵的深入了解与感悟，使当地海洋非物质文化遗产的保护与传承面临巨大的挑战。因此，当地在将海洋非物质文化遗产进行商业化运营的过程中，为跟上所谓的"时代潮流"，随意为海洋非物质文化遗产增添外来文化元素或者对其展现形式进行改造，扭曲海洋非物质文化遗产的原真性和完整性，使部分海洋非物质文化遗产项目渐渐歪曲变形，逐渐背离生产性保护的原则和要求。除此之外，该地区海洋非物质文化遗产生产性保护不仅受到世界经济全球化的影响，同时也受到国内市场环境的综合作用。自我国实行改革开放政策以来，当地也加快融入改革开放的发展步伐，努力发展经济，不断推进现代化建设进程，使人民的经济收入逐步增长，生活水平日益提高，因而更加追求精神上的富足，对商业、娱乐、休闲旅游等日常生活方式的形式要求也随之增加，出现日益多元化的市场经济。在利益的驱使以及激烈的市场竞争环境下，当地民众将现代化、市场化的元素掺杂到海洋非物质文化遗产生产性保护的过程中，部分海洋非物质文化遗产的原貌慢慢被人为改造，造成海洋非物质文化遗产的原生环境逐渐发生变迁。抑或是受利益所驱，部分需在特定环境中传承的海洋非物质文化遗产也被强行搬运到市场中，成为民众的利益工具，导致海洋非物质文化遗产生产性保护市场运营的管理难度日渐提高，打击了人们对海洋非物质文化遗产实施生产经营的积极性，严重影响海洋非物质文化遗产生产性保护的市场平衡。比如，咸水歌最初是在海上或者海边唱的歌，也是疍家婚礼习俗中最精彩的一部分，要求男女双方在船上举行婚礼时需对唱咸水歌。而一些商家为了吸引大众，将咸水歌放到一些节日中或者搬到舞台上进行表演，对原有的场景模拟不到位或是夸张地改造场景，虽向大众展现了咸水歌的形式，但由于最原始的场景缺失，导致人们对其内涵领悟不深甚至受到误导，不利于海洋非物质文化遗产的持续保护与传承。

2.2.3.4　海洋非物质文化遗产生产性保护的发展机制存在缺陷

　　长期以来，生产性保护是海洋非物质文化遗产活态传承的重要方式，要求在遵循海洋非物质文化遗产原真性的基础上以生产性保护的方式进行开发推广，以达到文化传承与经济提升的综合效益。要确保海洋非物质文化遗产生产性保护的发展水平，就必须建立行之有效的发展机制，合理布局其生产性保护的结构。但当前广西北部湾地区海洋非物质文化遗产发展机制仍存诸多不足，主要表现在海洋非物质文化遗产生产性保护的发展动力机制不足、发展目标机制出现偏差、管理机制仍需改进等几个方面。

第一，海洋非物质文化遗产生产性保护的发展动力机制不足，主要是由于缺乏企业、社会团体等外来主体的资金、技术等方面的支持。众所周知，海洋非物质文化遗产的生产性保护主要通过市场流通将非物质文化遗产进行保护与传承，除了依靠政府的政策性资金激励和引导外，来自外部的企业资金、企业管理运营方法等也是其实现生产性保护的有效途径。目前，广西北部湾地区海洋非物质文化遗产的文化价值因资金和技术等方面的动力不足而尚未被充分挖掘，较低的综合效益难以吸引外地企业入驻，加之本地企业也十分了解海洋非物质文化遗产生产性保护发展滞缓的现状，因此愿意将资金、管理技术等投入到当地海洋非物质文化遗产生产性保护的企业较少，导致海洋非物质文化遗产缺乏外部力量的支撑，延缓了生产性保护的现代化进程。第二，海洋非物质文化遗产生产性保护的发展目标机制出现偏差，导致其发展布局结构失衡。海洋非物质文化遗产生产性保护的根本目标是实现非物质文化遗产的活态传承。在经济不断发展、人民生活水平不断提高的时代背景下，许多民众想通过生产性保护途径为自身谋求利益，提升自身的经济水平。因此，在经济利益的驱使下，为在激烈的市场竞争中占有一席之地，当地海洋非物质文化遗产生产性保护的过度商业化现象屡见不鲜，违背了海洋非物质文化遗产生产性保护的真正目的，破坏了海洋非物质文化遗产的原生环境，不利于海洋非物质文化遗产的保护与持续传承。第三，海洋非物质文化遗产生产性保护的管理机制有待改进。在关于海洋非物质文化遗产的保护与传承方面，北部湾地区政府仅仅是制定了非物质文化遗产的相关管理办法，对当地海洋非物质文化遗产的生产性保护尚未制定具体的管理条例，缺乏针对海洋非物质文化遗产市场化运作的调节机制，使海洋非物质文化遗产生产性保护的市场管理秩序较混乱。另外，部分企业将海洋非物质文化遗产进行生产性保护的运作过程中，缺乏专业化、动态化的人才培养，且尚未形成系统性的产业化绩效考核体系，也没有建立有效的市场引导机制，导致海洋非物质文化遗产生产性保护的管理水平较低，缺少对海洋非物质文化遗产文化价值的深度挖掘，不利于企业的可持续发展和文化的保护与传承。可见，广西北部湾地区海洋非物质文化遗产生产性保护的发展机制仍存在诸多缺陷与不足，制约其生产性保护工作的有序开展。

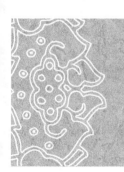

第 3 章　基于利益相关者理论的广西北部湾地区海洋非物质文化遗产生产性保护影响因素分析

　　广西北部湾地区海洋非物质文化遗产丰富多彩，在海洋文化发展史上具有重要的影响和地位。多年来，广西北部湾地区各级政府和相关部门及部分群众努力对当地的民间文学、传统表演与游艺、传统工艺与技能、民间信俗等海洋非物质文化遗产进行挖掘、搜集、整理，运用产业化手段对其进行开发利用，完成了部分海洋非物质文化遗产的保护传承及开发利用。但是随着城市化的发展和现代化进程的推进，广西北部湾地区海洋非物质文化遗产受到了前所未有的冲击：其文化生态环境在急剧改变，传统的保护机制日益遭到破坏；传统工艺与技能后继乏人，民族记忆趋于淡化；开发利用过于商业化，且疏于开发后的保护管理；加上相关的法律、法规建设滞后，地方法规、政策空缺，商业化之类因素的挤压，给海洋非物质文化遗产的生产性保护增添了诸多压力。

　　海洋非物质文化遗产特殊的历史文化价值、社会经济价值是民族精神和民族性格的体现，是民族价值观的反映和民族情感的寄托，被誉为历史文化的"活化石"，保护和传承好广西北部湾地区的海洋非物质文化遗产意义重大而深远。然而，目前关于海洋非物质文化遗产的研究大多集中于开发利用方面，对其保护传承及影响因素方面的研究较少，尤其对广西北部湾地区海洋非物质文化遗产生产性保护所开展的探讨更是薄弱。在实践中，既未能建立起完善的海洋非物质文化遗产传承机制，更未能明确传承过程中所涉及的相关利益主体，以及各主体所承担的角色、利益诉求及其对生产性保护所产生的影响。广西北部湾地区海洋非物质文化遗产的生产性保护依赖于其特定的物质环境，且离不开其生存环境中各相关主体对其传承发展的支持。因此，从利益相关者的角度对广西北部湾地区海洋非物质文化遗产的生产性保护开展研究，探寻利益相关者因利益冲突所造成的问题，以及对海洋非物质文化遗产传承所产生的影响，不仅有利于处理好利益相关者与海洋非物质文化遗产生产性保护和活态传承间的关系，实现多方主体的共赢及海洋非物质文化遗产的可持续发展，更有助于从新的视角探讨海洋非物质文化遗产生产性保护过程中的主要影响因素，为提出有针对性的生产性保护措施提供参考。

3.1 广西北部湾地区海洋非物质文化遗产生产性保护的利益相关者

如前所述，广西北部湾地区海洋非物质文化遗产资源禀赋丰富、历史悠久、特色鲜明，极具保护与开发利用价值。由于海洋非物质文化遗产的特殊性，缺乏有效保护基础的开发利用很容易给遗产造成无法弥补的损失，尤其在如今现代化发展之势愈发强劲的环境下，广西北部湾地区海洋非物质文化遗产的保护与传承受到了极大冲击，不利于遗产传承的可持续发展。因此，探讨广西北部湾地区海洋非物质文化遗产生产性保护的影响因素，对于规范该区域海洋非物质文化遗产保护与开发利用的行为，更好地保护与传承海洋非物质文化遗产具有重要意义。

如今，追求公平和效益双赢，实现企业管理最优化是每一个企业的目标，因此，利益相关者理论被逐渐应用到资源管理中，成为资源管理的一项重要工具。对于海洋非物质文化遗产而言，它也是文化资源中的重要组成部分，因此对于它的管理亦需要运用利益相关者理论来对其管理过程进行分析，探寻海洋非物质文化遗产这一特殊资源所涉及各方利益群体的利益诉求，影响海洋非物质文化遗产生产性保护的主要因素，以协调遗产生产性保护过程中各利益群体的矛盾冲突，满足各利益主体的利益需求，进而共同推动海洋非物质文化遗产的传承发展。同时，国外相关学者也认为，利益相关者理论可以被引入用来解决资源管理过程中相关主体对象和内容模糊不清的问题。卡罗尔认为，借用利益相关者理论，可以为企业进行资源开发时管理责任的研究与实践"指明方向"，即可以界定企业承担管理责任的范围是企业的利益相关者。克拉克森也认为，引入利益相关者理论，为企业管理理论的研究提供了"一种理论框架"[116]。因此，利益相关者理论的引入，将使广西北部湾地区海洋非物质文化遗产生产性保护过程中的对象和内容变得清晰，也为探究影响其生产性保护的主要因素，开展相关管理措施提供有效的可操作框架。

3.1.1 海洋非物质文化遗产生产性保护的利益相关者界定

广西北部湾地区海洋非物质文化遗产传承中引入利益相关者，一定程度上解决了海洋非物质文化遗产生产性保护与管理过程中"主要主体是谁""承担责任是什么""开发利用对象是谁""管理对象是谁"等问题，为究竟由谁推进管理，采取何种管理行为，对谁承担管理责任和承担什么责任，为在满足各主体利益诉求的基础上，促使各利益相关者的和谐稳定，支持遗产的生产性保护提供了合理的解决方案。为此，本节运用利益相关者理论界定广西北部湾地区海洋非物质文化遗产生产性保护的利益相关者。

早在 1963 年，美国斯坦福研究所的一些学者便提出"利益相关者（Stakeholder）"一词，他们对利益相关者的定义是"对企业来说存在这样一些利益群体，如果没有他们的支持，企业就无法生存"[117]；而在 1984 年，弗里曼在《战略管理：一种利益相关者的方法》一书中就十分明确地提出了利益相关者理论，认为利益相关者理论就是指为综合、平衡企业内部与外部所涉及的各个利益相关者的利益，实现利益最大化，从而促使企业经营管理者所采取的经营管理行为 [118]。20 世纪 90 年代初期，弗里曼（Freenab）、布莱尔（Blair）、多纳德逊（Donaldson）、米切尔（Mitchell）、克拉克森（Clarkson）等学者的共同努力使利益相关者管理理论逐渐开始引人注目，形成了较为完善的理论框架，并在实际应用中取得了丰硕的成果 [119]。对于利益相关者，弗里曼定义其为："能够影响一个组织目标的实现，或者受到一个组织实现其目标过程影响的所有个体和群体"。那么，广西北部湾地区海洋非物质文化遗产生产性保护过程中的利益相关者则是指那些能够影响海洋非物质文化遗产生产性保护，或者受到海洋非物质文化遗产生产性保护过程影响的所有个体和群体。而弄清楚"利益相关者有哪些"是实现利益相关者管理的第一步，Frederick, W. C（1988）指出股东、员工、债权人、供应商、中央政府、地方社会团体、媒体、一般公众是与企业存在市场交易的利益相关者 [120]。M. 布莱尔认为公司的发展离不开股东、债权人、供应商、雇员、消费者等利益相关者的投入或参与 [121]。克拉克森依据相关群体和企业联系的紧密性，指出与企业生存、发展密切相关的利益相关者，包括股东、投资者、雇员、顾客、供应商、其他相关群体 [122]。而对非物质文化遗产生产性保护中利益相关者的探讨与界定，尹乐、李建梅、周亮广（2013）认为皖东地区非物质文化遗产旅游的直接利益相关者包括：旅游者、旅游经营者、政府、居民 [123]。孙梦阳、石美玉、易瑾（2015）指出传承人、社区居民、政府、旅游企业、专家、消费者是在非物质文化遗产保护与旅游开发过程中的关键利益主体[124]。张素霞（2014）提出传统手工艺类非物质文化遗产生产性保护的主体有地方政府、旅游企业、游客、社区居民、遗产传承人、社会公众、非政府组织、合作者、竞争对手[125]。

根据上述对利益相关者的界定，以及学者们对海洋非物质文化遗产生产性保护的认识，本课题结合广西北部湾地区的实际情况，通过匿名方式征询有关专家的意见，采用专家评分法对该区域海洋非物质文化遗产生产性保护的利益相关者进行界定。2017年5月，向25名专家提供企业、行业协会、高校、传承人、社区居民、新闻媒体、消费者、非遗保护机构、科研院所、政府部门等12类利益相关者（详见附录1），请他们根据广西北部湾地区海洋非物质文化遗产生产性保护的实际情况，选出他们认为符合上述定义的利益相关者。通过对专家意见进行统计、处理、分析和归纳，经过多轮意见征询、反馈和调整后，专家评分统计结果见表3-1。

表3-1　广西北部湾地区海洋非遗产生产性保护利益相关者界定的专家评分法
统计结果

利益相关者	入选（个）	入选率(%)	利益相关者	入选（个）	入选率(%)
企业	25	100	行业协会	14	56
高校	11	44	传承人	24	96
社区居民	22	88	新闻媒体	14	56
消费者	24	96	非遗保护机构	17	68
科研院所	23	92	社会公众	12	48
金融机构	16	64	政府部门	25	100

从表3-1可以看出，首先，政府部门和企业是广西北部湾地区海洋非物质文化遗产生产性保护不可或缺的主体，关系到海洋非物质文化遗产生产性保护的宏观走向和资金、平台等方面的支撑。其入选率都达到了100%，说明这两项是所有专家都认可的利益相关者。其次是传承人和消费者。传承人作为遗产内涵能够原真、完整传承的关键，发挥着保护与传承海洋非物质文化遗产的主体作用；消费者作为遗产产品市场的主要消费群体，对于促进海洋非物质文化

遗产产品生产与流通具有重要作用。因此两者的入选率也相对较高，都达到了96%，说明其在生产性保护过程中占据着较为重要的地位。再次，科研院所能够为海洋非物质文化遗产的创新利用、新型产品的研制、增强广西北部湾地区海洋经济强区建设等提供智力支撑，入选率也高达92%；社区居民的入选率没有达到100%，但也达到了88%的入选率；高校、行业协会、社会公众和新闻媒体的入选率都比较低，都未达到60%。本课题以入选率60%作为标准，将企业、传承人、科研院所、社区居民、政府部门、消费者、金融机构、非遗保护机构等八类利益群体作为广西北部湾地区海洋非物质文化遗产生产性保护的主要利益相关者。据此，根据专家评分法的结果得出的海洋非物质文化遗产生产性保护的利益相关者基本图谱，如图3-1所示。

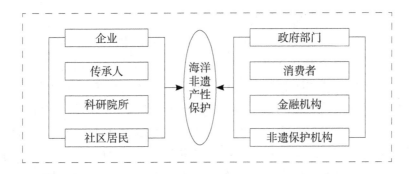

图 3-1　广西北部湾地区海洋非物质文化遗产生产性保护的利益相关者图谱

3.1.2　海洋非物质文化遗产生产性保护的利益相关者分类

通过上述运用利益相关者理论分析可知，广西北部湾地区海洋非物质文化遗产生产性保护的主要利益相关者包括企业、传承人、科研院所、社区居民、政府部门、消费者、金融机构、非遗保护机构八类。尽管各类利益相关者在某些利益维度上存在部分利益交集，但各类利益相关者的利益诉求各不相同，因此需根据八类主要利益相关者的利益诉求维度差异对其进行分类。目前，国内外关于利益相关者分类的方法较多，例如，大卫·威勒、玛丽亚·西兰琶（2002）根据利益相关者的社会性将其分为社会利益相关者和非社会利益相关者两大类，随后根据利益相关者的重要程度又可将社会利益相关者分为主要社会利益相关者和次要社会利益相关者；而非社会利益相关者可分为主要非社会利益相关者和次要非社会利益相关者[126]。又如，美国学者 Mitchell A，Wood

D（1997）认为，利益相关者的利益诉求在权力性、合法性、紧急性等三个维度上存在差异，然后从这三个维度进行评分，根据评分来对利益相关者进行分类 [127]。陈宏辉、贾生华 (2004) 根据主动性、重要性、紧急性三个维度，把利益相关者分为核心、蛰伏和边缘利益相关者 [128]。吴玲、贺红梅（2005）基于生命周期理论将利益相关者分为关键利益相关者、非关键利益相关者、边缘利益相关者三类 [129]。国内外学者运用多种方法明确划分和定位了不同领域、不同类型的利益相关者，此类研究有助于加深学者们对利益相关者的认识，为学者们在今后的研究中界定和划分不同领域的利益相关者提供科学的参考，同时能够为学者们确定各利益相关者在海洋非物质文化遗产生产性保护过程中的社会责任、管理范围与内容及对海洋非物质文化遗产所产生的影响奠定相应的理论基础。

　　基于此，本课题组经过大量的文献阅读之后，发现"多维分类法"和"米切尔评分法"是研究中较为常见且应用较广泛的两种方法。结合广西北部湾地区海洋非物质文化遗产生产性保护的现状考虑，虽"多维分类法"具有较高的权威性，但针对目前广西北部湾地区海洋非物质文化遗产生产性保护发展实际而言，"米切尔评分法"更具操作性。本课题将借鉴"米切尔评分法"的分析思路从利益相关者的重要性、紧急性和主动性等维度上对广西北部湾地区海洋非物质文化遗产生产性保护的利益相关者进行分类。比如，在海洋经济强区建设背景下，广西北部湾地区海洋非物质文化遗产生产性保护过程中，政府部门和企业等利益相关者都对海洋非物质文化遗产的生产性保护主动地施加影响，而金融机构等利益相关者则被动地受到该过程的影响，亦被动地承受着该过程中所产生的相关后果，说明不同利益相关者在海洋非物质文化遗产生产性保护过程中，其主动性存在着一定的差异。在重要性方面，从整体来看，以上八类主要利益相关者在广西北部湾地区海洋非物质文化遗产生产性保护过程中，都扮演着相当重要的角色，但其具体产生的作用也存在一定程度上的区别。比如，传承人和政府部门的重要性影响相对突出，而社区居民和非遗保护机构等利益相关者的重要性影响则相对较弱。再如，部分利益相关者在一般情况下可能既不重要，主动性也不强，但在某一特定的状态下其行为会产生较为紧急的作用，金融机构就是这类比较典型的利益相关者，其在广西北部湾地区海洋非物质文化遗产生产性保护的起步阶段和成熟阶段所产生的紧急影响力不同。

　　从以上分析得知，广西北部湾地区海洋非物质文化遗产生产性保护过程中的利益相关者在主动性、重要性和紧急性三个维度上存在一定的差异，但这仅限于从理论的角度对其进行剖析，在实践中应从这三个维度中的哪些具体指标及角度进行衡量判断，这是当前亟待解决的问题。为避免理论分析中存在的不足，课题组特设计调查问卷（详见附录2），邀请专家对上述所界定的八类利益相关者进行评分。此次调查请专家根据广西北部湾地区海洋非物质文化遗产生产性保护的实际情况，从主动性、重要性和紧急性这三个维度的轻重程度对上述所界定的八类利益相关者进行评分，分值范围为1～5分。其中，两个或三个维度得4分以上的为核心利益相关者；两个或三个维度得3分以上、4分以下的为蛰伏利益相关者；两个或三个维度得3分以下的为边缘利益相关者。此外，为更明确地将八类利益相关者依据三维度所得分值而归属于相应类别，课题组将分值1～5分划分为三段：1～3分、3～4分、4～5分。具体调查结果如表3-2所示。

表3-2　广西北部湾地区海洋非遗生产性保护的八类利益相关者三维度分类情况统计表

评价维度	1～3分	3～4分	4～5分
主动性	金融机构	消费者、科研院所	企业、政府部门、传承人、社区居民、消费者
重要性	金融机构	社区居民、非遗保护机构	企业、政府部门、传承人、消费者、科研院所
紧急性	金融机构	非遗保护机构、	企业、政府部门、传承人、消费者、科研院所、社区居民

根据表3-2中广西北部湾地区海洋非物质文化遗产生产性保护过程中各利益相关者所得分值，可知其具体分类为：企业、政府部门、传承人、社区居民、消费者、科研院所这六类为核心利益相关者。这六类在广西北部湾地区海洋非物质文化遗产生产性保护中占据着主导地位，与海洋非物质文化遗产有着十分紧密的利害关系，一定程度上直接影响着海洋非物质文化遗产的生存和可持续发展。非遗保护机构这一类为蛰伏利益相关者，与广西北部湾地区海洋非物质文化遗产生产性保护的关联程度稍弱于核心利益相关者，但对该地海洋非物质文化遗产的生产性保护也有一定的影响，当其利益诉求未能得到满足时，也会表现出较为激烈的反应。金融机构为边缘利益相关者，对利益诉求的满足程度在这三种类型中为最弱，往往是被动地接受广西北部湾地区海洋非物质文

化遗产生产性保护的影响。

通过上述分析可知，广西北部湾地区海洋非物质文化遗产生产性保护的八类利益相关者在主动性、重要性和紧急性三个维度上存在不同程度的差异。其中，企业、政府部门、传承人、社区居民、消费者、科研院所是广西北部湾地区海洋非物质文化遗产生产性保护的核心利益相关者，它们（他们）在海洋非物质文化遗产生产性保护中占据最核心的地位，直接参与海洋非物质文化遗产的开发、管理、保护和传承，掌握着遗产生产性保护的命脉，也拥有最直接的经济与社会利益。非遗保护机构属于蛰伏利益相关者，金融机构属于边缘利益相关者，这两类利益相关者虽作为海洋非物质文化遗产生产性保护的参与者，为海洋非物质文化遗产生产性保护提供人力或财力上的支持，影响着海洋非物质文化遗产的生产性保护或受海洋非物质文化遗产生产性保护的影响，但是其所产生的作用并非是最为直接的；这两类利益相关者参与海洋非物质文化遗产的生产性保护，既会给海洋非物质文化遗产生产性保护带来便利，也会给其发展带来冲突与矛盾，海洋非物质文化遗产的生产性保护离不开它们的合作与支持。因此，广西北部湾地区海洋非物质文化遗产的生产性保护必须考虑这些利益相关者的需求，满足他们的利益需要，并以其利益诉求为动力，促使其参与海洋非物质文化遗产的生产性保护，推动其持续发展。

3.1.3　海洋非物质文化遗产生产性保护的利益相关者构成

根据海洋非物质文化遗产保护与传承的相关理论和实践可知，广西北部湾地区海洋非物质文化遗产的生产性保护是促进海洋非物质文化遗产实现活态传承的重要方式，有利于海洋非物质文化遗产的可持续发展。本课题通过文献分析、专家评分等方法综合筛选出广西北部湾地区海洋非物质文化遗产生产性保护的核心利益相关者，包括企业、传承人、科研院所、社区居民、政府部门、消费者六类，本小节将对各个核心利益相关者进行详细分析，以期能对广西北部湾地区海洋非物质文化遗产的生产性保护工作，及其所产生的影响因素探讨提供有益的参考。

3.1.3.1　企业

作为广西北部湾地区海洋非物质文化遗产生产性保护中核心利益相关者的企业主要是指那些直接参与海洋非物质文化遗产生产性保护工作，或对海洋非物质文化遗产生产性保护提供平台、资金或物质保障，或通过开发途径对海洋非物质文化遗产进行保护与传承的各类企业。尤其在目前海洋非物质文化遗产生产性保护愈发得到社会认可和支持的背景下，开发商通过对海洋非物质文化遗产的合理开发，运用现代产业化途径使其产生经济、社会和环境效益；经营者通过对海洋非物质文化遗产的经营管理，通过营销推广等途径，扩大海洋非物质文化遗产相关产品的知名度，吸引更多的消费者，在有效带动地方经济发展的同时，优化遗产生存环境，使海洋非物质文化遗产的生产性保护得以持续发展。但相关企业的角色行为具有"双刃剑"效应：一方面，它为海洋非物质文化遗产的生产性保护注入资金、技术、信息以及管理等，促进海洋非物质文化遗产的传承与发展；另一方面，由于理性经济人的角色决定了其必然对经济效益最大化的追求，其中不合理的开发又往往对海洋非物质文化遗产生存环境造成不可逆转性的破坏，海洋非物质文化遗产的舞台化、商品化和庸俗化，给海洋非物质文化遗产的生产性保护带来极大困难。这里的企业不仅包括对海洋非物质文化遗产生产性保护直接投资企业、间接投资企业、开发商、管理企业，也包括当地的各类运营机构等。

目前，广西北部湾地区海洋非物质文化遗产生产性保护大多是"政府主导"模式或"政府＋企业"模式，在政府的支持和引导下，企业对海洋非物质文化遗产生产性保护所进行的相关行为不仅获得了较为可观的经济效益，而且企业的功能也得到有效发挥。然而，由于缺乏对企业行为在文化、环境保护方面的有效监督和强制约束，造成广西北部湾地区海洋非物质文化遗产的文化内涵异化、生存环境遭受破坏、利益分配不合理等突出问题。因此，广西北部湾地区海洋非物质文化遗产的生产性保护需要加强对相关企业的有效监督和引导，正确处理好海洋非物质文化遗产生产性保护的难题。

3.1.3.2 政府部门

政府部门是广西北部湾地区海洋非物质文化遗产生产性保护支持主体中的重要力量，它以其独特的优势在海洋非物质文化遗产过程中发挥着统筹协调的作用。海洋非物质文化遗产生产性保护是保护与传承海洋非物质文化遗产，实现其可持续传承的重要途径。近年来，政府高度重视对海洋非物质文化遗产的保护与传承，尤其在海洋强区建设背景下，对区域的海洋非物质文化遗产进行生产性保护是实现海洋非物质文化遗产活态传承，提升区域海洋文化软实力，增强海洋经济强区建设的重要方式。

为实现海洋非物质文化遗产生产性保护的持续发展，政府可通过行政管理，依靠各级各类行政机关的权威，采取下命令、发指示、定指标等手段来对广西北部湾地区海洋非物质文化遗产生产性保护实行系统的宏观调控和具体的行政管理，即政府在海洋非物质文化遗产生产性保护过程中应体现并发挥其主导作用，以行政权力为依托，通过立法、制定规范（包括获取收入和分配收入）、制定规划、协调政策、基础设施建设、提供支持激励等手段，影响并推动海洋非物质文化遗产的传承与发展。此外，政府作为管理者和协调者，还应整合人力、物力、财力，充分调动、协调，平衡其他利益相关者之间相互关系。比如，制定相关的法律法规以监督、规范企业经营，对有利于保护和发扬海洋非物质文化遗产项目的商家及个人给予鼓励和支持；保护传承人，广泛采纳学者和传承人的科学理念，制定海洋非物质文化遗产保护与传承发展规划并监督实施，为广西北部湾地区海洋非物质文化遗产的生产性保护营造良好的社会氛围。目前，广西北部湾地区海洋非物质文化遗产生产性保护所涉及的政府部门可分为四个层次：广西区级政府部门、市级政府部门、县级政府部门及乡镇政府部门。

3.1.3.3　传承人

海洋非物质文化遗产的生产性保护是海洋非物质文化遗产可持续传承与发展的重要方式，而传承人是海洋非物质文化遗产保护与传承的重要承载者和传递者，是海洋非物质文化遗产代代相传的代表人物，在非物质文化遗产的传承延续过程中有着举足轻重的地位。广西北部湾地区海洋非物质文化遗产在通过生产、流通、销售等方式进行保护与传承的过程中，离不开传承人对传统文化与"无形资产"的弘扬和世代延续。传承人参与海洋非物质文化遗产的生产性保护工作对海洋非物质文化遗产本真内涵、精湛技艺等方面的传承具有十分重要的作用。

传承人掌握着海洋非物质文化遗产的本真内涵和高超的技艺，因此在广西北部湾地区海洋非物质文化遗产生产性保护过程中，传承人可参与海洋非物质文化遗产产品制作过程的技术指导，并适当进行新的探索和创造，而后将这些技艺教授给生产制作方，以使这些技艺在海洋非物质文化遗产生产性保护过程中得以持续传承。此外，作为非物质文化遗产的活态载体，传承人不仅是传统文化的象征和传播者，而且还具有非物质文化遗产项目公认的代表性，其参与海洋非物质文化遗产的生产性保护可对当地的社会、经济、文化产生较为广泛的影响和作用。尤其是现今文化旅游、传统手工艺品极受市场青睐的背景下，传承人原生态的海洋非物质文化遗产旅游产品、借助于传统手工技艺所制造的手工艺产品等，正迎合市场之需，在给当地带来丰厚经济收入的同时，也为广西北部湾地区的旅游开发开拓新思路，增强区域的经济发展活力，还能够带动海洋非物质文化遗产技艺的学习热潮，涌现一批年轻学徒，使海洋非物质文化遗产传承后继有人。可见，传承人呈现出"能够掌握非遗文化内涵及其制作技能，并能积极参与生产性保护活动，产生较大影响力和作用"的特点，有利于广西北部湾地区海洋非物质文化遗产生产性保护的可持续发展。

3.1.3.4　消费者

海洋非物质文化遗产的生产性保护主要是以生产、流通、销售等手段对海洋非物质文化遗产进行开发利用，促进其融入市场，并在生产、流通等环节实现其活态传承。在此过程中，消费者作为需求方，能够拉动海洋非物质文化遗产产品的供给，活跃市场氛围，引导产品生产的走向。

近年来，由于广西北部湾地区海洋非物质文化遗产保护起步较晚以及传承公共投入的不足，通过开发海洋非物质文化遗产所具有的经济价值来弥补保护传承资金不足的替代途径逐渐发展起来。消费者是遗产资源开发、促进遗产传承发展的核心与动力。作为广西北部湾地区海洋非物质文化遗产开发利用的需求者、海洋非物质文化遗产产品市场的消费者，以及海洋非物质文化遗产旅游产品的体验者，是否能选购到技艺精巧、富含民族文化内涵的非物质文化遗产手工艺产品，是否能获得较具地方性、民族性、文化性及体验性的旅游经历为消费者所关注，即消费者希望通过购买、消费、体验相关海洋非物质文化遗产产品，从中获得更多精神和文化方面的享受，而非对经济利益、产品价格的追求。因此，广西北部湾地区海洋非物质文化遗产要想通过生产性保护所产生效益，推动其实现传承发展，则需从消费者文化、心理、情感、审美、生理等全方位的需求出发，构建一种新的文化体验格局，以提高消费者对海洋非物质文化遗产产品的满意度及对海洋非物质文化遗产的认可和保护。由于历史及现实的原因，目前大部分消费者仍停留在对海洋非物质文化遗产内涵的浅层认识，参与海洋非物质文化遗产民俗活动体验，多是追求"大饱眼福"的符号消费；或是购买海洋非物质文化遗产手工艺产品，抑或是抱着"求福、求财、求顺"等功利化的"世俗"动机，其文化保护意识较为淡薄，严重威胁到海洋非物质文化遗产的生存和发展。因此，广西北部湾地区海洋非物质文化遗产生产性保护过程中应加强对消费者的宣传教育，使其充分理解海洋非物质文化遗产的本质内涵，注重自身行为与海洋非物质文化遗产及环境氛围的协调，通过提高自身的修养与素质，实现对海洋非物质文化遗产的有效保护和传承。

3.1.3.5 社区居民

社区参与是指当地居民从事海洋非物质文化遗产保护与开发利用相关工作、参与其传承发展的有关决策、为保护与传承制度的制定提供建议等。非物质文化遗产地和当地社区本是两个依据不同维度而界定的独立系统，然而，文化遗产地与社区在空间上毗邻、交叠甚至重合，其关联性已经对彼此产生了深刻的影响，其发展都需要对方的支持和协助，因而具有内在的耦合关系。社区参与的理念引起了学者的广泛共识，大卫·莫瑟强调在遗产开发利用中社区参与的重要性，认为以社区为基础的遗产开发利用是其可持续发展的先决条件[130]。

遗产地是开展海洋非物质文化遗产保护与传承、开发与利用等相关工作的物质基础，也是社区文化和传统文化的载体，拥有普世价值的海洋非物质文化遗产资源。在海洋非物质文化遗产生产性保护过程中，社区居民作为海洋非物质文化遗产生产性保护的重要合作者，该群体可在海洋非物质文化遗产生产性保护过程中扮演遗产保护与传承的倡导者、管理者和监督者，参与到海洋非物质文化遗产生产性保护的规划、实施等工作中，并能从中获得一定的利益，实现自身的价值。广西北部湾地区经济发展相对落后，交通通达性较差，通过社区参与，当地居民可以直接从事海洋非物质文化遗产生产性保护的各种经营和管理活动，不仅可使他们从消耗海洋非物质文化遗产资源维持生计转向从事海洋非物质文化遗产资源保护与开发管理的工作，提高其生活水平并促进当地社会经济的发展，而且有助于缓解海洋非物质文化遗产生产性保护工作中因社区居民利益诉求不被关注而引发的矛盾与冲突。

3.1.3.6 科研院所

随着时代的发展，信息技术、互联网技术、人工智能等技术逐渐发展并深入到文化、经济等各个领域，牵引着时代迈向更加广阔的天空。在海洋非物质文化遗产生产性保护方面，科学技术的运用能够促进海洋非物质文化遗产在生产性保护过程中的产品生产、流通及销售等各个环节更加流畅，同时具有符合时代发展特征的创新性。而这一切离不开科研院所的人才支撑及其研究成果的广泛应用，尤其是在经济较为落后的地区，科研院所的参与是该区域海洋非物质文化遗产生产性保护的重要智力支持，对促进海洋非物质文化遗产的新型产品研制，生产效率的提高，"产学研"平台的搭建以及增强海洋强区建设等具有重要意义。

科研院所主要能够为海洋非物质文化遗产的生产性保护提供智力支撑，广西北部湾地区海洋非物质文化遗产的生产性保护不仅需要科研院所为其提供一定的科技型人才，研制新型产品开发路径，还需要在决策时得到专家团队提供的科学方案，建立有效的合作机制，共同为该区域海洋非物质文化遗产生产性保护出谋划策，促进海洋非物质文化遗产生产性保护工作的持续开展，从而推动当地文化软实力的提升，增强当地海洋经济强区建设能力。

3.2　利益相关者的诉求及关系研究

3.2.1　海洋非物质文化遗产生产性保护中利益相关者的利益诉求分析

人们往往为了自身需求而采取行动以达目的，即人们的行为受利益驱使。胡象明（1999）认为，利益是指人们想要占有稀缺的客观对象以满足自身需要，它包括经济利益关系、政治利益关系和文化利益关系，三者构成了全部社会关系的总和[131]。利益主体的行为实践受其观念支配，而观念又受利益驱使，因此，利益在事物发展进程中起着十分关键的作用。利益影响着人们对各种事物所做的判断，形成各自所不同的观念，进而支配着人们的行为，对组织和社会的和谐有序发展有着较大的影响。海洋经济强区建设背景下，广西北部湾地区海洋非物质文化遗产的生产性保护作为区域文化软实力提升的重要举措，其持续发展需要多方利益群体的共同努力。因此，海洋非物质文化遗产的生产性保护过程集聚了遗产地与各利益主体的经济、政治和文化利益，每类利益相关者有着各自不同的利益要求，理清各利益相关主体的利益诉求，并处理好不同利益主体间的相互关系，是保障广西北部湾地区海洋非物质文化遗产生产性保护实现可持续发展以及海洋非物质文化遗产实现活态传承的重要前提。

因此，为能更深入地了解广西北部湾地区海洋非物质文化遗产生产性保护中利益相关者的利益诉求及其相互间的关系，本课题在借鉴国内外利益相关者相关研究成果基础上，结合广西北部湾地区海洋非物质文化遗产生产性保护现状，设计针对企业、政府部门、传承人、消费者、社区居民、科研院所六类核心利益相关者关于利益诉求重要性评价的调查问卷，并采用李克特五级量表作为测量工具，分别对"很不重要、不重要、一般、重要、很重要"五个重要程度赋分"1、2、3、4、5"。本调查主要采用简单随机不重复抽样的方式，对6 类核心利益相关者进行问卷调查，而后根据数据计算核心利益相关者在各自利益诉求上的均值得分并进行排序，以识别其不同利益诉求的重要程度。课题组综合考虑广西北部湾地区海洋非物质文化遗产的数量、类型、分布状况及其生产性保护现状等，选取了北海市市区、合浦县，防城港市上思县、东兴市，钦州市灵山县、钦北区、钦南区等地为案例地进行调查。现对广西北部湾地区海洋非物质文化遗产生产性保护中各核心利益相关者的利益诉求进行具体分析。

3.2.1.1　企业的利益诉求分析

企业是海洋非物质文化遗产生产性保护中利益导向最为明确和直接的利益相关者，且其又最具实际操作能力，他们与遗产地或政府达成协议，以对海洋非物质文化遗产的生产性保护与传承作为一种投资而得到相应的开发权或收益。虽然这种方式的最终目的是开发和获利，但在政府资金不足的情况下，这些民间资本却能够以产业化运作的方式，为保护与传承那些亟待抢救的海洋非物质文化遗产提供资金支持，且企业对海洋非物质文化遗产的保护与传承以产业化开发利用的方式开展，还可有效促进就业、发挥海洋非物质文化遗产的经济价值、推动区域经济发展。为全面了解广西北部湾地区海洋非物质文化遗产生产性保护中所涉及各企业的真实想法，课题组针对所选取案例点的实际情况设置相应的评价指标，对 35 名相关企业人员进行问卷调查（详见附录 3），调查结果如表 3-3 所示。

表 3-3　企业利益诉求均值的描述性统计

利益诉求	最大值	最小值	均值	标准差	重要性排序
经济收益的获取	5	3	4.73	0.732	1
产品影响力的扩大	5	2	4.33	0.634	2
企业竞争力的增强	5	2	4.21	0.701	3
文化产业的转型升级	5	2	4.06	0.721	4
文化传承规范的引导	4	2	3.81	0.643	5

利益诉求	最大值	最小值	均值	标准差	重要性排序
良好市场环境的营造	4	2	3.47	0.763	6
社会责任的承担	4	2	3.25	0.575	7

通过表3-3均值大小的比较可知，企业最为关注的是经济收益，想通过参与海洋非物质文化遗产的产业化运作来获取更多的经济收益。企业是海洋非物质文化遗产开发投资的主力军，它们存在于海洋非物质文化遗产生产性保护活动中的开发、生产、营销、管理等各个环节，并以获取最大利润为其经营与投资的前提。由于企业对海洋非物质文化遗产生产性保护注入了大量的资本，其最为关注的是如何最大限度地挖掘这些资源的经济价值，扩大产品的影响力，增强企业的竞争力，以便尽快收回投资并获得尽可能多的利润。其次，"文化产业的转型升级"也是企业较为关注的诉求。随着市场对民族传统文化追求的日渐增强，企业已意识到经济的长远回报依赖于海洋非物质文化遗产的持续传承以及遗产地的可持续发展，保护海洋非物质文化遗产的原真性和完整性，维护遗产地的人文环境对于促进企业自身长远发展以及海洋非物质文化遗产活态传承意义重大。因此，企业的经营管理理念已发生了转变，不再是只重视经济利益的回报，而更多考虑如何通过产业的转型升级实现企业与海洋非物质文化遗产持续传承的双赢发展。

此外，企业也关注"文化传承规范的引导"和"良好市场发展环境的营造"。在实地调查过程中，不少企业反映，因企业自身对海洋非物质文化遗产认识的不足，市场监管力度欠缺，导致部分企业存在诸多盲目的短期行为，如生产质量粗劣的手工艺品，异化海洋非物质文化遗产的内涵，开展庸俗的民俗表演，等等。随意滥用、过度开发海洋非物质文化遗产的现象时有发生，使海洋非物质文化遗产的原真性受到严重威胁，希望政府加大对市场监督管理的力度，规范引导海洋非物质文化遗产的传承，为企业营造一个规范、健康的市场发展环境。除此之外，企业也想通过承担一定的社会责任，如为社会提供更多的就业机会，以提升自身的形象，实现自身的长远发展。可见，企业在海洋非物质文化遗产生产性保护过程中，其社会责任感和文化自觉性在逐渐增强，不仅考虑其投资举措能否为企业带来经济效益，而且还考虑企业的行为对社会以及海洋非物质文化遗产所造成的影响。

3.2.1.2 政府部门的利益诉求分析

在广西北部湾地区海洋非物质文化遗产生产性保护过程中，政府部门负责制定海洋非物质文化遗产生产性保护的总体发展战略，扮演着调控者的角色，利用政治、法律、经济等手段控制和监督其整体的发展，及时有效地协调各方利益关系。通过行政干预，对海洋非物质文化遗产生产性保护项目进行宏观调控，为其可持续发展提供重要的组织保障。但在实际管理过程中，由于所涉及的政府部门众多，以致出现分工不明确、管理重叠、责任划分不清等现象，进而导致工作效率低下甚至难以推进落实。因此，海洋非物质文化遗产生产性保护工作的有序开展，首先需明确界定各级政府部门的共同利益诉求，以此协调政府部门的管理职责。为全面了解海洋非物质文化遗产传承中所涉及各政府部门的真实想法，课题组针对所选取案例点的实际情况设置相应的评价指标，对23名政府部门相关人员进行问卷调查（详见附录4）。具体调查结果如表3-4所示。

表3-4　政府部门利益诉求均值的描述性统计

利益诉求	最大值	最小值	均值	标准差	重要性排序
遗产的活态传承	5	3	4.74	0.522	1
遗产造血功能的加强	5	2	4.63	0.637	2
遗产生存环境的改善	5	3	4.45	0.521	3
生产性保护设施的完善	5	3	4.37	0.462	4
区域经济的发展	5	3	4.13	0.737	5
区域文化品牌的建设	4	2	3.84	0.945	6
促进社会就业	4	3	3.66	0.921	7

从表3-4中可以看出，政府部门的利益诉求主要集中在文化价值保护、资源环境保护及经济利益诉求，但作为海洋非物质文化遗产生产性保护的全局指导者和调控者，政府部门与其他利益相关者相比，则更加关注于文化价值、资源环境价值以及区域的经济发展。海洋非物质文化遗产不仅因其历史悠久、文化内涵丰富日渐被世人所重视，更因其在市场需求上占据的优势而成为重要的

资源被开发利用，许多濒临失传的海洋非物质文化遗产随着开发利用而被重新挖掘、整理和保护，实现持续发展。政府部门期望通过整合、重组和再现的方式增强海洋非物质文化遗产的造血功能，使得这些具有民族历史价值的海洋非物质文化遗产得以持续传承；更期望海洋非物质文化遗产的生产性保护能够展示沿海民众的智慧和创造力，重新唤起民族的历史记忆，增强民族自豪感和凝聚力，促进社会和谐发展。而对于"遗产生存环境的改善""生产性保护设施的完善"诉求，不少政府部门人员表示，文化生态环境是海洋非物质文化遗产赖以生存和发展的土壤，是其原真性存在的根基，保护与传承海洋非物质文化遗产，应重视对其生存环境的保护。

经济利益诉求，即"区域文化品牌的建设""区域经济的发展"虽并非政府部门首要关注的利益诉求，但其作为社会宏观调控的主导者以及区域经济发展的引导者，它们仍希望海洋非物质文化遗产的保护传承，尤其是借助于生产性保护途径进行传承的方式，可提升广西北部湾地区文化品牌，拉动地方经济，促进社会就业，提高当地居民收入和生活质量。

3.2.1.3　传承人的利益诉求分析

海洋非物质文化遗产大部分起源于沿海居民日常的生产生活，是植根于民族民间的活态文化，其生存发展离不开传承主体。传承人是海洋非物质文化遗产传承的重要载体，也是海洋非物质文化遗产保护的核心，海洋非物质文化遗产的生产性保护与传承人的参与和支持密切相关。因此，尊重传承人，调动和发挥传承人的积极性和聪明智慧，使其自觉地、主动地承担起传承责任，是海洋非物质文化遗产得以延续与发展的重要前提。但目前，传承人的主体地位尚未受到重视，在海洋非物质文化遗产生产性保护过程中，对其应有的利益诉求关注也比较缺乏。因此，为全面了解海洋非物质文化遗产传承人的真实想法，课题组针对所选取案例点的实际情况设置相应的评价指标，对25位海洋非遗传承人进行问卷调查（详见附录5）。具体调查结果如表3-5所示。

表3-5　传承人利益诉求均值的描述性统计

利益诉求	最大值	最小值	均值	标准差	重要性排序
遗产的活态传承	5	3	4.79	0.532	1
政府支持力度的加强	5	2	4.74	0.647	2

利益诉求	最大值	最小值	均值	标准差	重要性排序
经济收入的增加	5	2	4.53	0.623	3
自身社会地位的提高	5	2	4.41	0.724	4
生产性保护的决策权	5	3	4.23	0.545	5
遗产传承机制的健全	5	3	3.76	0.636	6
遗产的规范管理	4	3	3.65	0.828	7

由表 3-5 可知，传承人最为关注的是"遗产的活态传承"及"政府支持力度的加强"。可见，作为海洋非物质文化遗产传承的重要载体，传承人对海洋非物质文化遗产有着较强的认同感，认为海洋非物质文化遗产是中华民族宝贵的文化财富，是中国人的自豪与骄傲，愿意为海洋非物质文化遗产的生产性保护贡献一份力，反映出传承人高度的民族文化认同感和自豪感。同时，传承人认为海洋非物质文化遗产的生产性保护并非易事，也需要多方力量的共同努力。尤其是政府在资金和政策等方面的支持，才能实现海洋非物质文化遗产的活态传承。然而迫于现实生活的压力及各类现代文化思潮的影响，对于"经济收入的提高""自身社会地位的提高"逐渐成为传承人仅次于文化利益诉求的关注点。在实地调查过程中发现，相当一部分传承人的生活陷于困境或是困境的边缘，本应对海洋非物质文化遗产文化价值最为关注的传承人在生活压力下，更为关注海洋非物质文化遗产是否能够帮助其摆脱经济状况的窘境，使其生活质量得以提高；再者，因现代科学技术的快速发展，富含现代技术的各类产品更能迎合人们对便捷、时尚、美观等的需求，海洋非物质文化遗产的传统技术则被认为是落后、老旧的体现，使拥有精湛传统技艺的传承人并未受到社会应有的重视与尊重。因此，承认海洋非物质文化遗产的文化价值，保证传承人的经济状况和生活质量，是海洋非物质文化遗产生产性保护过程中亟须关注的问题。

此外，大部分传承人认为海洋非物质文化遗产的生产性保护是传承人的责任与义务，在决策过程中不仅需要政府支持，传承人也应参与其中，确保海洋非物质文化遗产生产性保护的科学性与合理性。因此，传承人对"生产性保护的决策权"的诉求也较高。另外，大部分传承人都表示，希望相关部门能采用合理有效的管理措施，指导并规范市场中违反民族习俗禁忌，或是误解、不尊重、甚至与民族文化存在冲突的不良开发行为，维护海洋非物质文化遗产的原真性和完整性，还海洋非物质文化遗产一个原生态的生存空间，因此，传承人对"遗产传承机制的健全""遗产的规范管理"的诉求也较高。

3.2.1.4 消费者的利益诉求分析

消费者作为海洋非物质文化遗产产品的主要需求者，在市场中扮演者拉动生产的主要角色，是海洋非物质文化遗产生产性保护的强劲动力。在海洋非物质文化遗产生产性保护中，消费者对海洋非物质文化遗产相关产品的评价，会对其生产性保护产生一定的导向作用；其口碑效应，会影响到产生产性保护的可持续发展。因此，广西北部湾地区海洋非物质文化遗产的生产性保护须关注消费者的利益诉求，借鉴消费者的建议，开发出适销对路的海洋非物质文化遗产产品。课题组在问卷设计时，较多考虑了消费者对海洋非物质文化遗产产品的期望，包括对社区居民、政府部门、企业的希望。又因海洋非物质文化遗产类型多样、功能各异，保护与传承又具有较高的特殊性，因此，其生产性保护方式较为多样化。而消费者又可分为海洋非物质文化遗产手工艺品的购买者、旅游产品的旅游者、民俗演艺的观看者等类型，不同类型的消费者在海洋非物质文化遗产生产性保护中的具体利益诉求也各不相同，但为便于统计及分析，本次调查将不同类型的消费者在海洋非物质文化遗产生产性保护中利益诉求的重要性评价合并在一起进行统计分析，共对 30 名消费者发放调查问卷（详见附录 6）。具体调查结果如表 3-6 所示。

表 3-6　消费者利益诉求均值的描述性统计

利益诉求	最大值	最小值	均值	标准差	重要性排序
精神文化需求的满足	5	3	4.73	0.557	1
文化产品的多元化	5	3	4.67	0.624	2
良好文化氛围的营造	5	3	4.41	0.547	3
基础设施的改善	5	2	4.17	0.413	4
市场环境的规范	5	2	3.75	0.423	5
配套服务的完善	5	2	3.53	0.545	6

通过表 3-6 可以看出，广西北部湾地区海洋非物质文化遗产的生产性保护，其实也是海洋非物质文化遗产产业化运作的过程。在此过程中，文化以产品的形式流通到市场，以达到保护与传承的目的。对于消费者来说，"精神文化需求的满足"是他们的首要利益诉求，对于"文化产品的多元化"及"良好文化氛围的营造"诉求也较高，消费者希望在生产性保护过程中拥有独特的海洋文化体验、消费多元化的海洋非物质文化遗产产品以及感受浓郁的海洋文化氛围，以在愉悦身心中丰富自身的文化内涵，开阔眼界。同时，消费者也表示需要"基础设施的改善"，以促进海洋非物质文化遗产的生产性保护得以顺利进行。

消费者对"市场环境的规范"也有较高的利益诉求。因民间习俗自身的特殊性，以往广西北部湾地区所举办的节庆活动都是在特定的时间、地点，以特定的方式进行，具有浓厚的民族特色。但在实地调查过程中得知，随着旅游业的发展，许多节庆活动逐渐被开发成过度迎合市场需求的旅游产品，一定程度上违背了文化原真性开发的原则，使消费者无法感受到原生态的民族传统文化。因此，消费者希望能够加强对海洋非物质文化遗产保护的管理工作，营造一个有序的市场管理环境，以保护和传承海洋非物质文化遗产。另外，"配套服务的完善"也是消费者关注的利益诉求，在消费海洋非物质文化遗产产品过程中，消费者希望当地能够提供人性化的配套服务，如海洋非物质文化遗产旅游方面，当地应完善饮食、住宿、购物、交通、娱乐等方面的基础配套设施，培养具有较高素养的服务人员，为消费者提供人性化的服务体验。

3.2.1.5　社区居民的利益诉求分析

社区居民不仅为海洋非物质文化遗产的生产性保护提供了生产要素，而且社区居民独特的民族文化内涵、原始淳朴的生活方式、亲切友好的民风等也潜移默化地影响着海洋非物质文化遗产的生产性保护。因此，社区居民对海洋非物质文化遗产传承的认同度、参与度、支持度等，影响着海洋非物质文化遗产的生存和可持续发展。在海洋非物质文化遗产生产性保护过程中，能否参与利益分配和决策很大程度上决定着社区居民参与海洋非物质文化遗产保护与传承程度的高低。因此，广西北部湾地区海洋非物质文化遗产的生产性保护需满足社区居民文化、社会、经济等方面的利益诉求，以此获得其对海洋非物质文化遗产保护与传承的参与和支持。为全面了解社区居民关于海洋非物质文化遗产生产性保护的真实想法，课题组针对所选取案例点的实际情况设置相应的评价指标，对 30 名社区居民进行了问卷调查（详见附录 7）。具体调查结果如表 3-7 所示。

表 3-7　社区居民利益诉求均值的描述性统计

利益诉求	最大值	最小值	均值	标准差	重要性排序
遗产的活态传承	5	3	4.77	0.634	1
生产性保护的参与权	5	3	4.63	0.653	2
基础设施的改善	5	2	4.51	0.743	3
文化生活的丰富	5	3	4.32	0.637	4
消费水平的提升	5	2	4.03	0.845	5
就业机会的增多	4	2	3.85	0.717	6

通过表 3-7 社区居民利益诉求重要性评价的均值比较可以看出，"遗产的活态传承""生产性保护的参与权"重要性排序在前两位。在海洋非物质文化遗产生产性保护中，随着社会对海洋非物质文化遗产保护与传承支持力度的不断增大，社区居民已开始认识到民族文化、传统工艺并非是落后、守旧的象征，而是民族集体智慧的结晶，是祖祖辈辈传承下来的文化财富，并逐步意识到只有通过参与到海洋非物质文化遗产的生产性保护当中，才能保护其生存环境、传承传统文化、实现遗产的活态传承。在调查过程中，不少社区居民反映，部分地区为了让游客领略民族风情，往往打破传统的要求和限制，将本应在特定节日或场合出现的民族歌舞、戏曲随意表演，使得传统习俗、民间艺术或逐渐走向衰微、消亡，或因增添新的内容而产生变异，造成民族文化庸俗化和过度商品化，从而使海洋非物质文化遗产传承缺乏可持续性。因此，社区居民对文化保护诉求较为明显。他们希望通过参与海洋非物质文化遗产的生产性保护，促进海洋非物质文化遗产的活态传承，尤其是通过开发利用的途径，充分挖掘海洋非物质文化遗产所具有的文化价值；同时完善当地的基础设施，为海洋非物质文化遗产的可持续发展奠定设施基础。其次，社区居民对"文化生活的丰富"诉求也较高。社区居民也希望通过海洋非物质文化遗产的生产性保护，能够为其带来多种多样的文化产品，使其能够参与到形式多样的文化活动中，并在此过程中增进邻里之间的交流；同时社区居民也因参与其中而拥有更

多的对外交流的机会,认识许多具有共同兴趣爱好的外界友人,见识到许多先进的技术方法。

再者,"消费水平的提升""就业机会的增多"也是海洋非物质文化遗产生产性保护中社区居民较为关注的利益诉求。社区居民希望通过参与海洋非物质文化遗产的生产性保护工作,以满足其对经济方面的诉求。因此,重视社区居民的利益诉求,以此调动社区居民参与海洋非物质文化遗产保护的积极性,促进海洋非物质文化遗产实现可持续发展。

3.2.1.6 科研院所的利益诉求分析

科研院所是海洋非物质文化遗产生产性保护的智力支撑团队,海洋非物质文化遗产的产品设计、生产技术、营销策略、售后服务等如何在尊重海洋非物质文化遗产原真性和完整性的基础上开展,都离不开智囊团队的参谋。而作为智囊团队主力军的科研院所,在海洋非物质文化遗产生产性保护过程中,如何将自身的研究理念及研究成果运用到实践中,使其产生一定的社会效益是其实现自身价值的重要体现。同时,科研院所也希望能够从海洋非物质文化遗产的生产性保护实践中得到一定的启发,不断指导团队进行深入研究,从而不断研究出有利于海洋非物质文化遗产持续发展的创新成果。因此,为全面了解海洋非物质文化遗产传承人的真实想法,课题组针对所选取案例点的实际情况设置相应的评价指标,对 25 位科研院所的研究员进行问卷调查(详见附录 8)。具体调查结果如表 3-8 所示。

表 3-8 科研院所利益诉求均值的描述性统计

利益诉求	最大值	最小值	均值	标准差	重要性排序
新型文化产品的研制	5	3	4.77	0.634	1
科研成果的转化	5	3	4.63	0.653	2
创新型人才队伍的建设	5	2	4.51	0.743	3
遗产的持续传承	5	3	4.32	0.637	4
区域文化的发展	5	2	4.03	0.845	5
海洋经济强区建设的推进	4	2	3.85	0.717	6

由表 3-8 可知，在广西北部湾地区海洋非物质文化遗产生产性保护中，科研院所的利益诉求有较明显的科研性，他们最关注的是"新型文化产品的研制"。由于海洋非物质文化遗产资源类型多样，价值功能各异，要想通过生产性保护的方式促使其实现持续传承，离不开科研院所的参与。因此，科研院所自身的研究成果对海洋非物质文化遗产的生产性保护具有一定的促进作用。与此同时，科研院所也表示，文化遗产的保护与发展不是仅仅某一主体的参与就能实现，而是多方协作，共同努力方能够推动科研成果运用到实际当中促进文化产业的发展，因此，他们对"科研成果的转化"诉求也较高。另外，科研院所对于"创新型人才队伍的建设""遗产的持续传承"也有较高的利益诉求，它们希望通过高校和企业的长期合作，持续培养文化创意人才，从而为海洋非物质文化遗产的生产性保护提供人才和技术支持。科研院所也有一定的社会诉求，他们希望通过贡献自身的力量，为广西北部湾地区海洋文化软实力的增强以及海洋经济强区建设贡献一分力量。

3.2.2　海洋非物质文化遗产生产性保护中利益相关者的利益关系分析

通过上述相关分析可知，与广西北部湾地区海洋非物质文化遗产生产性保护密切相关的核心利益相关者由企业、政府部门、传承人、消费者、社区居民和科研院所六类主体构成。不同的利益相关者有着不一样的利益诉求：企业主要追求经济利益诉求；政府部门主要追求的是文化效益和社会效益；传承人主要追求文化利益与自身的经济利益；社区居民追求的主要是经济利益和社会利益；消费者追求的主要是自身需求的实现。这些不相一致的目标追求促使利益相关者构成了利益协作和利益冲突两种关系。协作关系可以达成利益相关者共同保护与传承广西北部湾地区海洋非物质文化遗产的目标，进而开展积极合理的开发利用，以此促进海洋非物质文化遗产的可持续发展。而冲突关系则因利益相关者追求各自利益最大化而引发的矛盾升级，导致对海洋非物质文化遗产无序的保护传承与盲目的开发利用，对海洋非物质文化遗产造成无法弥补的损坏。各利益相关者对各自利益实现的追求是引发相互关系构成的主导原因，因此本章节将在前一节内容分析广西北部湾地区海洋非物质文化遗产生产性保护中六类核心利益相关者利益诉求的基础上，探讨其现有的利益关系。

3.2.2.1　核心利益相关者的利益关系探讨

广西北部湾地区海洋非物质文化遗产生产性保护中的利益相关者是影响海

洋非物质文化遗产保护传承和持续发展的群体，尽管各方利益群体的利益诉求不相同，但他们却以海洋非物质文化遗产的保护传承及其所产生的效益为共同目标。比如，企业、政府部门以合作的形式作为海洋非物质文化遗产产品的供给者，积极的合作方式可以促进海洋非物质文化遗产保护与传承发展目标的实现；传承人、政府部门遵循社会文化价值的导向，保护与传承海洋非物质文化遗产的愿望趋同；社区居民、消费者在满足于海洋非物质文化遗产保护与传承过程中所产生效益的基础上产生互动，进而形成积极的海洋非物质文化遗产保护与传承合作共同体。但在现实中，由于广西北部湾地区海洋非物质文化遗产生产性保护中利益相关者各不相同的利益诉求，及其各自所拥有资源的差异性，即便有着共同目标的引导，亦会因各主体无限制地追求自身利益最大化的诉求，导致各种不正当竞争现象的发生，以此建立自己优势地位，形成利益冲突关系，如图3-2所示。

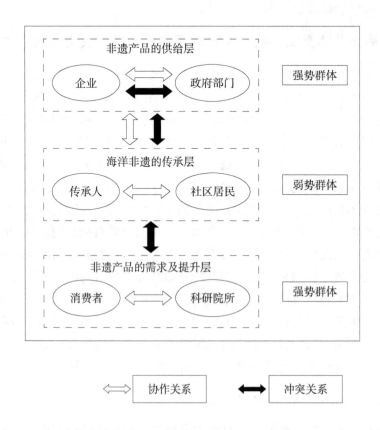

图3-2　广西北部湾地区海洋非物质文化遗产生产性保护利益相关者关系

从图3-2可见，因广西北部湾地区海洋非物质文化遗产生产性保护过程中利益相关者诉求的不同，其所拥有资源要素禀赋的差异，以及市场发展环境的影响，以致相关群体间的社会矛盾趋势增强，进而使利益相关者之间构成了协作与冲突两种关系状态。比如，政府部门、企业作为海洋非物质文化遗产产品供给者时，较大程度上掌握着决定权，属于强势群体，两者处于协作关系时对海洋非物质文化遗产有着较为积极的促进影响。即政府通过宏观调控，在先行完善基础设施并给予相关扶持政策后，吸引企业参与到海洋非物质文化遗产生产性保护中，以期带动当地文化软实力的提升，增强北部湾地区海洋经济强区建设；而企业则在政府所提供的一系列有利条件下，投入到对海洋非物质文化遗产的保护与开发中，为当地的文化、经济发展做出贡献，同时企业也想承担一定的社会责任，如增加就业机会，提高区域经济发展水平等。此时，企业与政府存在着相互协作的关系，共同促进着海洋非物质文化遗产的保护与传承以及区域经济的发展。然而，当其处于冲突关系时，则会导致对海洋非物质文化遗产资源的破坏以及对弱势群体利益的损害。政府部门代表的是公共利益，追求社会总体利益的最大化，即希望企业能遵章守法、照章纳税，给社区居民提供更多的就业机会，同时兼顾当地社会经济、文化、环境的协调发展，不做危害公众群体利益的事；而企业是自主经营、自负盈亏的营利性群体，往往只追求利润，追求自身利益的最大化，对社会、资源与环境的保护往往重视不够。此时，由于二者所追求的目标迥异，造成其在海洋非物质文化遗产生产性保护中的冲突。

传承人与社区居民作为海洋非物质文化遗产的承载者和传递者，大都是被动地接受海洋非物质文化遗产生产性保护过程中所产生的各种影响，属于弱势群体，尤与海洋非物质文化遗产产品提供层的企业存在着较为明显的冲突关系。在海洋非物质文化遗产生产性保护过程中，企业以自身的条件优势奠定了其强势地位，使其在利益效益中获得绝大部分的收益。而传承人、社区居民由于没有管理权与决策权，无法直接参与海洋非物质文化遗产生产性保护中的利益分配与决策，同时，大部分企业并未制定传承人、社区居民参与海洋非物质文化遗产生产性保护的利益保障措施，导致他们没有得到预期的收入。此外，为满足消费者对传统文化的猎奇心理，一些海洋非物质文化遗产展演不仅每天不断地重复表演，还根据市场需求被增加了一些低俗的内容，部分海洋非物质文化遗产原有的神圣内涵已经被置换成娱乐性的喧嚣，海洋非物质文化遗产的精神价值、文化内涵受到极大破坏。企业的部分投资行为不但没有与传承人对海洋非物质文化遗产保护与传承的期望相符，甚至在很大程度上阻碍海洋非物质文化遗产的持续发展，引起了传承人的不满，加深了两者间的矛盾冲突。

消费者作为市场需求的推动力，在追求自身价值的实现时，促使企业或政府冒着对弱势群体造成负面影响的风险，向其提供海洋非物质文化遗产产品。比如，现今部分企业或政府因对海洋非物质文化遗产保护存在认识上的误区，以及传承方式使用不当，缺乏先期的系统规划、统筹布局，对海洋非物质文化遗产的生产性保护只选择其具有商业价值的部分开展，过于注重对文化商业价值的追逐，使部分地区都出现了产品内容雷同、项目安排粗制滥造的现象，破坏了海洋非物质文化遗产的完整性与系统性，加速海洋非物质文化遗产的消亡；同时也损害传承人与社区居民作为海洋非物质文化遗产资源所有者的利益。此时，若未能有效处理好给弱势群体所带来的影响，很容易使传承人和社区居民对消费者产生抵触情绪，进而与消费者形成冲突关系，不利于海洋非物质文化遗产的保护与传承。

由以上分析可知，广西北部湾地区海洋非物质文化遗产生产性保护中利益相关者间的关系错综复杂，要实现海洋非物质文化遗产生产性保护的可持续发展，需协调好各利益相关者的利益冲突，并进行合理的利益分配，促进各利益相关者在共同合理利益诉求的基础上形成协作关系。

3.2.2.2 核心利益相关者的协作关系识别

通过前文对广西北部湾地区海洋非物质文化遗产生产性保护中利益相关者的构成分析可知，利益相关者是海洋非物质文化遗产生产性保护实现持续发展的重要因素。在利益相关者之间协作关系没有建立时，各利益相关者都是站在各自的立场，相互间缺乏整体利益的协调性，使得各利益相关者间无法开展有效的合作。而协作关系则是在满足各利益相关者共同合理利益诉求的基础上形成，可以有效地协调各利益相关者的关系，使其参与海洋非物质文化遗产生产性保护的主动性与积极性得以充分调动，促进海洋非物质文化遗产保护与传承的持续发展。因此，为能构成利益相关者间的协作关系，需识别广西北部湾地区海洋非物质文化遗产生产性保护中利益相关者的共同合理利益诉求。

根据广西北部湾地区海洋非物质文化遗产生产性保护中利益相关者的利益诉求分析可知，虽企业、政府部门、传承人、消费者、社区居民和科研院所都体现出不同的利益诉求，但各利益相关者之间又具有一些利益诉求共同点。这种利益诉求共同点不仅体现在两个利益相关者之间，三者之间，甚至四者之间，亦存在利益共同点。通过实现这些利益共同点，可有效形成相互间的协作关系。

本课题将企业、政府部门、传承人、消费者、社区居民和科研院所六类核心利益相关者相互之间的共同利益诉求用连接线表示，如图3-3所示。

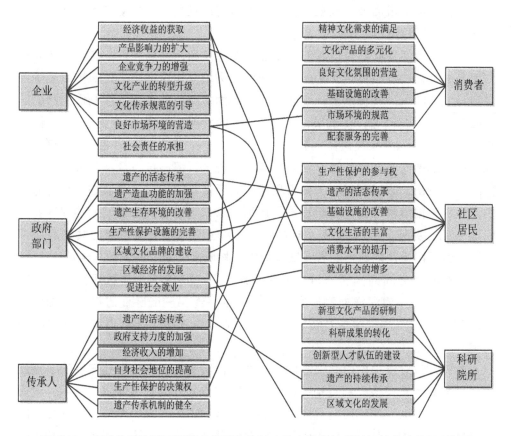

图3-3　广西北部湾地区海洋非物质文化遗产生产性保护利益相关者的共同利益图

存在两者间共同利益诉求的如下有企业和传承人，二者都希望通过海洋非物质文化遗产的生产性保护提高自身的收入。企业和社区居民，这两类利益相关者除了在经济上有共同的利益诉求外，二者对就业机会的增加也有共同诉求：企业希望通过海洋非物质文化遗产生产性保护增加就业机会，承担一定的社会责任；而社区居民则希望海洋非物质文化遗产生产性保护能够为其提供更多的就业机会，解决自身的就业问题，提升自身消费水平。企业和消费者则共同希望海洋非物质文化遗产的生产性保护能够带动市场环境的逐渐规范。传承人和消费者都希望海洋非物质文化遗产生产性保护能够拥有一个规范的市场发展环境，保障海洋非物质文化遗产的原真性和完整性。传承人和社区居民之间有着共同的利益诉求，即都期望能参与到海洋非物质文化遗产生产性保护的管理，并获得相关决策权。政府部门和科研院所都希望海洋非物质文化遗产的生产性保护能够促进海洋非物质文化遗产的可持续发展，并推动广西北部湾地区海洋经济强区建设。

存在三者间共同利益诉求的有企业、传承人和社区居民，三者在经济利益方面有着共同的利益诉求，都希望在海洋非物质文化遗产生产性保护过程中提高自身经济收入。在程度上，企业是以营利为主要目的主体，它们作为产品的主要生产者、营销者，更加关注企业自身的营利收入，为企业创造更多财富；相对企业而言，传承人和社区居民对于经济利益方面的诉求并没有十分强烈，他们更多的是希望在实现遗产活态传承的基础上，提高自身经济收入，改善目前的生活状况。政府部门、消费者和社区居民都希望通过海洋非物质文化遗产生产性保护能够推动当地基础设施的逐渐完善，为当地文化软实力的提升奠定设施基础。另外，政府部门、传承人、社区居民三者之间也存在共同利益诉求，都希望以生产性保护的方式实现海洋非物质文化遗产的保护与传承。

存在四者之间共同利益诉求的是政府部门、传承人、社区居民和科研院所。四者共同希望海洋非物质文化遗产的生产性保护能够促进海洋非物质文化遗产资源的可持续保护及传承，具有保护与传承中华民族传统文化的强烈愿望。

此外，政府作为广西北部湾地区海洋非物质文化遗产生产性保护的宏观调控者，与其他五类核心利益相关者之间分别有着共同的利益诉求。其中，政府和企业都希望海洋非物质文化遗产能够在规范的市场环境中发展，提升文化的知名度和影响力；政府与传承人、政府与消费者、政府与社区居民之间希望改善当地的基础设施，营造良好的生产性保护环境等。

通过分析可知，广西北部湾地区海洋非物质文化遗产生产性保护中六类核心利益相关者的共同利益诉求主要表现在对海洋非物质文化遗产得以保护与传承，带动区域文化的发展，从而促进地方经济的持续发展。正是由于各利益相关者之间存在着的共同利益诉求，为实现共同的利益目标，使得他们寻找到利益共赢的平衡点，形成了协作关系，从而积极促进广西北部湾地区海洋非物质文化遗产的生产性保护。

3.3　广西北部湾地区海洋非物质文化遗产生产性保护的影响因素分析

　　海洋非物质文化遗产生产性保护是多个利益相关者共同参与，将其以产业化形式运作的过程，由于涉及不同利益相关群体，因此需探讨不同群体对其产生的影响，以便有针对性地提出有利于广西北部湾地区海洋非物质文化遗产生产性保护的有效措施，为其实现可持续发展的生产性保护模式的构建奠定科学基础。自我国2003年全面启动非物质文化遗产保护工程以来，非物质文化遗产的保护与传承问题便引起了社会各界的广泛关注，逐渐成为学术界的研究热点，其中不乏对海洋非物质文化遗产保护的研究。尤其是海洋强国战略提出以来，广西北部湾地区紧跟国家战略步伐，迫切希望通过海洋文化遗产的保护与传承，增强区域文化软实力，提升广西北部湾地区的海洋经济强区建设水平。为确保非物质文化遗产保护与传承措施的科学合理性，探寻其传承的影响因素及各因素的重要程度为关键所在。目前，虽然学术界从不同的视角开展对非物质文化遗产保护与传承影响因素的研究，并已取得不少成果，但从利益相关者的角度探讨海洋非物质文化遗产生产性保护影响因素的研究较为罕见，更是尚未查获。从利益相关者的角度，对广西北部湾地区海洋非物质文化遗产生产性保护影响因素研究的相关文献。为此，本节在探讨广西北部湾地区海洋非物质文化遗产生产性保护利益相关者的基础上，归纳海洋非物质文化遗产生产性保护的影响因素。

3.3.1　变量选取与确定

　　通过前文的相关探讨研究，可知广西北部湾地区海洋非物质文化遗产生产性保护的核心利益相关者为企业、政府部门、传承人、消费者、社区居民和科研院所六类，各利益相关者有着各不相同的利益诉求。因六类核心利益相关者各自利益诉求的不同，使得利益主体间或形成冲突关系或形成协作关系，对广西北部湾地区海洋非物质文化遗产生产性保护产生消极性或积极性的影响。因此，为了能够明确不同利益相关者所导致的哪些方面因素会影响到广西北部湾地区海洋非物质文化遗产的生产性保护状况。本节从前文所获知的核心利益相关者利益诉求中提取海洋非物质文化遗产生产性保护产生影响的因素，初步将影响因素定为 39 项，具体如表 3-9 所示。

表3-9　广西北部湾地区海洋非物质文化遗产生产性保护影响因素初步量表

维度	变量	维度	变量
企业	经济收益的获取	消费者	精神文化需求的满足
	产品影响力的扩大		文化产品的多元化
	企业竞争力的增强		良好文化氛围的营造
	文化产业的转型升级		基础设施的改善
	文化传承规范的引导		市场环境的规范
	良好市场环境的营造		配套服务的完善
政府部门	社会责任的承担	传承人	遗产的活态传承
	遗产的活态传承		政府支持力度的加强
	遗产造血功能的加强		经济收入的增加
	遗产生存环境的改善		自身社会地位的提高
	生产性保护设施的完善		生产性保护的决策权
	区域文化品牌的建设		遗产传承机制的健全
	区域经济的发展		遗产的规范管理
社区居民	促进社会就业	科研院所	新型文化产品的研制
	生产性保护的参与权		科研成果的转化
	遗产的活态传承		创新型人才队伍的建设
	基础设施的改善		遗产的持续传承
	文化生活的丰富		区域文化的发展
	消费水平的提升		海洋经济强区建设的推进
	就业机会的增多		

如表 3-9 所示，通过整合广西北部湾地区海洋非物质文化遗产生产性保护中利益相关者的利益诉求，得出影响海洋非物质文化遗产生产性保护影响因素的初步量表。因此，次变量的甄选是基于利益相关者的视角开展，影响海洋非

　。

物质文化遗产生产性保护状况的因素来自企业、政府部门、传承人、消费者、社区居民和科研院所六类核心利益相关者的利益诉求,涉及政治、经济、文化、社会、市场、利益相关者自身等方面的内容。与此同时,在分析中亦可得知当利益相关者形成协作关系,即其所追求的利益诉求互相一致时,所构建的影响因素初步量表里囊括的变量在内容上存在着重合。为能较好地突显各变量的独立性、代表性,需整合初步甄选的变量,对于内容叠加的变量予以合并、对于内容表述不够准确的变量进行优化,对于影响较小、内容不具代表性的变量可予以删除,以提高广西北部湾地区海洋非物质文化遗产生产性保护影响因素量表的科学性、合理性。

综合以上对广西北部湾地区海洋非物质文化遗产生产性保护利益相关者的利益诉求分析,本课题在遵循科学性、系统性和非相关性原则的基础上,结合广西北部湾地区海洋非物质文化遗产传承中各利益相关者的实际情况,对影响因素初步量表进行了修正和完善,具体如表 3-10 所示。

表 3-10 广西北部湾地区海洋非物质文化遗产生产性保护影响因素修正量表

序号	变量	序号	变量
X1	文化消费需求	X13	民众文化自信和文化自觉
X2	人均消费水平	X14	民众的精神文化需求
X3	文化产业转型升级	X15	政府重视和支持力度
X4	海洋经济强区建设	X16	社区参与积极性
X5	区域经济发展水平	X17	社会就业需求
X6	企业投融资能力	X18	和谐社会构建
X7	遗产的自身活力	X19	遗产的生存环境
X8	文化的创新发展	X20	市场秩序的规范性
X9	媒体的宣传推广	X21	生产性保护基础设施建设
X10	创新型人才队伍支撑	X22	生产性保护工作机制健全度
X11	传承人的保护与培养	X23	遗产传承机制完善程度
X12	公共文化服务能力		

3.3.2　研究设计与方法

调查问卷是一种对人们的社会现象和社会行为通过设计相关问题进行测量，以此分析人们的行为、态度和社会特征的工具。调查问卷的统计过程统一、效率相对较高，且其统计结果比较客观和规范。上文虽已构建广西北部湾地区海洋非物质文化遗产生产性保护影响因素量表，但这些影响因素是基于各利益相关者的角度进行归纳而得，具有一定的主观性，缺乏从客观整体性上去把控对海洋非物质文化遗产生产性保护产生的影响。为此，有必要运用专家问卷法对海洋非物质文化遗产生产性保护影响因素进行重要性评价，以及对其他有关因素所存在的问题进行补充。本课题采用李克特（Likert）五级量表法，即对广西北部湾地区海洋非物质文化遗产生产性保护影响因素的每个变量重要性进行评价，其重要程度分为"很重要""重要""一般""不重要""很不重要"五个选项，并分别给这五个选项赋予5、4、3、2、1的分值，通过赋予分值将专家对变量重要性的评价进行量化，分值的高低反映此变量重要程度的高低，专家则需根据自己的知识经验和认识水平，对影响因素量表内各变量的重要性进行五等级评价打分（详见附录9）。该问卷主要面向广西的高校、非物质文化遗产保护机构、传承人等专业人士发放，共发放350份，回收334份，有效问卷321份，问卷有效率96.1%。此外，为辨析影响广西北部湾地区海洋非物质文化遗产生产性保护的主要因素及因素间的相关程度，课题组还采用因子分析、相关性分析等方法对所收集的数据进行分析。

因子分析是通过对原始数据相关系数矩阵内部结构的研究，将多个指标转化为少量互不相关且不可观测的随机变量（即因子），以提取原有指标绝大部分信息的统计方法。当因子载荷矩阵结构不够简化时，可以通过因子旋转使因子具有更为鲜明的实际意义，同时使用因子得分函数对样本给出相应的评价和排序。因子分析的数学模型为：

$$X = AF + \varepsilon$$

其中，$X = (X_1, X_2, \cdots, X_p)$ 为可以观测的随机变量（即原指标）；

$F = (F_1, F_2, \cdots, F_m)$ 为不可观测的潜在变量（即 X 的公共因子）；

A 为因子载荷矩阵，ε 为特殊因子。

本课题使用主成分因子提取方法，其特点在于可以用方差贡献值 β_i 衡量第 i 个公因子的重要程度。

因子分析步骤如下。

（1）将原始数据标准化，仍记为 X。

（2）建立相关系数矩阵 R。

（3）解特征方程 $|R - \lambda E| = 0$，计算特征值和特征向量，当累计贡献率不少于85%时，取前 K 个主成分代替原来的两个指标，计算因子载荷矩阵 A。

（4）对 A 进行最大正交旋转变换。

（5）对主因子进行命名和解释。如需进行排序，则计算各个主因子的得分 $F_i = a_i x$，以贡献率为权重，对 F_i 加权计算综合因子得分。

相关性分析是研究现象之间是否存在某种依存关系，并对具有依存关系的现象探讨其相关方向以及相关程度，是研究随机变量之间相关关系的一种统计方法。通过对广西北部湾地区海洋非物质文化遗产生产性保护的各影响因素进行相关性分析，可掌握目前海洋非物质文化遗产生产性保护影响因素间存在的联系，为提出有针对性的生产性保护措施提供参考。

3.3.3　调研结果与分析

信度分析是检测调查工具（量表）可靠性与稳定性的有效手段，量表的信度越高，即说明其越稳定，采用该量表进行的测试或调查也就越有效和可靠。因此，为能确保广西北部湾地区海洋非物质文化遗产生产性保护影响因素重要性调查的有效性，在对收集的数据进行分析前，有必要对问卷进行信度检验。信度分析的方法有很多种，最常用的有 Cronbach's Alpha 信度系数法和半分信度系数法，本课题采用的是 Alpha 信度系数法，检验问卷量表的内部一致性信度。信度系数应在 0～1 之间。一般认为，信度系数大于 0.8 时，表明信度高，问卷具有很高的内在一致性；系数在 0.7～0.8 之间，表明信度较好；而系数小于 0.7 时，表示内部一致性差，问卷具有不可靠性，表示问卷中有些问题需要调整。

课题组应用 SPSS 软件对广西北部湾地区海洋非物质文化遗产生产性保护影响因素的 23 个变量进行了内部一致性检测，经运算可得知其 α 系数为 0.813，说明本问卷信度高，具有很高的内在一致性，可以做进一步分析。

3.3.3.1　因子分析

为能确定所设计的广西北部湾地区海洋非物质文化遗产生产性保护影响因素量表，和对专家调查收集的数据是否适合进行下一步的因子分析，须进行 KMO 和 Bartlett 球形检验。Bartlett 球形检验用以检测变量间的独立情况，一般认为 Sig. 值小于 0.05 则说明数据呈球形，各变量间具有相关性，能够做好因子分析。同时，KMO 统计量的数值越接近 1，则数据库越适合做因子分析；反之，如果值越接近 0，则说明数据库不能进行因子分析。如表 3-11 所示，通过检测得知，海洋非物质文化遗产生产性保护影响因素量表 Bartlett 的 Sig. 统计量值为 0.000，小于 0.05，说明能够做因子分析；同时，KMO 统计量值为 0.825，进一步说明数据适合做因子分析。

表 3-11　KMO 和 Bartlett 的检验

取样足够度的 Kaiser-Meyer-Olkin 度量		0.825
Bartlett 的球形度检验	近似卡方	10 021.219
	df	351
	Sig.	.000

在因子分子中，课题组主要选择降维因子分析，即将海洋非物质文化遗产生产性保护影响因素中的 23 个变量归纳为具有代表性的几大类影响因素，并采用主成分分析法计算变量间的线性组合关系，找出因子的个数和规律。此外，为使因子的实际含义更为清楚，课题组利用 SPSS 软件中的最大方差法，对 23 个变量进行因子旋转，使各个变量在尽可能少的因子上有比较高的载荷，在其他因子的载荷较低。具体结果如表 3-12 所示。

表 3-12　最大方差法旋转后的因子载荷矩阵

变量	因子载荷值			
	1	2	3	4
X_3 文化产业转型升级	0.753			
X_5 区域经济发展水平	0.724			
X_7 文化消费需求	0.877			
X_{11} 人均消费水平	0.858			
X_{15} 海洋经济强区建设	0.712			
X_{17} 企业投融资能力	0.853			

变量	因子载荷值			
	1	2	3	4
X_1 遗产的自身活力		0.716		
X_2 传承人的保护与培养		0.775		
X_9 媒体的宣传推广		0.762		
X_{10} 创新型人才队伍支撑		0.616		
X_{12} 公共文化服务能力		0.847		
X_{20} 文化的创新发展		0.625		
X_4 政府重视和支持力度			0.825	
X_6 社会就业需求			0.797	
X_{14} 民众的精神文化需求			0.734	
X_{16} 社区参与积极性			0.792	
X_{18} 和谐社会构建			0.857	
X_{22} 民众文化自信和文化自觉			0.739	
X_8 市场秩序的规范性				0.854
X_{13} 生产性保护工作机制健全度				0.796
X_{19} 遗产的生存环境				0.742
X_{21} 生产性保护基础设施建设				0.813
X_{23} 遗产传承机制完善程度				0.736

从表3-12可以看出，旋转后的因子载荷矩阵中，每个因子只对少数几个变量的因子载荷较大，即得知通过最大方差旋转后，影响广西北部湾地区海洋非物质文化遗产生产性保护的23个变量被归为四大类，并在相应成分上的载荷值都在0.5以上，说明所提取的四个公因子与相应的变量因子关系密切。其中，第一公因子 F_1 在"文化消费需求""人均消费水平""文化产业转型升级""海洋经济强区建设""区域经济发展水平""企业投融资能力"六个变量中具有较大的因子载荷值；第二公因子 F_2 在"遗产的自身活力""文化的创新

发展""媒体的宣传推广""创新型人才队伍支撑""传承人的保护与培养""公共文化服务能力"六个变量中的因子载荷值最大;第三公因子 F_3 在"民众文化自信和文化自觉""民众的精神文化需求""政府重视和支持力度""社区参与积极性""社会就业需求""和谐社会构建"六个变量中具有较大的因子载荷值;第四公因子 F_4 在"遗产的生存环境""市场秩序的规范性""生产性保护基础设施建设""生产性保护工作机制健全度""遗产传承机制完善程度"五变量中的因子载荷值最大。为能更好地通过因子的解释变量反映影响广西北部湾地区海洋非物质文化遗产生产性保护的影响因素,现结合海洋非物质文化遗产生产性保护影响因素重要性的评价,对四个公因子进行命名,如表 3–13 所示。

表 3–13　旋转后总方差分解及因子命名表

因子	特征值	贡献率 %	累计贡献率 %	包含变量	命名
F_1	4.769	23.824	23.824	X_3, X_5, X_7, X_{11}, X_{15}, X_{17}	经济因素
F_2	3.379	17.272	41.096	X_1, X_2, X_9, X_{10}, X_{12}, X_{20}	文化因素
F_3	2.658	15.512	56.608	X_4, X_6, X_{14}, X_{16}, X_{18}, X_{22}	社会因素
F_4	2.489	12.121	68.729	X_8, X_{13}, X_{19}, X_{21}, X_{23}	环境因素

如表 3–13 所示,旋转后得到四个解释因子,公因子的累计方差贡献率为 68.729%,即四个因子共解释了总变量的 68.729%,公因子的累积贡献率超过 60%,不仅表明相关数据适合因子分析,而且可知旋转后提取出的主成分方差越大,重要性越大。

F_1 中所包含的变量以"文化产业转型升级""区域经济发展水平"和"文化消费需求"为主要内容,因此将其命名为"经济因素"。其贡献率最大达到 23.824%,说明经济因素在广西北部湾地区海洋非物质文化遗产生产性保护中起着核心作用,主要通过对广西北部湾地区海洋非物质文化遗产生产性保护中所产生的经济效益大小,宏观上是否能推动区域经济发展,微观上是否能提高当地人均消费水平来进行评估对海洋非物质文化遗产生产性保护的影响。

F_2 中体现海洋非物质文化遗产生产性保护中所产生的文化效益,因此将其命名为"文化因素"。其贡献率仅次于 F_1 为 17.272%，即主要通过遗产的自身活力、传承人的保护与培养、公共文化服务能力等是否能够促进海洋非物质文化遗产生产性保护的持续发展，及海洋非物质文化遗产作为一种民族文化，是否得到媒体的宣传推广及创新型人才队伍支撑等来判定对海洋非物质文化遗产生产性保护的影响。

F_3 主要从社会角度体现对海洋非物质文化遗产生产性保护的影响，因此将其命名为"社会因素"。其贡献率 15.512%，排名第三，即从政府重视和支持力度、民众的精神文化需求、社区参与积极性、和谐社会构建、民众文化自信和文化自觉等方面判断对遗产生产性保护所产生的影响。

F_4 体现的是环境对海洋非物质文化遗产生产性保护的影响力，因此将其命名为"环境因素"。其贡献率排名为最后，为 12.121%，主要是指环境对海洋非物质文化遗产的生产性保护产生影响，如市场秩序、遗产的生存环境、生产性保护基础设施、遗产传承机制等会对海洋非物质文化遗产生产性保护产生的影响。可见，因子分析的结果明确界定了广西北部湾地区海洋非物质文化遗产生产性保护的影响因素。因此，可基于上述分析从经济、文化、社会和环境这四大因素探讨海洋非物质文化遗产生产性保护的具体措施和途径。

3.3.3.2　相关性分析

上述因子分析将影响广西北部湾地区海洋非物质文化遗产传承的 23 个变量归纳为四大影响因素，而为能更好地了解这四大影响因素间的关联度和对海洋非物质文化遗产生产性保护所产生的影响程度，课题组对收集数据中关于海洋非物质文化遗产生产性保护的各组变量进行相关性分析，具体结果如表 3-14 所示。

表 3-14　广西北部湾地区海洋非物质文化遗产生产性保护影响因素相关性分析

	经济因素	文化因素	社会因素	环境因素
经济因素	1			
文化因素	0.376**	1		
社会因素	0.172	- 0.141*	1	
环境因素	0.168**	0.178	0.159**	1

在相关性分析中，** 代表在 0.01 水平（双侧）上显著相关，* 代表在 0.05 水平（双侧）上显著相关。根据表 3-14 中的广西北部湾地区海洋非物质文化遗产生产性保护影响因素相关性分析的数据，可知以下三点。（1）经济因素与其他三大因素存在显著相关性，这反映出在广西北部湾地区海洋非物质文化遗产生产性保护过程中，文化因素、社会因素、环境因素都与经济因素相互依赖，共同对海洋非物质文化遗产生产性保护产生影响。（2）文化因素与社会因素是广西北部湾地区海洋非物质文化遗产生产性保护中较为密切的两个方面，文化因素是海洋非物质文化遗产自身活力的体现；社会因素是海洋非物质文化遗产生产性保护的物质基础，但社会因素与文化因素呈现显著的负相关，与环境因素却呈现正相关，这反映出因社会形态所产生的影响对于海洋非物质文化遗产生产性保护中的文化因素呈现反向作用，但是在一定程度上能够促进海洋非物质文化遗产合理化的保护与传承。（3）环境因素与经济因素、文化因素、社会因素之间呈现显著的正相关，说明当地经济与文化的发展、和谐社会的构建等海洋非物质文化遗产生产性保护中环境因素的积极转化，能够提高社会对海洋非物质文化遗产的关注程度，改善海洋非物质文化遗产赖以生存的环境基础，提高区域文化软实力，推动区域经济发展。综上所述，广西北部湾地区海洋非物质文化遗产生产性保护的四大影响因素之间并非是独立存在，而是相互影响，共同构成海洋非物质文化遗产生产性保护的影响体系。

第4章 广西北部湾地区海洋非物质文化遗产生产性保护的驱动机制研究

广西北部湾地区海洋非物质文化遗产资源禀赋丰富、类型齐全、内涵深厚，极具保护传承与开发利用价值，随着区域经济发展水平的不断提高，以此为依托开展的生产性保护活动也不断兴起。在国家和地方政府重视背景下，广西北部湾地区海洋非物质文化遗产的生产性保护已取得了一定成绩，但同时也存在着生产性保护资金不足、专业人才匮乏、过度商业化、布局结构失衡等问题亟待解决。深入探讨生产性保护的驱动因素，有助于理解海洋非物质文化遗产生产性保护的产生过程和作用机理，也有助于将驱动因素转化为生产性保护的指导性因素，提高广西北部湾地区海洋非物质文化遗产生产性保护效率，促进海洋非物质文化遗产生产性保护的可持续发展。

"驱动"一词具有"驱使""推动"之意。从管理学角度来看，"驱动"一词是指主体的活动对目标实现的推动作用，而"机制"一词则泛指系统内部的工作原理和内在规律。通过对这两个词的分别解释，我们可以了解到，"驱动机制"就是事物发生、发展的动因构成要素，以及这些要素之间的内在运行机制。但需要注意的是，驱动因素是事物发展动因的集合，驱动系统由各驱动因素构成，驱动机制不仅包括了一系列驱动因素，以及各驱动因素之间的作用力，还包括由这些驱动因素组成的驱动系统及其工作原理和动态过程，以及所有这些因素之间的相互关系。本课题所研究的广西北部湾地区海洋非物质文化遗产生产性保护的驱动机制是影响生产性保护的各驱动因素的综合作用及其互动过程。在不同发展时期，影响海洋非物质文化遗产生产性保护的驱动因素各有不同，且各因素发挥的作用也不一样。同时，不同的地区及不同的海洋非物质文化遗产类型，影响其生产性保护的驱动因素也不一样，其驱动机制也会有不同的表现形式。因此，需要以系统全面的视角研究广西北部湾地区海洋非物质文化遗产生产性保护的驱动机制。

4.1 广西北部湾地区海洋非物质文化遗产生产性保护驱动因素选取的原则

科学合理的驱动因素是构建海洋非物质文化遗产生产性保护动力系统的基础和前提，也是正确引导海洋非物质文化遗产生产性保护发展方向的重要手段。因此，广西北部湾地区海洋非物质文化遗产生产性保护驱动因素的选取必须符合一定的选取原则，以保证其发挥应有作用，而不是简单因素的任意堆砌。鉴于此，本课题从研究对象的实际出发，在遵循代表性、系统性和引导性原则的基础上选取广西北部湾地区海洋非物质文化遗产生产性保护的驱动因素。

4.1.1 代表性原则

本课题的研究对象是广西北部湾地区海洋非物质文化遗产的生产性保护，在选取海洋非物质文化遗产生产性保护驱动因素的过程中要综合考虑各因素，在强调各驱动因素间有机联系的同时，应避免因素之间的交叉和重复，以防缺乏针对性和实用性，因此，代表性是广西北部湾地区海洋非物质文化遗产生产性保护驱动因素选取的一个重要参考原则。

4.1.2 系统性原则

系统性原则要求人们把决策对象和过程看成一个相互联系、相互作用的整体。广西北部湾地区海洋非物质文化遗产生产性保护的动力系统是一个由多个子系统构成的复合系统，各子系统在内涵和范畴上存在较大区别，而每个子系统又由众多驱动因素构成，因此，只有采用系统性的原则才能保证选取的驱动因素全面、科学地反映海洋非物质文化遗产生产性保护的各个方面。

4.1.3 引导性原则

海洋非物质文化遗产的生产性保护具有一定的地域性，不同地区的海洋非物质文化遗产具有很大的地域差异。因此，作为反映地域特征、结合地域实际的驱动因素也应该因地、因时制宜地反映系统的实际特征，以引导海洋非物质文化遗产生产性保护的顺利开展。

4.2 广西北部湾地区海洋非物质文化遗产生产性保护驱动因素的确定

广西北部湾地区海洋非物质文化遗产的生产性保护是促进自身保护传承和推动区域经济发展的必然趋势，然而，在其生产性保护过程中必然受到不同因素的影响和作用，也将遇到诸多问题与阻碍。因此，要解决广西北部湾地区海洋非物质文化遗产生产性保护问题，首先要明确其生产性保护的驱动因素，找到制约其生产性保护的主要问题。当前关于广西北部湾地区海洋非物质文化遗产生产性保护驱动因素的研究较少，所以本课题拟从其他相关研究中借鉴部分成果，并综合运用文献资料法、头脑风暴法和专家问卷法，经过三轮分析，最终确定其生产性保护的驱动因素。

4.2.1 第一轮驱动因素的确定

随着国家对非物质文化遗产保护利用重视程度的提高，与之相关的研究成果不断涌现，而关于生产性保护的探讨，相关研究主要集中在非物质文化遗产生产性保护的现状[132-133]、对策[134-135]、模式[136-137]等方面，而非物质文化遗产生产性保护驱动因素的研究则相对薄弱。为给广西北部湾地区海洋非物质文化遗产生产性保护驱动因素的甄选提供理论参考，现将学者们从不同角度对海洋非物质文化遗产生产性保护驱动因素开展的研究，且较具代表性的文献进行梳理分析，具体如表 4-1 所示。

表 4-1 学术界关于驱动因素的代表性研究一览表

作者	研究对象	具体因素
张晓虹[138]（2012）	旅游地产驱动因素和开发模式研究	源动力因素：市场需求、旅游吸引物、外部环境（经济、自然、社会、交通、基础设施） 次生动力因素：政府行为、企业行为
任艳艳、单军、姜含春[139]（2015）	文化生态视域下茶非物质文化遗产保护的影响因素分析——以黄山毛峰为例	精神因子（文化艺术价值、价值观念、文化空间）；物质因子（经济效益、社会需求）；制度因子（政治制度、经济制度、文化制度）；行为因子（风俗习惯、传承方式）；教育因子（宣传教育）

续表

作者	研究对象	具体因素
陈炜[140]（2015）	民族地区传统体育文化与旅游产业融合发展的驱动机制研究	推力系统：经济发展水平、市场需求、民族传统体育文化发展的需要、企业的竞争与合作、旅游产业转型升级的需要、旅游观念和认识的转变、个性化需求与服务；拉力系统：民族传统体育文化资源、产业的强关联性、经济利益的驱使和追求、科技的进步与创新、产业环境的优化、区位条件；支持系统：基础设施建设、旅游服务设施建设、政府政策法规的支持、资本资源的支持、人才资源的支持、学术研究；中介系统：旅行社、新闻传媒、广告与口碑、行业协会组织
夏云岭[141]（2017）	千岛湖旅游地居民迁居意愿的测度与驱动机制研究	内部驱动因素：居民满意度、地方感、环境感知、旅游利益感知 外部驱动因素：自然环境、工作机会与经济实力、教育机会、居住需求与供给、政策、交通、生活的便利性
文冬妮、杨主泉[142]（2017）	旅游开发与非物质文化遗产保护协同发展的驱动因素	旅游市场需求、区域经济发展、遗产资源条件、遗产保护需要为内在驱动；外来文化冲击、产业转型升级、政府重视支持、科技进步创新为外在驱动
何昭丽、米雪[143]（2017）	"少数民族非物质文化遗产保护"与"旅游开发"双赢发展研究	旅游资源（基础和保障）、区域产业结构优化、提高地方文化软实力
胡健、许芳红[144]	手工技艺类非物质文化遗产生产性保护基地建设路径探讨	艺术产品的种类、新的生产方式、市场的潜在因素、地方高校的介入

　　在代表性、系统性、引导性原则的指导下，参考借鉴上述研究成果，并结合广西北部湾地区海洋非物质文化遗产生产性保护的实际情况，开展第一轮驱动因素的筛选。同时，为确保驱动因素的科学性，课题组还邀请了广西大学、广西民族大学、桂林理工大学、广西师范大学长期从事非物质文化遗产保护与开发研究、民族地区非物质文化遗产研究、海洋文化开发利用研究的 6 位高校专家学者，开展专题小组讨论，最终选取了 26 项广西北部湾地区海洋非物质文化遗产生产性保护的驱动因素，构成第一轮驱动因素 $X^{(1)}$，如表 4-2 所示。

表 4-2 广西北部湾地区海洋非物质文化遗产生产性保护的第一轮驱动因素 X$^{(1)}$

驱动因素	驱动因素
1. 区域经济发展水平	14. 经济利益的驱使与追求
2. 社会重视程度	15. 海洋非遗生产性保护方式
3. 市场需求	16. 海洋非遗传承人保护
4. 企业竞争与合作	17. 科技进步与创新
5. 文化产业转型升级	18. 生产性保护经验借鉴
6. 文化生态环境保护	19. 生产性保护人才培养
7. 政府支持	20. 媒体传播
8. 传统文化保护与弘扬	21. 基础设施建设
9. 海洋非遗资源吸引力	22. 非遗保护机构
10. 海洋非遗经济价值	23. 企业经营
11. 海洋非遗活态性特征	24. 民间组织
12. 海洋非遗创新变革能力	25. 学校教育
13. 海洋非遗保护与传承的需要	26. 特色文化产业发展

经过理论遴选和专家头脑风暴得到的广西北部湾地区海洋非物质文化遗产生产性保护的第一轮驱动因素 X$^{(1)}$，集中反映了各学者和专家的意见，具有较高的参考价值，但同时也具有一定的主观色彩，各因素之间存在着重复、缺乏系统性、层次性的问题，所以驱动因素的科学性与合理性仍有待进一步提高。为此，有必要通过专家问卷法对各因素进行筛选，以进一步完善广西北部湾地区海洋非物质文化遗产生产性保护的驱动因素，提高驱动因素的代表性、系统性和引导性。

4.2.2 第二轮驱动因素的确定

为进一步提高广西北部湾地区海洋非物质文化遗产生产性保护驱动因素的科学性与合理性，本课题将第一轮驱动因素 X$^{(1)}$设计成专家调查问卷（见附录 10），邀请了 24 名专家作为调查对象，除参与第一轮驱动因素讨论的 6 位专家外，还有来自广西师范学院、桂林电子科技大学、钦州学院（今北部湾大学），以及广西区相关政府部门、科研机构的 18 位专家。这些专家有的来自高校，长期致力于海洋非物质文化遗产的开发利用与保护传承研究，有较高的理论造诣；有的来自相关政府部门，对海洋非物质文化遗产的开发利用有着丰富的实践经验。问卷共分为两个部分，第一部分运用李克特量表法，将各驱动因素的重要程度分为"不重要""较不重要""一般""较重要""很重要"五个程度，并分别赋予 1、3、5、7、9，请专家根据代表性、系统性和引导性的原则并结合自身经验对第一轮甄选的 26 项驱动因素进行重要性打分，第二部分则以开放的形式，请专家就所甄选的第一轮驱动因素的完善提出具体的修改意见。本轮共发放问卷 24 份，回收 23 份，回收有效问卷 22 份，有效回收率为 95.65%。

本课题运用 SPSS 22.0 对调查结果进行数据处理，以得出各驱动因素的均值、标准差与变异系数。其中，各驱动因素得分的均值（M_j）表示专家意见的集中度，均值越高，表明专家对该项驱动因素的认可度越高；标准差（S_j）表示专家意见的离散程度，标准差系数越大，表明专家对驱动因素的意见分布差异越大；变异系数（V_j）是标准差与均值的比值，表示专家意见的协调程度，变异系数越大，表明专家意见的协调度越低，对同一项驱动因素的意见分歧越大。

假设 X_{ij} 表示第 i 个专家对第 j 个指标的打分，共有 n 个专家：

$$M_j = \frac{1}{n}\sum_{i=1}^{n} X_n \qquad （公式 4.1）$$

$$S_j = \sqrt{\frac{1}{n-1}\sum_{i=1}^{n}(X_{ij}-M_j)^2} \qquad （公式 4.2）$$

$$V_j = S_j / M_j \qquad （公式 4.3）$$

式中，V_j 越小，j 指标的专家意见协调度越高；

M_j 为 n 个专家对 j 指标评分的均值；

S_j 为 n 个专家对 j 指标评分的标准差；

V_j 为全部专家对 j 指标评价的变异系数。

运用 SPSS 22.0 对专家调查结果进行数据处理，对第一轮驱动因素的"意见集中度"和"意见协调度"进行筛选，结果如表 4-3 所示。

表4-3　第一轮驱动因素 $X^{(1)}$ 筛选结果

驱动因素	M_j	V_j
1. 区域经济发展水平	8.273	0.112
2. 政府支持	7.776	0.135
3. 社会重视程度	7.563	0.143
4. 企业竞争与合作	7.647	0.115
5. 文化产业转型升级	6.859	0.133
6. 文化生态环境保护	6.135	0.178
7. 特色文化产业发展	5.567	0.188
8. 传统文化保护与弘扬	7.125	0.125
9. 海洋非遗资源吸引力	7.832	0.102
10. 海洋非遗经济价值	7.365	0.113
11. 海洋非遗活态性特征	6.897	0.124
12. 海洋非遗创新变革能力	6.765	0.135
13. 海洋非遗保护与传承	5.432	0.113
14. 经济利益的驱使与追求	6.036	0.178
15. 海洋非遗生产性保护方式	6.773	0.132
16. 市场需求	7.016	0.116
17. 海洋非遗传承人保护	7.065	0.212
18. 科技进步与创新	6.843	0.145
19. 生产性保护经验借鉴	6.778	0.206
20. 生产性保护人才培养	6.735	0.237
21. 基础设施建设	6.789	0.156
22. 非遗保护机构	6.343	0.134
23. 企业经营	7.135	0.122
24. 学校教育	6.566	0.226

续表

驱动因素	M_j	V_j
25. 媒体传播	6.656	0.134
26. 民间组织	6.334	0.153

根据表 4-3 与专家意见反馈，本课题以意见集中度 M_j >6.0 为临界值，剔除意见集中度 $M_j \leq 6.0$ 的 2 项驱动因素，保留意见集中度 M_j >6.0 的 24 项驱动因素，并结合少数变异系数较大的驱动因素，如"海洋非遗传承人保护""生产性保护人才培养""生产性保护经验借鉴""学校教育"，它们的变异系数分别为 0.212、0.237、0.206、0.226，说明 22 位专家对这些驱动因素的重要性有着不同见解，尚未达成较一致的意见。根据数据处理结果，并整合专家所提具体修改意见，现对第一轮驱动因素 $X^{(1)}$ 做如下修改。

（1）剔除意见集中度 $M_j \leq 6.0$ 的"特色文化产业发展""海洋非遗保护与传承"两项驱动因素。

（2）全面掌握专家意见，对专家意见分歧较大的驱动因素进行调整。部分专家表示"海洋非遗传承人保护"与"生产性保护人才培养"的目的都是为生产性保护提供智力支持，为降低驱动因素的交叉重复性，应将其合并、修改为"生产性保护人才队伍建设"；部分专家表示"生产性保护经验借鉴""学校教育"包含了生产性保护的理论与实践研究，应将其改为"学术研究"更具针对性和代表性。

（3）增加部分第一轮驱动因素中尚未考虑全面的因素，部分专家从资本角度出发，建议增加"资本资源"；部分专家认为行业协会在制定行业规范、形成行业自律方面具有独特优势，因此建议增加"非遗行业协会"；另有部分专家从利益相关者角度考虑，建议增加"社区居民文化自觉与自信"。

综合上述数据分析结果与专家意见，课题组对广西北部湾地区海洋非物质文化遗产生产性保护的第一轮驱动因素进行修正，最终确定了海洋非物质文化遗产生产性保护的第二轮驱动因素 $X^{(2)}$，如表 4-4 所示。

表 4-4　广西北部湾地区海洋非物质文化遗产生产性保护的第二轮驱动因素 $X^{(2)}$

驱动因素	驱动因素
1. 区域经济发展水平	2. 政府支持

驱动因素	驱动因素
3. 社会重视程度	15. 经济利益的驱使与追求
4. 企业竞争与合作	16. 资本资源
5. 文化产业转型升级	17. 学术研究
6. 传统文化保护与弘扬	18. 生产性保护人才队伍建设
7. 科技进步与创新	19. 基础设施建设
8. 文化生态环境保护	20. 海洋非遗生产性保护方式
9. 海洋非遗资源吸引力	21. 非遗保护机构
10. 海洋非遗经济价值	22. 企业经营
11. 海洋非遗活态性特征	23. 媒体传播
12. 海洋非遗创新变革能力	24. 民间组织
13. 市场需求	25. 非遗行业协会
14. 社区居民文化自觉与自信	

4.2.3 第三轮驱动因素的确定

虽然经过上一轮修正所确定的广西北部湾地区海洋非物质文化遗产生产性保护第二轮驱动因素，相较第一轮驱动因素而言有所完善，但仍具有一定的主观色彩和不足之处，且在第二轮的具体修正过程中，专家对部分驱动因素的意见分歧较大。因此，课题组将第二轮筛选确定的驱动因素再次编制成专家调查问卷（见附录11），并交予上一轮驱动因素筛选中参与过问卷调查反馈的专家，邀请他们再次对新调整驱动因素的重要性进行打分。本轮专家问卷共发放22份，回收22份，有效回收率100%，具体分析结果如表4-5所示。

表4-5 第二轮驱动因素 $X^{(2)}$ 筛选结果

驱动因素	M_j	V_j
1. 区域经济发展水平	8.315	0.154
2. 政府支持	7.957	0.124

驱动因素	M_j	V_j
3. 社会重视程度	6.787	0.135
4. 企业竞争与合作	7.135	0.123
5. 文化产业转型升级	6.765	0.133
6. 传统文化保护与弘扬	6.256	0.145
7. 科技进步与创新	6.785	0.115
8. 文化生态环境保护	5.456	0.122
9. 海洋非遗资源吸引力	7.453	0.135
10. 海洋非遗经济价值	7.466	0.128
11. 海洋非遗活态性特征	6.546	0.133
12. 海洋非遗创新变革能力	6.624	0.146
13. 市场需求	7.135	0.126
14. 社区居民文化自觉与自信	6.325	0.134
15. 经济利益的驱使与追求	5.327	0.138
16. 资本资源	6.879	0.214
17. 学术研究	6.563	0.129
18. 生产性保护人才队伍建设	6.733	0.145
19. 基础设施建设	6.883	0.208
20. 海洋非遗生产性保护方式	7.134	0.135
21. 非遗保护机构	6.454	0.132
22. 企业经营	7.133	0.145
23. 媒体传播	6.853	0.112
24. 民间组织	6.457	0.136
25. 非遗行业协会	6.356	0.122

由表4-5可知，绝大部分驱动因素的重要性评价均值 > 6，且变异系数 < 0.2，即专家意见协调程度较高，表明大部分驱动因素获得了专家的认可。但仍有部分指标，如"文化生态环境保护""经济利益的驱使与追求"两项因素的评价均值 < 6。为此，课题组以 M_j >6.0 为临界值，剔除意见集中度 M_j ≤6.0的2项驱动因素，并在保留意见集中度 M_j >6.0的23项驱动因素基础上，

进一步结合变异系数较大的驱动因素，如"资本资源""基础设施建设"等，对第二轮驱动因素进行如下修改。

（1）将"资本资源"改为"社会资本"。部分专家认为，"资源"仅指所拥有的有形、无形资源，只有依靠"资本"运作"资源"才可以带来经济效益，且本课题所包含的资本包括各类企事业所有资本，也包括个人所有资本，即包括广泛存在于社会各界的能够进行再生产活动的资本，因此建议将其修改为"社会资本"。

（2）将"基础设施建设"改为"配套设施建设"。部分专家认为，"基础设施建设"过于宽泛，不能直接体现对海洋非物质文化遗产生产性保护的驱动作用，针对性不强，建议将其改为"配套设施建设"。

综合上述数据分析结果及专家意见，课题组在对广西北部湾地区海洋非物质文化遗产生产性保护第二轮驱动因素的基础上，最终确定了广西北部湾地区海洋非物质文化遗产生产性保护的第三轮驱动因素 $X^{(3)}$，共包括 23 项，如表4-6 所示。

表 4-6　广西北部湾地区海洋非物质文化遗产生产性保护的第三轮驱动因素 $X^{(3)}$

驱动因素	驱动因素
1. 区域经济发展水平	13. 社区居民文化自觉与自信
2. 政府支持	14. 配套设施建设
3. 传统文化保护与弘扬	15. 生产性保护人才队伍建设
4. 社会重视程度	16. 学术研究
5. 企业竞争与合作	17. 海洋非遗生产性保护方式
6. 文化产业转型升级	18. 社会资本
7. 科技进步与创新	19. 非遗保护机构
8. 海洋非遗资源吸引力	20. 企业经营
9. 海洋非遗经济价值	21. 媒体传播
10. 市场需求	22. 民间组织
11. 海洋非遗活态性特征	23. 非遗行业协会
12. 海洋非遗创新变革能力	

4.3 广西北部湾地区海洋非物质文化遗产生产性保护的动力系统分析

系统动力学（System Dynamic）由美国麻省理工学院 Jya W. Forrester 教授于 1956 年创立，用以研究社会系统中的"动态性复杂问题"。该理论通过动态性思考，对因果反馈关系进行分析，借此对动态复杂问题做定性描述，并对其信息传递、运作流程与组织边界下定义，然后利用电脑模拟的方式，建立量化模型，通过对不同变量与因子的分析，观察真实社会系统对政策、方案产生的影响，学习系统内部所隐含的因果反馈关系，以寻求问题的解决 [145]。系统动力学模型可以灵活地把与某一策略相关的各种因素、影响综合起来进行研究。海洋非物质文化遗产生产性保护动力系统是指在海洋非物质文化遗产生产性保护过程中，各种要素在一定的空间范围内所组成的相互联系、相互作用，并具有特定功能和结构的有机整体。目前，广西北部湾地区海洋非物质文化遗产生产性保护受到区域经济发展水平、政府支持、传统文化保护与弘扬、社会重视程度、企业竞争与合作、文化产业转型升级、科技进步与创新、海洋非遗资源吸引力、海洋非遗经济价值、市场需求、海洋非遗活态性特征、海洋非遗创新变革能力、社区居民文化自觉与自信、配套设施建设、生产性保护人才队伍建设、学术研究、海洋非遗生产性保护方式、社会资本、非遗保护机构、企业经营、媒体传播、民间组织、非遗行业协会等多方面因素的影响，这些因素又按照一定的关联性构成一个个子系统。同时，各个子系统之间又相互联系，相互作用，从而共同构成了广西北部湾地区海洋非物质文化遗产生产性保护的动力系统。

根据系统动力学以及"推—拉"等相关理论，结合上一节所确定驱动因素以及各驱动因素之间的相互关系，课题组将驱动广西北部湾地区海洋非物质文化遗产生产性保护的动力归纳为推力、拉力、支持力和中介力四种力量。其中，推力对广西北部湾地区海洋非物质文化遗产的生产性保护起着推动作用，主要包括区域经济发展水平、政府支持、传统文化保护与弘扬、社会重视程度、企业竞争与合作、文化产业转型升级、科技进步与创新等七个因素；拉力是吸引广西北部湾地区进行海洋非物质文化遗产生产性保护的因素，主要包括海洋非遗资源吸引力、海洋非遗经济价值、市场需求、海洋非遗活态性特征、海洋非遗创新变革能力、社区居民文化自觉与自信等六个因素；支持力是在海洋非物质文化遗产生产性保护过程中起辅助支撑作用的因素，主要包括配套设施建设、生产性保护人才队伍建设、学术研究、海洋非遗生产性保护方式、社会资本、非遗保护机构等六个因素；中介力是在广西北部湾地区海洋非物质文化遗产生产性保护进展中起媒介和桥梁作用的因素，主要包括企业经营、媒体传播、民间组织、非遗行业协会等四个因素。据此，构建出由推力系统、拉力系统、支持系统和中介系统所组成的广西北部湾地区海洋非物质文化遗产生产性保护的动力系统，如图 4-1 所示。

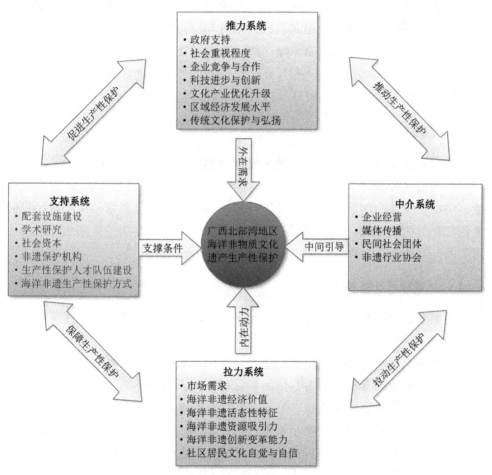

图 4-1　广西北部湾地区海洋非物质文化遗产生产性保护的动力系统结构模型

图 4-1 概括了广西北部湾地区海洋非物质文化遗产生产性保护动力系统的

构成。从这个系统中可以看出，广西北部湾地区海洋非物质文化遗产生产性保护的顺利开展是多种力量共同作用的结果，这些力量也被称之为海洋非物质文化遗产生产性保护的驱动因素；而广西北部湾地区海洋非物质文化遗产生产性保护的动力系统即是各驱动因素的有机结合，这些驱动因素的相互关联性构成了一个个子系统。由图 4-1 可知，广西北部湾地区海洋非物质文化遗产生产性保护的动力系统包含了四个子系统。其中，推力系统是海洋非物质文化遗产生产性保护的外部环境，也是其顺利开展的外部助推力；拉力系统是海洋非物质文化遗产生产性保护的内部驱动力，通过相关因素的综合驱动作用，吸引生产性保护的开展；支持系统是海洋非物质文化遗产生产性保护的支撑与保障，以保证其有效开展；中介系统是联系推力系统与拉力系统的中间环节，是两者之间的媒介与纽带。在广西北部湾地区海洋非物质文化遗产生产性保护的动力系统中，四个子系统相互联系、相互作用，共同促进了广西北部湾地区海洋非物质文化遗产生产性保护的顺利开展。

4.3.1　推力系统

推力系统是推动广西北部湾地区海洋非物质文化遗产生产性保护的外在助推力，包括区域经济发展水平、政府支持、传统文化保护与弘扬、社会重视程度、企业竞争与合作、文化产业转型升级、科技进步与创新等七个因素，它们紧密相连、彼此互动，共同构成了广西北部湾地区海洋非物质文化遗产生产性保护的推力系统，具体分析如下。

4.3.1.1　区域经济发展水平

区域经济发展水平是广西北部湾地区海洋非物质文化遗产生产性保护的基础和前提条件，是推动其开展生产性保护的关键因素。经济发展水平直接影响居民的收入，影响海洋非物质文化遗产市场需求的变化，影响政府对海洋非物质文化遗产的支持保障力度等。当前，区域经济发展水平这一驱动因素对广西北部湾地区海洋非物质文化遗产生产性保护的影响主要体现在两个方面。

一方面，随着经济发展水平不断提高，居民收入增加，生活质量提高，再加上闲暇时间增多，其对精神文化的需求增加，对民族文化的认识加深，在此基础上对海洋非物质文化遗产生产性保护的积极性和主动性提高，为广西北部湾地区海洋非物质文化遗产的生产性保护奠定了坚实的群众基础；并且，经济发展水平也促进消费者消费观念和认识的转变，对个性化、体验性文化产品的需求不断加大，这就需要市场提供独具个性化、内涵深厚的文化产品，满足消费者的市场需求，在一定程度上为海洋非物质文化遗产的生产性保护奠定了良好的市场基础。

另一方面，无论是对海洋非物质文化遗产项目代表性传承人的保护与培养，还是对海洋非物质文化遗产生产性保护传习基地的设立等，都需要大量资金投入。经济发展水平直接影响着当地政府对海洋非物质文化遗产生产性保护的支持力度，在经济快速发展背景下，当地政府财政收入稳步增加，可以为海洋非物质文化遗产生产性保护配套设施建设、学术研究等提供资金支持，以推动海洋非物质文化遗产生产性保护的有效开展。由图 4-2 可知，2013—2017年广西地区生产总值和人均生产总值均持平稳上升趋势，表明近几年广西地区经济发展水平有了很大提升。另据相关统计，广西近五年的财政总收入分别为2 001.26、2 162.54、2 333.03、2 454.08、2 604.21 亿元，持续增长的财政收入也表明广西已具备较强的经济实力，能够为北部湾地区海洋非物质文化遗产的生产性保护提供必要的经济支持。如 2018 年广西本级财政下拨广西北部湾地区发展专项资金 13.3 亿元，极大地促进了北部湾地区经济的快速发展和基础设施的建设完善等。总体而言，广西经济发展水平的提高为北部湾地区海洋非物质文化遗产生产性保护的开展创造了良好的条件，并发挥着强有力的驱动作用。

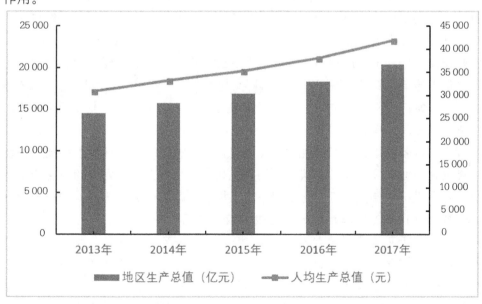

图 4-2　2013—2017 年广西地区生产总值和人均生产总值统计图

4.3.1.2 政府支持

"非遗"文化属于公共文化，隶属于国家教育部门、文化机构等，这就决定了"非遗"的保护和传承必须依靠政府机构作为其保护的主导力量。早在2012年，文化部即发布了《文化部关于非物质文化遗产生产性保护的指导意见》，指出要充分认识开展非物质文化遗产生产性保护的重要意义并科学推进非物质文化遗产生产性保护的深入开展。近年来，非物质文化遗产的生产性保护备受各级政府重视，我国"十三五"规划也明确提出："加强非物质文化遗产保护与传承，振兴传统工艺，传承发展传统戏曲，发展民族民间文化，扶持民间文化社团组织发展。"广西北部湾地区海洋非物质文化遗产作为我国非遗的重要组成部分，其生产性保护也离不开政府的积极支持和引导。

2016年，在国家政策的引导下，广西出台了《广西壮族自治区非物质文化遗产保护条例》，指出："县级以上人民政府，鼓励和支持具有生产性技艺和社会需求，能够转化为文化产品的传统技艺、传统美术、传统医药药物炮制等的非物质文化遗产代表性项目进行合理开发利用，实行生产性保护。对非物质文化遗产代表性项目实行生产性保护，应当保持非物质文化遗产的真实性、整体性和传承性，不得擅自改变其传统生产方式、传统工艺流程和核心技艺。"这不仅为广西北部湾地区海洋非物质文化遗产的生产性保护指明了方向，也为其合理开展提供了法律保障。目前，北部湾地区各市政府都已经积极参与到了海洋非物质文化遗产的生产性保护中，并取得了显著成果。比如，2017年6月，钦州市文化新闻出版广电事业发展"十三五"规划明确指出要加强非物质文化遗产保护传承，积极建设国家级非物质文化遗产生产性保护示范基地；2017年12月，北海市人民政府办公室也积极印发《北海市促进文化产业发展若干政策措施的通知》，指出对从事非物质文化遗产生产性保护的企业，可按规定权限及程序免征各项地方性行政性收费；防城港市2016年积极开展了首批成长型小微文化企业申报工作，对从事非物质文化遗产生产性保护为主营业务的小微文化企业进行扶持。并且，北部湾各市积极投入非物质文化遗产保护与传承资金，如2011—2017年北海市共发放传承人传习经费约17.6万元，并投入生产性保护示范基地建设经费44万元，极大地促进了包括海洋非物质文化遗产在内的北海市非物质文化遗产的生产性保护。可见，作为海洋非物质文化遗产生产性保护的重要驱动力，政府通过政策引导、宣传教育、资金支持、人才培养等，对广西北部湾地区海洋非物质文化遗产的生产性保护发挥着主导作用。

4.3.1.3　传统文化保护与弘扬

传统文化是中华民族几千年文明孕育出来的文化，广西北部湾地区海洋非物质文化遗产作为中华优秀传统文化的一部分，产生于人民群众的生产和生活中，是群众集体智慧和共同创造力的结晶，不仅承载着地区厚重的文化历史，还体现了北部湾地区人民的生产方式、生活习惯、宗教信仰、价值观念，是中华民族传统文化的重要载体。一直以来，我国政府十分重视对文化的保护。2014 年，中国共产党第十七届中央委员会第六次全体会议通过了《中共中央关于推动文化大发展大繁荣的决定》，提出："加强国家重大文化和自然遗产地、文物保护单位、历史文化名城名镇名村保护建设，抓好非物质文化遗产保护传承。深入挖掘民族传统节日文化内涵，广泛开展优秀传统文化教育普及活动。"2017 年 1 月，中共中央办公厅、国务院办公厅印发了《关于实施中华优秀传统文化传承发展工程的意见》，该意见指出："实施非物质文化遗产传承发展工程，进一步完善非物质文化遗产保护制度，实施传统工艺振兴计划。"2017 年 3 月，《国务院办公厅关于转发文化和旅游部等部门中国传统工艺振兴计划的通知》进一步指出，要"引导非物质文化遗产生产性保护示范基地发挥示范引领作用"。可见，国家对传统文化以及社会主义文化大发展大繁荣的高度重视。

目前，广西北部湾地区海洋非物质文化遗产的生产性保护仍面临着诸多问题，如生产性保护资金来源不足、专业人才匮乏、过度商业化、布局结构失衡等，这说明加大对海洋非物质文化遗产生产性保护的支持力度已迫在眉睫。作为我国优秀文化遗产的重要组成部分，广西北部湾地区海洋非物质文化遗产的保护传承不仅有利于我国传统文化的保护与弘扬，更有利于促进区域经济的发展，实现经济、文化与社会效益的统一。因此，为了保护和弘扬传统文化，需要对广西北部湾地区海洋非物质文化遗产进行生产性保护。

4.3.1.4　社会重视程度

社会各界的重视程度对广西北部湾地区海洋非物质文化遗产生产性保护的顺利开展同样起着举足轻重的作用。在政府方面，中央和地方政府陆续出台了一系列方针政策，如《中共中央关于推动文化大发展大繁荣的决定》《关于实施中华优秀传统文化传承发展工程的意见》等政策。2012 年，文化部颁布了《文化部关于非物质文化遗产生产性保护的指导意见》，指出要充分认识开展非物质文化遗产生产性保护的重要意义并科学推进非物质文化遗产生产性保护的深入开展，确定了非物质文化遗产生产性保护的方向，为地方开展包括海洋非遗在内的非物质文化遗产生产性保护提供了指导。在国家的大力支持和推动下，广西及各级政府也积极推动非物质文化遗产的生产性保护，先后出台了《广西壮族自治区非物质文化遗产保护条例》《北海市促进文化产业发展若干政策措施的通知》等，为海洋非物质文化遗产的生产性保护提供了法律与政策保障。此外，政府还在资金、技术培训等各个方面对海洋非物质文化遗产的生产性保护予以大力支持，并且广泛动员社会力量参与北部湾地区海洋非物质文化遗产的生产性保护工作，积极引导国有企业、民营企业尤其是旅游企业、文化企业参与到海洋非物质文化遗产的生产性保护中。

除了政府对海洋非物质文化遗产生产性保护的支持以外，商界、学术界、媒体等对海洋非物质文化遗产生产性保护的重视程度也日益提高。在商界，文化企业积极投入资金，将海洋非物质文化遗产转化成文化产品。如北海恒星有限责任公司以贝雕技艺为依托资源进行产业化运作，有效拓展了海洋非物质文化遗产的产品开发渠道，目前已发展成为海洋非物质文化遗产企业化运作的典范。在学术界，各地区高校如广西大学、广西民族大学、桂林理工大学、广西师范大学、北部湾大学等，利用其学术优势，积极申报国家级、省部级课题，对海洋非物质文化遗产的保护、开发利用等进行研究，为广西北部湾地区海洋非物质文化遗产的生产性保护提供了智力支持。在新闻媒体方面，通过电视、报纸、杂志和网络等媒介对广西北部湾地区海洋非物质文化遗产进行推介，如广西壮族自治区文化厅官网、广西非物质文化遗产保护网、钦州360网、北海旅游网等对当地海洋非物质文化遗产类别特征、海洋非物质文化遗产传承现状、海洋非物质文化遗产文化产品、海洋非物质文化遗产旅游等情况进行了专题报道，不仅提高了广西北部湾地区海洋非物质文化遗产的知名度和美誉度，而且大大深化了社会各界对海洋非物质文化遗产的认识，为其生产性保护营造了良好的外部环境。

4.3.1.5 企业竞争与合作

长期以来，广西北部湾地区海洋非物质文化遗产的生产性保护主要是政府主导，国家经费支持，但由于广西北部湾地区海洋非物质文化遗产数量众多，政策性资金远远无法满足海洋非物质文化遗产生产性保护在产品升级、市场开拓等方面的需求，阻碍了海洋非物质文化遗产生产性保护的发展进程。而企业是以营利为目的，运用各种生产要素，向市场提供产品或服务的经济组织。在经济快速发展的现代社会，企业之间的竞争加剧，为了在激烈的市场竞争中赢得优势，各企业逐渐改变传统的竞争观念，加强企业之间的合作，特别是各类旅游企业、文化企业等，就如何创造良好的旅游产品与文化产品、提供优质的旅游服务与文化服务展开了不同程度的协调与合作，从而有利于文化产业与其他相关产业的融合，最终促进文化产业转型升级。因此，通过企业的竞争与合作，将海洋非物质文化遗产及其资源转化为产品，可以促进其生产性保护，为其保护提供新的造血功能，使其在生产实践中得到积极保护，实现保护与经济社会协调发展的良性互动，最终实现以保护带动发展、以发展促进保护的目的。

目前，在企业竞争与合作的推动下，广西北部湾地区主要形成了民俗节庆、旅游纪念品开发、景区舞台演绎等海洋非物质文化遗产生产性保护方式。在民俗节庆方面，北海的"三月三"、钦州的烟墩大鼓大赛等，通过将海洋非物质文化遗产以特色旅游产品的形式融入大型节庆活动中，并通过媒体宣传提升其知名度，吸引众多游客，带动当地文化旅游产业的发展，也促进了当地海洋非物质文化遗产生产性保护工作的持续开展。在旅游纪念品开发方面，广西钦州坭兴陶艺有限公司作为坭兴陶艺生产性保护基地，不仅有效拓展了坭兴陶这项海洋非物质文化遗产的开发利用渠道，也以旅游纪念品的形式在更广范围内促进了该项海洋非物质文化遗产的交流与传播。在景区舞台演绎方面，防城港的京族哈亭作为旅游演艺基地，每周五当地的老年人就在哈亭进行民族歌曲演唱，每周日当地的天籁艺术团则重点展示京族服饰以及独弦琴弹奏表演，吸引大量游客，并弘扬了当地的海洋非遗文化。虽然广西北部湾地区部分海洋非物质文化遗产经过企业的经营，实现了自身"资源优势"向"经济优势"的转化，但目前已经开发的产品较为单一，文化内涵挖掘不够，游客的参与体验度不高，且过度开发海洋非物质文化遗产的现象时有发生，不利于海洋非物质文化遗产的生存与持续发展。如京族服饰制作技艺本身是一项对手工技艺要求较高的非遗项目，当地部分民众为了追求利益而采用机器批量生产的方式进行京族服饰的生产，不利于保护京族服饰的原真性和完整性。因此，需完善市场调控，增强对企业经营行为的管理，引导企业竞争与合作为广西北部湾地区海洋非物质文化遗产的生产性保护提供可持续、正向的驱动作用。

4.3.1.6　文化产业转型升级

非物质文化遗产的生产性保护日益受到国家的高度重视，这为广西北部湾地区文化产业的转型升级带来了新的机遇。2017 年 4 月 12 日，我国文化部印发《文化部"十三五"时期文化产业发展规划》，指出要"准确把握文化产业发展新态势，推动文化产业转型升级、提质增效，实现文化产业成为国民经济支柱性产业的战略目标"，并在"推进文化 + 互联网 +，促进结构优化升级"中提出"推动文化产业融合发展，促进文化产业与旅游业深度融合，合理开发利用文化遗产发展文化产业"等指示，规划的出台为广西北部湾地区文化产业的转型升级以及海洋非物质文化遗产的生产性保护提供了有力的政策导向。在此背景下，广西北部湾地区的文化产业将拥有更广阔的发展前景，数量众多、内涵丰富的海洋非物质文化遗产也将得到进一步的挖掘、开发与利用，进而实现其生产性保护的可持续性。

目前，广西北部湾地区各市积极采取措施促进文化产业转型升级，在促进地区经济发展的同时，也进一步推动了海洋非物质文化遗产的生产性保护。如北海市设立文化产业发展专项资金，每年拨款 1000 万元，大力支持文化企业，特别是文化旅游演艺类、创意类等企业的发展 [146]，形成了北海市风情街、北海市园博园等一系列融合了海洋非物质文化遗产的海洋文化产业集群带。钦州致力于打造特色文化品牌，推动了包括海洋非物质文化遗产在内的传统民俗文化的开发利用，由此开发的民俗节庆、旅游纪念品等受到游客欢迎，逐渐成为钦州的文化品牌，也扩大海歌、钦州八音、龙泾还珠、伏波信仰、钦州伏波庙会等海洋非物质文化遗产的社会知名度。防城港以京族文化最为著名，哈节则是京族最为重要的传统节日。近年来，随着旅游业的兴起，京族哈节的规模越来越大，每年均有数万人参与当地的迎神祭祀活动，期间，京族独弦琴艺术、京族服饰、京族民歌、京族喃字等海洋非物质文化遗产也得到了展示与传播，海洋非物质文化遗产已成为京族乃至防城港旅游中最为重要的文化资源。近年来，防城港万尾、巫头、山心等地民众与越南芒街的民众合作，共同庆祝哈节，当地还通过新闻媒体对其进行传播，在社会上以及国际上形成了较大影响，推动了防城港市非遗文化产业的转型升级，促进跨境民族文化的弘扬与发展。可见，北部湾地区各市以海洋非物质文化遗产的独特性和深厚的文化性，创新文化产业和服务供给，促进了文化产业转型升级；同时，文化产业的转型发展也有效推动了海洋非物质文化遗产的生产性保护。

4.3.1.7 科技进步与创新

随着社会经济的发展和科学技术的进步，文化与科技的融合日渐紧密。作为优秀传统文化，广西北部湾地区海洋非物质文化遗产在现代社会中面临着各种外部环境的严峻挑战，其生存与发展遭遇技术、资金、传播等方面的瓶颈制约。要有效解决这些问题，则需依靠现代化的科学技术，推进海洋非物质文化遗产的创新、宣传和推广，为其生产性保护提供良好的技术条件。尤其在科学技术不断发展的现代社会，数字化技术成为了广西北部湾地区海洋非物质文化遗产生产性保护的重要途径之一。

科技对广西北部湾地区海洋非物质文化遗产生产性保护的推动作用主要可从生产、流通、销售三个方面体现。在生产方面，随着经济发展水平提高与市场需求的变化，传统的海洋非物质文化遗产已不能满足现代社会需求，亟须创新供给，而科学技术的进步与创新为海洋非物质文化遗产产品与服务的供给提供了创新动力。比如，利用数字化技术对广西北部湾地区海洋非物质文化遗产进行数字化保存，通过影像资料记录海洋非物质文化遗产保护与传承活动的开展，在此基础上，运用新技术促进海洋非物质文化遗产的创新开发，如运用光、声、电技术等进行海洋非物质文化遗产舞台演绎产品开发等，满足消费者的不同需求。在流通方面，海洋非物质文化遗产在特定环境中生成发展，然而由于现代经济的发展、城镇化水平的提高以及生态环境的恶化等原因，海洋非物质文化遗产的生存空间受到了严重破坏，但海洋非物质文化遗产的生存环境难以复制，在扩大传播范围时也因受地域限制难以进行。而现代科学技术的进步与创新为这一问题的解决提供了新途径，如采用 VR（虚拟现实）技术将海洋非物质文化遗产的生存环境模拟进虚拟的环境，通过头盔、眼镜等调动人的视觉、触觉等，让人真正"参与其中"，从而在满足消费者体验性、趣味性消费需求的同时，促进海洋非物质文化遗产在更大范围流通。在销售方面，可以发挥新媒体优势，创新海洋非物质文化遗产营销方式。如运用新技术促进海洋非物质文化遗产产品包装设计、运用互联网、微博、微信进行产品品牌推广等。可见，科技进步与创新从生产、流通、销售三个方面推动了海洋非物质文化遗产的生产性保护，为广西北部湾地区海洋非物质文化遗产生产性保护的有效开展提供了强有力的动力支持。

由此可见，区域经济发展水平、政府支持、传统文化保护与弘扬、社会重视程度、企业竞争与合作、文化产业转型升级、科技进步与创新等要素，共同推动了广西北部湾地区海洋非物质文化遗产的生产性保护，这些要素紧密相连，并相互影响、相互作用，共同构成了广西北部湾地区海洋非物质文化遗产生产性保护的推力系统。由这九个要素组成的推力系统的作用机制如图 4-3 所示。

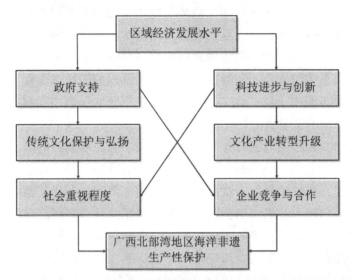

图4-3　广西北部湾地区海洋非物质文化遗产生产性保护的推力系统

由图4-3可知，广西北部湾地区海洋非物质文化遗产生产性保护的推力系统中各驱动因素之间的关系错综复杂。其中，经济发展水平是驱动生产性保护的关键因素。

一方面，随着经济发展水平不断提高，政府财政收入增加，更多政策性资金投入传统文化的保护与弘扬中，促进包括海洋非物质文化遗产在内的传统文化，在保护与弘扬的同时，引起社会各界对海洋非物质文化遗产的关注，随着社会重视程度的不断加深，政府、学术界、商界等不断探讨广西北部湾地区海洋非物质文化遗产的保护传承方式，生产性保护在促进地方经济发展、保护传承文化方面的独特优势使其逐渐成为广西北部湾地区海洋非物质文化遗产的可持续发展方式。另一方面，经济实力的不断提升，推动着科技进步与创新，为文化产业转型升级提供了创新动力，文化产业的转型升级对海洋非物质文化遗产的合理利用提出了新的要求。在此背景下，企业之间的竞争加剧，为了在激烈的市场竞争中赢得优势，各企业逐渐改变传统的竞争观念，加强企业之间的合作，特别是各类旅游企业、文化企业，就如何创造良好的海洋非物质文化遗产产品、提供优质的文化服务展开了不同程度地协调与合作，促进了广西北部湾地区海洋非物质文化遗产生产性保护的开展。

4.3.2　拉力系统

拉力系统是由拉动广西北部湾地区海洋非物质文化遗产生产性保护的内在驱动因素所构成的子系统，主要包括海洋非遗资源吸引力、海洋非遗经济价值、市场需求、海洋非遗活态性特征、海洋非遗创新变革能力、社区居民文化自觉与自信等六个因素，这些因素的相互作用构成了广西北部湾地区海洋非物质文化遗产生产性保护的拉力系统，具体分析如下。

4.3.2.1　海洋非遗资源吸引力

非物质文化遗产是一个民族或地区人民在长期的生产生活中的经验总结和智慧创造，是地方文化的生动体现。目前非物质文化遗产已成为极具吸引力的文化资源，可以促进高端文化产品的开发以及文化品位的提升，其作为传统历史文化的承载者，可以满足消费者体验文化、寻求差异的需求。广西北部湾地区沿海沿边，少数民族众多，独特的地理位置、丰富的民族成分、勤劳的边区人民共同创造了该区域数量众多、类型丰富的海洋非物质文化遗产，由前文资源调查可知，广西北部湾地区共有海洋非物质文化遗产 137 项，其中，民间文学类如美人鱼传说、珠还合浦民间传说、新渡古圩传奇故事、六湖垌传奇、北海童谣等 40 项；传统表演与游艺类如咸水歌、耍花楼、公馆木鱼、老杨公、道公舞、北海粤剧等 43 项；传统工艺与技能类如疍家服饰制作技艺、贝雕技艺、沙蟹汁制作技艺、合浦角雕技艺、疍家棚技艺、海盐生产技艺等 27 项；民间信俗类如疍家婚礼、外沙龙母庙会、三婆信仰、赛龙舟、疍家海洋禁忌习俗、钦南跳领头等 27 项。广西北部湾地区海洋非物质文化遗产不仅数量丰富、类型多样，而且具有地域性、民族性、多样性、活态性、脆弱性等特征。例如，京族是我国唯一的海洋少数民族，哈节、独弦琴艺术、高跷捕鱼等海洋非物质文化遗产为京族独有，也是该民族的文化象征。疍家亦称"蛋家"，它并非一个民族，而是对长期生活在海上、以船为家、以捕鱼为业的汉族居民的统称 [147]。因其"以船为家"的生活特点，甚至连婚礼都在水上进行，形成了独具特色的海上婚礼习俗。

独特的资源吸引力引起市场需求，从而拉动外部环境如政府、企业等对其进行生产、流通和销售，因此资源吸引力是广西北部湾地区海洋非物质文化遗产生产性保护开展的基础和前提。目前，广西北部湾地区各市以海洋非物质文化遗产独特的资源为吸引力开展生产性保护，并取得了显著成果。然而，由于对海洋非物质文化遗产资源内涵挖掘不够、展示不足，仍存在着吸引力不够的情况。以东兴市"赛龙舟"为例，在作为旅游产品进行开发的过程中，该项目过于注重市场宣传和营销，并未体现其独特的文化内涵与地域特征，与广西其他地区的赛龙舟并无太大差别，因此对游客没有很强的吸引力。由此可知，广西北部湾地区海洋非物质文化遗产的生产性保护仍需深入挖掘其独特的文化内涵、凸显地域性特征和民族性特征，以提高资源吸引力，拉动社会各界对其的关注，促进生产性保护的有效开展。

4.3.2.2 海洋非遗经济价值

广西北部湾地区海洋非物质文化遗产的价值与功能是驱动其开展生产性保护的重要力量，充分挖掘海洋非物质文化遗产的价值与功能，有利于更好地认识海洋非物质文化遗产的重要性，进而促使其生产性保护的开展。该区域海洋非物质文化遗产数量众多、类型丰富，是沿海沿边居民生产、生活中的产物，体现出各地的生活风貌、价值追求等，具有较高的艺术审美、文化交流等价值。此外，作为中华民族的宝贵财富，广西北部湾地区海洋非物质文化遗产的历史悠久、特色鲜明、内涵深厚，使其成为极富吸引力的资源，具有较大的经济开发价值，成为驱动广西北部湾地区海洋非物质文化遗产生产性保护的直接动力。

一方面，体现在海洋非物质文化遗产直接经济价值方面。广西北部湾地区拥有众多传统技艺类海洋非物质文化遗产，如杂海渔业技艺、南珠养殖技艺、南珠加工技艺、打铁技艺、合浦角雕技艺、海盐生产技艺、天然珍珠采捞技艺等，这些技艺本身具有将"文化价值"转化为"经济价值"的能力。以北海角雕技艺为例，通过角雕技艺的加工可以生产出精美的贝雕工艺品，不仅可以用来观赏、收藏、装饰，还可以采用旅游纪念品的形式出售，不仅扩大了角雕技艺的应用范围、实现了角雕技艺的经济价值，也为当地民众创造了一定的就业机会，使海洋非物质文化遗产的生产性保护不仅成为非物质文化遗产保护的重要途径，也成为了当地居民发家致富的新渠道。另一方面，体现在海洋非物质文化遗产间接引起的经济价值方面。广西北部湾地区传统表演与游艺类、民间信俗类、民间文学类海洋非物质文化遗产如咸水歌、耍花楼、公馆木鱼、老杨公、道公舞、疍家婚礼、外沙龙母庙会、三婆信仰、赛龙舟等，体现了当地居民的价值观念、宗教信仰，具有极强的地域特性和吸引力，通过节庆活动的形式，不仅有利于发挥海洋非物质文化遗产的凝聚功能，也有利于吸引游客前来游览体验，从而拉动消费，促进地方经济发展。可见，海洋非物质文化遗产的经济价值是拉动其生产性保护的直接动力，反过来，生产性保护也可以有效促进海洋非物质文化遗产经济价值的实现。

4.3.2.3　市场需求

拉动广西北部湾地区海洋非物质文化遗产生产性保护的因素有很多，但市场需求是内核拉动力。随着经济的快速发展和物质生活水平的不断提高，人们的精神文化需求日渐增长，消费观念亦发生了变化，传统的大众消费已无法满足人们的消费需求，个性化、多样化、参与性、体验性、文化性的消费选择成为人们消费行为的主导因素，迫切要求市场能提供更加丰富、更具特色的文化产品与服务。尤其是随着国家改革开放的深入，广西区人民生活水平也不断提高。以 2013—2017 年为例，如图 4-4 所示，广西区城镇居民和农村居民的人均可支配收入呈现逐年上涨的趋势，而城镇居民和农村居民家庭恩格尔系数也呈现出逐年递减的趋势，表明广西区居民逐渐具备更多文化消费的可能。在这种背景下，居民的消费水平包括教育、文化和娱乐等文化消费需求不断上涨。另据相关统计，2017 年全国居民人均消费支出 18 322 元，比上年增长 7.1%，在教育文化娱乐方面的人均消费支出达到 2 086 元，比上年增长了 11.4%。可见，包括广西在内的全国居民不仅对文化消费有了市场需求，而且具备了良好的消费条件，并已产生了实际文化消费活动。

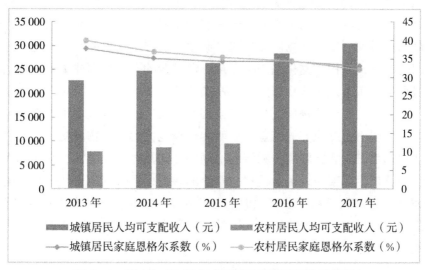

图 4-4　2013—2017 年广西城乡居民生活改善情况

（数据来源：2013—2017 年《广西壮族自治区国民经济与社会发展统计公报》）

广西北部湾地区海洋非物质文化遗产产生于沿海地区人们的日常生产生活实践中，独具海洋特色，并且该地区少数民族众多，因此民族特色也较为突出，形成了地域文化突出的海洋非物质文化遗产，极具市场吸引力和开发利用价值。如 2018 年防城港建成东兴京族博物馆（京族生态博物馆）和江平镇城北社区京族非物质文化遗产展示中心，为当地独弦琴技艺、京族服饰制作技艺、京族哈歌、京族喃字等海洋非遗的保护与传承提供平台保障。近年来，随着旅游业的发展，防城港逐渐开辟了当地海洋非遗文化旅游的道路，原本只是本民族的非遗技艺传习活动或者民俗节庆活动逐渐受到了游客的欢迎。当地也充分发挥海洋非遗的独特功能及价值，设计创新型海洋非遗文化旅游产品，增加一些参与性与体验性较强的活动，如京族油堆制作技艺体验、京族服饰制作参观、京族踩高跷娱乐活动等，为游客增添体验型旅游产品，传承海洋非遗的同时，满足游客的旅游消费需求，促进当地旅游业的发展以及推动海洋非物质文化遗产的展示与传播。可见，市场需求可以有效拉动海洋非物质文化遗产的生产性保护，广西北部湾地区海洋非物质文化遗产应立足市场需求，生产出市场真正需要的文化产品与服务。

4.3.2.4 海洋非遗活态性特征

"活态"的重点在于"活"字，强调一种生命力，一种生存状态，代表着事物是动态存在的，是会不断变化发展的[148]。非物质文化遗产普遍具有活态性的特征，主要体现在三个方面：一是非物质文化遗产的表现形式、具体传承都是动态的过程；二是非物质文化遗产必须依靠传承主体的实际参与；三是随着时间的推移，非物质文化遗产是变化、发展着的。在海洋非物质文化遗产的传承过程中，每个人对非物质文化遗产的理解不一样，各自的应用和创新能力也不一样，因此海洋非物质文化遗产会因为"人"的主观认识和创新应用而发生改变，体现出活态流变的特点。广西北部湾地区海洋非物质文化遗产产生于沿海居民的生产生活实践中，独特的地域特征使其具有开放性、交流性等自然属性，随着广西北部湾地区居民思想观念的转变，活态依附于他们身上的海洋非物质文化遗产在传承和发展中面临着"人"的主观选择、刻意改变的问题，因此海洋非物质文化遗产也因"人"的这种活态思想而发生动态改变，表现出明显的活态性特点。

海洋非物质文化遗产的活态性特征要求对其进行生产性保护，一方面表现在通过对非物质文化遗产的生产性保护，可以使这些非物质文化遗产在商品市场中生存，获得经济效益，从而促进包括传承人在内的从业人员的保护；另一方面表现在通过生产可以促进其自身技艺的创新发展。以"钦州泥兴陶烧制技艺"为例，作为"中国四大名陶"之一，泥兴陶起源于隋唐，一直以实用性为主，多生产陶壶、瓦当等，发展至清朝咸丰年间（1851—1861 年），制陶艺人开始改良制陶技术，改用纯紫泥制陶，并逐渐生产烟斗、茶壶、花瓶等小陶器，泥兴陶随着时代发展逐渐进行了活态流变，由原本的实用性为主要目的逐渐演变成应用性与赏玩性于一体。近年来，在市场需求的拉动下，泥兴陶逐渐推出了花器、礼盒、旅游纪念品、个性定制等产品，促进了其烧制技艺的不断发展、进步，并拉动着生产性保护的开展。可见，广西北部湾地区海洋非物质文化遗产的活态性特征使其具备生产性保护的内在需求。

4.3.2.5 海洋非遗创新变革能力

随着社会经济的发展和时代的变迁，我国的文化生态环境发生了巨大变化，作为中华民族优秀传统文化重要组成部分的广西北部湾地区海洋非物质文化遗产正遭受着经济全球化和市场经济的猛烈冲击，其生存状况堪忧。为能更好地适应全球化和现代化所引起的变化，获得生产性保护的有效开展与持续发展，广西北部湾地区海洋非物质文化遗产需要对自身进行创新变革。广西北部湾地区海洋非物质文化遗产的创新变革能力是指其对外部环境和市场的适应能力与创新能力。目前，在广西北部湾地区海洋非物质文化遗产生产性保护中，仍有部分非物质文化遗产项目抱着所谓坚持传统的桎梏性思维，未能根据现代环境和市场需求进行相应地调整，排斥项目创新，使得这些珍贵的海洋非物质文化遗产陷入濒危境地，其生产性保护也就难以为继。

虽然广西北部湾地区海洋非物质文化遗产中的部分项目创新变革能力较弱，但现今已有部分海洋非物质文化遗产项目成功地进行了现代化的创新变革。比如，南宁邕江一带的疍家（水上居民），或世代居住在船上，或傍岸临海架设"疍家棚"，不与岸上居民通婚。自宋代以来，就一直在船上举行婚礼，以船为轿，以唱歌谣相贺，形成了富有民族特色和地方特点的民间婚俗，被列入广西壮族自治区级非物质文化遗产名录，极具保护与传承价值。然而，随着越来越多的疍家人被政府安置到岸上生活，疍家婚礼的生存环境发生变化，加之疍家婚礼较为复杂，往往需要三天，基于江边风情的传统疍家婚礼逐渐消失，面临着濒临灭绝的尴尬境地。为了进一步保护传承疍家婚礼这一珍贵的海洋非物质文化遗产，2017 年 3 月 24 日，一群土生土长的疍家人聚集在南宁市江南区复宁新兴苑小区，以办公楼为船，以地为水，举办了一场陆地上的疍家婚礼，并演唱了疍家歌，吸引了数千人前来观看，以超越时空限制的形式再造了疍家婚礼在新时代的生存土壤，体现了广西北部湾地区海洋非物质文化遗产的创新变革能力。再如京族风吹饼制作技艺，因其重量轻薄，质透如纸，风吹即起，故名"风吹饼"，是京族人以前出海打鱼时的干粮。如今，随着旅游的兴起，风吹饼逐渐发展成为东兴市京族三岛最有名的风味小吃，并被评为2017年"广西最受欢迎的旅游休闲食品之一"，使这项技艺得到了生产性保护。可见，广西北部湾地区海洋非物质文化遗产适时的创新变革可以更好地适应现代社会发展需要，也可以促进生产性保护的开展，使其自身得到更好的发展。

4.3.2.6 社区居民文化自觉与自信

1977年，费孝通先生在北京大学举办的第二次社会学人类学高级研讨班上首次提出了"文化自觉"，即生活在一定文化中的人对其文化有自知之明，明白它的来历、形成过程、所具有的特色和发展取向，不带任何文化回归的意思，不是要复归，同时也不主张全盘西化或全盘他化[149]。费先生的"文化自觉"包括两层含义：一方面是正确认识本民族的传统文化，另一方面是正确对待他人的文化，互相学习、交流、借鉴和融合。而"文化自信"则是相信在中国的传统文化中也有许多优秀的、值得我们今天重新发掘的资源[150]。文化自觉是文化自信的基础和前提。只有具备了文化自信，才能做到文化创新。即在广西北部湾地区海洋非物质文化遗产生产性保护过程中，当地居民是海洋非物质文化遗产生产性保护的主体，只有增强居民的文化自觉和自信，才能更好地促使其参与海洋非物质文化遗产的保护与传承，实现海洋非物质文化遗产生产性保护的可持续性。可见，居民的文化自觉与自信是广西北部湾地区海洋非物质文化遗产生产性保护的内在动力。

然而，在经济全球化和文化多样化的现代社会，中华民族传统的价值观念受到现代文化和外来文化的冲击，不少青年人崇尚于西洋文化，而认为本民族的传统文化、非物质文化遗产是落后、守旧的表现，这种现象的出现与青年人自身缺乏文化自觉和自信有关。因此，增强社区居民的文化自觉与自信是促进海洋非物质文化遗产生产性保护的关键。近年来，在国家的大力推动下，广西北部湾地区各级政府通过各种渠道加强对沿海居民的文化教育，使其充分认识到海洋非物质文化遗产的魅力和价值，增强其文化自觉与自信。尤其是海洋旅游、文化旅游快速发展的带动下，更是促使社区居民更加深刻地认识到海洋非物质文化遗产的价值，唤起了其文化自觉意识，并激发其传承海洋非物质文化遗产的欲望，文化自信心和自豪感得到了进一步增强。因此，提高作为海洋非物质文化遗产传承主体的社区居民的文化自觉与自信，为实现广西北部湾地区海洋非物质文化遗产生产性保护的有效途径。

综上所述，海洋非遗资源吸引力、海洋非遗经济价值、市场需求、海洋非遗活态性特征、海洋非遗创新变革能力、社区居民文化自觉与自信等因素驱动着广西北部湾地区海洋非物质文化遗产的生产性保护，这些因素的相互作用又构成了海洋非物质文化遗产生产性保护的拉力系统。由这六个因素构成的拉力系统的作用机制可以如图 4-5 所示。

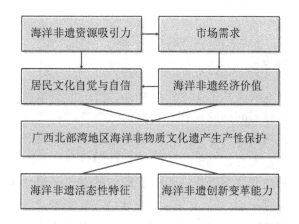

图4-5　广西北部湾地区海洋非物质文化遗产生产性保护的拉力系统

由图 4-5 可知，广西北部湾地区海洋非物质文化遗产生产性保护的拉力系统中各驱动因素之间的关系反馈回路有两条。一方面，广西北部湾地区海洋非物质文化遗产独特的资源吸引力引起了市场对其的广泛需求，在市场需求的拉动下，海洋非物质文化遗产的经济价值得到凸显，社区居民的文化自觉与自信也进一步提高，拉动着海洋非物质文化遗产生产性保护的开展。另一方面，非物质文化遗产的活态性特征要求对其进行活态传承，生产性保护作为活态传承的重要形式之一，不仅有利于实现海洋非物质文化遗产的经济效益，进一步保护海洋非物质文化遗产的传承主体，也有利于实现海洋非物质文化遗产更广范围的交流与传播。并且，广西北部湾地区沿海沿边，开放性、交流性的自然属性促使广西北部湾地区海洋非物质文化遗产具有较强的创新变革能力，从而使广西北部湾地区海洋非物质文化遗产不仅具有生产性保护的需求，也具有生产性保护的能力，共同拉动了生产性保护的深入开展。

4.3.3 支持系统

支持系统是支撑广西北部湾地区海洋非物质文化遗产生产性保护的环境系统，对其生产性保护起重要的支撑和辅助作用。广西北部湾地区海洋非物质文化遗产生产性保护的支持系统因素主要包括硬件环境支持和软件环境支持。其中，硬件环境是支持广西北部湾地区海洋非物质文化遗产生产性保护的硬件建设，包括配套设施建设和非遗保护机构两个方面；软件环境是支撑广西北部湾地区海洋非物质文化遗产生产性保护的软件建设，主要体现在生产性保护人才队伍建设、学术研究、海洋非遗生产性保护方式、社会资本四个方面。具体分析如下。

4.3.3.1 配套设施建设

广西北部湾地区海洋非物质文化遗产生产性保护的配套设施建设指除了生产、流通、销售所必需的基础设施外，为代表性传承人提供必要的生产、展示和传习场所，并鼓励企业、单位和个人根据自身条件建设海洋非物质文化遗产展示馆和传习所等。配套设施的建设，不仅能为生产性保护提供具体载体，而且完善了海洋非物质文化遗产生产性保护所需的物质环境，为其生产性保护营造了良好的社会氛围。

随着广西北部湾地区各级政府对海洋非物质文化遗产生产性保护重视程度的增强，各市区先后建立了传承基地、展示馆等生产性保护配套设施，既可以提供相应的实物资料，也可以让民众直观地感受到海洋非物质文化遗产产品的生产过程，加深民众对海洋非物质文化遗产的了解，从而扩大海洋非物质文化遗产产品的流通范围。比如，2013 年 6 月，北海市非物质文化遗产陈列厅正式对外开放，主要以史料、图片、实物和场景等系统地展示北海非物质文化遗产的历史渊源、艺术特色和价值，旨在向市民和游客传递北海海洋文化。再如，2018 年 6 月 12 日，由钦州市文新广电局主办，钦州市非遗中心、钦州市白海豚演艺有限公司承办，灵山县文化馆协办的第一届钦州坭兴陶文化艺术节非遗文化展示展演、钦州市 2018 年文化和自然遗产日主题活动暨千年坭兴陶古龙窑火祭大典活动分别在钦州千年古陶城、钦江古龙窑举办。钦州市民们不仅能现场观看坭兴陶制作技艺、小江瓷制作技艺、烟墩大鼓制作技艺、"跳岭头"面具制作、龙门编织技艺、石雕技艺、根雕技艺等传统海洋非物质文化遗产的制作过程，还能欣赏到跳岭头、海歌、粤剧表演、采茶戏、坭兴陶海丝路之歌等现场表演。这些生动形象地对外展示、宣传了海洋非物质文化遗产生产性保护的魅力与实践过程，意义重大。非物质文化遗产企业不同于一般企业，必须建立起配套设施如非遗展示设施和传习基地等，才能承担起非遗企业在传承传统文化方面应承担的责任，最终促进生产性保护的有效开展和企业品牌的树立。

4.3.3.2　非遗保护机构

非物质文化遗产保护机构是国家和地方政府建立的非物质文化遗产保护的专门机构。健全的非物质文化遗产保护机构可以为其生产性保护提供有力的政策保障、专业的人才资源、充足的资金支持。广西北部湾地区海洋非物质文化遗产的生产性保护离不开专门的非物质文化遗产保护机构的支持，因为无论是非物质文化遗产的普查、非物质文化遗产产品的开发、非物质文化遗产生产性保护研究工作的开展等都离不开非物质文化遗产保护机构的参与。2009 年，广西成立非物质文化遗产研究中心，为非物质文化遗产保护工作的可持续开展提供有力的学术支撑和智力支持。2010 年和 2012 年又分别设立了广西非物质文化遗产处和广西非物质文化遗产保护中心，负责开展广西非物质文化遗产保护的各项具体工作；并于 2016 年 12 月建设开通了广西首个自治区级非物质文化遗产专业网站——广西非物质文化遗产网，负责包括海洋非物质文化遗产在内的各类非物质文化遗产的保护传承与开发利用。而由广西壮族自治区文化厅和广西民族大学合作建立的非物质文化遗产研究中心也承担着非物质文化遗产的理论探索和实证研究工作。这些都为广西北部湾地区海洋非物质文化遗产的生产性保护提供了有力的智力支持。此外，北海市的非物质文化遗产保护中心还建立了专门网站，开通了官方微博，并广泛开展非物质文化遗产的展示、宣传工作。

虽然广西北部湾地区已成立各种各样的非物质文化遗产保护机构，相关机构也已在一定程度上开展了各种海洋非物质文化遗产的生产性保护工作。但目前广西北部湾地区仍未成立专门的海洋非物质文化遗产保护机构，这对于数量众多、类型多样、内涵丰富的广西北部湾地区海洋非物质文化遗产来说，非遗保护机构的有针对性的举措还较为有限，且相关人员、资金的缺口较大，未能较好地促进海洋非物质文化遗产的有效开展。因此，有待进一步完善广西北部湾地区海洋非物质文化遗产保护机构。

4.3.3.3 生产性保护人才队伍建设

广西北部湾地区海洋非物质文化遗产生产性保护的关键在于对传统文化的传承、对市场需求的满足，这就意味着生产性保护的开展既需要传承人的深入参与，也需要生产性保护管理人才的大力支持。因此，本课题所指广西北部湾地区海洋非物质文化遗产生产性保护人才队伍建设主要包括传承人与生产性保护管理人才两个方面。

一方面，传承人是广西北部湾地区海洋非物质文化遗产传承的核心载体，也是开展生产性保护的必备条件。相比于物质文化遗产，这些海洋非物质文化遗产的生产性保护依附于单个个体、特定群体或特殊的文化空间而存在，也只有这样才能保持海洋非物质文化遗产生产性保护的真实性、整体性和传承性。因此，传承人的数量、级别、传承谱系、年龄结构、知识结构等都在一定程度上影响着海洋非物质文化遗产生产性保护的质量和持续性，即广西北部湾地区海洋非物质文化遗产生产性保护的有效开展，亟须建设一支信念坚定、技艺过硬、素质够高、乐于传承的海洋非物质文化遗产传承人队伍。目前，北部湾各市均已初步建立了国家、区、市、县四级非物质文化遗产代表性传承人名录体系。同时，各级政府也在资金上给予传承人队伍建设以大力支持。如2016年3月，文化部将国家级非物质文化遗产传承人的传习活动补助标准提高至每人每年2万元等，这些措施有效地促进了传承人队伍建设，为广西北部湾地区海洋非物质文化遗产的生产性保护提供了人才保障。但同时传承人学历较低、老龄化趋势严重等问题，也制约着广西北部湾地区海洋非物质文化遗产的深入开展。以北部湾地区六位国家级、区级传承人为例，这几位传承人的年龄都在60岁以上，而且学历多以小学、初中文化为主，传承人队伍建设仍有待加强。另一方面，广西北部湾地区海洋非物质文化遗产的生产性保护涉及生产、流通、销售等多个环节，每一个环节都需要管理人才的参与才能既保证生产性保护的整体性、原真性和传承性，又实现生产性保护的经济效益，促进其真正可持续发展。比如，产品生产方面的创意指导、规范约束；产品流通方面的渠道管理与开拓；产品销售方面的宣传推广与销售等，这些都需要管理人才的专业知识。目前，广西北部湾地区海洋非物质文化遗产的生产性保护仍存在传承人老龄化、后继乏人、管理人员缺乏等问题，人才队伍建设对生产性保护的支持作用仍有待加强。

。

4.3.3.4　学术研究

高校、教育机构紧扣广西北部湾地区海洋非物质文化遗产生产性保护中存在的现实制约所进行的理论探索与实证研究，不仅可进一步丰富和完善海洋非物质文化遗产生产性保护的理论体系；还可为实现广西北部湾地区非物质文化遗产保护与海洋经济的协同发展，提供理论支撑和方法指导。近年来，我国关于生产性保护的研究成果逐渐增多，本课题对近年来国家社科基金有关"海洋非物质文化遗产"与"生产性保护"立项项目名单进行统计，经过筛选只有 7 项与"海洋非物质文化遗产""海洋文化遗产""生产性保护"等主题密切相关的研究项目，但关于海洋非物质文化遗产这一特殊类型文化遗产的生产性保护研究则相对较少，具体如表 4-7 所示。

表 4-7　关于海洋非物质文化遗产生产性保护的国家级项目统计

年份	国家社科立项名单
2010 年	中国历史环中国海海洋文化遗产调查研究
2012 年	海洋文化旅游本土模式的动力机制研究、彝族阿细人仪式的生产性保护研究、非物产文化遗传"生产性保护"的哲学研究
2015 年	回族非物质文化遗产生产性保护研究
2017 年	海南海洋非物质文化遗产资源调查与研究、裕固族非物质文化遗产生产性保护与创意开发研究

虽然目前我国关于海洋非物质文化遗产生产性保护的研究仍有待加强，但广西区文化厅和广西民族大学联合建设了广西非物质文化遗产研究中心，共设"非物质文化遗产考察研究与保护对策""民族艺术与非物质文化遗产研究""非物质文化遗产与文化产业发展研究"和"中国－东盟非物质文化遗产比较研究"四个方向，致力于区内非物质文化遗产的认定、保存、传播、保护与传承领域研究工作的开展，为包括海洋非物质文化遗产在内的非遗生产性保护提供了有力的学术支撑和智力支持。与此同时，广西还加大了对北部湾地区海洋文化的研究，如广西区加大高校对海洋文化研究的支持力度，与原国家海洋局共建钦州学院（今北部湾大学），进一步促进了海洋非物质文化遗产生产性保护的理

论探究。但目前，广西北部湾地区仍未成立专门针对海洋非物质文化遗产保护与传承的研究机构，对生产性保护的系统研究成果较少。因此，有待进一步加强对广西北部湾地区海洋非物质文化遗产生产性保护方面的研究，为生产性保护的持续发展提供坚实的理论基础。

4.3.3.5 海洋非遗生产性保护方式

广西北部湾地区海洋非物质文化遗产的生产性保护是指在保持海洋非物质文化遗产真实性、整体性和传承性的基础上，借助生产、流通、销售等手段，将海洋非物质文化遗产及其资源转化成文化产品的保护方式。在社会不断进步背景下，创新非物质文化遗产保护理念，运用多样化的生产性保护方式，成为广西北部湾地区海洋非物质文化遗产生产性保护的关键举措。广西北部湾地区海洋非物质文化遗产生产性保护方式多样化是指海洋非物质文化遗产在保持其原真性、整体性与传承性基础上，根据社会发展和市场需求，适时创新生产性保护方式，建立起既满足市场需求、又促进自身创新发展的多种生产性保护方式。

近年来，广西北部湾地区海洋非物质文化遗产的生产性保护受到了社会各界的高度关注，且在科技进步与创新的推动下，其生产性保护方式日渐多样化。第一，广西北部湾各市以设立展馆或建设基地等方式，借助海洋非物质文化遗产翔实的史料、实物、场景、工艺、技艺等，向民众展示当地海洋非物质文化遗产的历史渊源、艺术特色、价值功能以及传习技能，通过静态生产性保护形式唤起民众对海洋非物质文化遗产生产性保护的思考。第二，随着经济发展和市场需求的变化，人们迫切需求体验性强、参与性强的海洋文化产品，在此需求推动下，一些传统表演与游艺、民间信俗类的海洋非物质文化遗产以演艺产品、节庆活动等旅游产品的形式展现在广大民众面前。例如，防城港哈节、北海"非遗入春节"、钦州跳岭头展演等，通过将海洋非物质文化遗产以特色旅游产品的形式融入大型节庆活动中，每年都会吸引成千上万的游客参与，不仅带动了文化旅游产业的发展，也促进了当地海洋非物质文化遗产生产性保护工作的持续开展。第三，教育传承也是海洋非物质文化遗产生产性保护的新形式，如北海市深入推进"非遗进校园"活动，先后在海城区第十小学、海城区第二小学、第十五小学等建立了非遗传习基地，积极开展"疍家婚礼""驭海弄潮""荔枝颂""李家拳""北海早晨""旱天雷"等海洋非物质文化遗产的传承活动，为生产性保护的开展培养人才。第四，北部湾地区政府部门积极将海洋非物质文化遗产与其他产业融合，通过生产基地、产业园、风情街、特色小镇等方式深入挖掘海洋非物质文化遗产价值并延长其价值链，形成产业辐射效果。比如，北海恒星有限责任公司，以贝雕技艺为依托资源进行产业化运作，有效拓展了海洋非物质文化遗产的产品开发渠道，目前已发展成为海洋非物质文化遗产企业化运作的典范。类似的还有北海的海洋文化产业集群带、钦州的疍家风情小镇、坭兴陶文化创意产业园等。可见，多样化的生产性保护方式不仅可以促进海洋非物质文化遗产的保护与传承，而且有利于充分激活各类海洋非物质文化遗产的自身造血功能，为实现广西北部湾地区海洋非物质文化遗产经济效益与文化效益的统一提供大力支持。

4.3.3.6　社会资本

马克思主义认为资本是相互联系的，社会总资本不单单是某种具体形式上的现实资本，更是具有"资本一般"特征的资本。因此，马克思认为社会资本是各种相互联系的能够从事社会再生产活动的资本，既包括政府所有的资本也包括民间的各类企事业所有的资本和个人所有的资本，即包含一切广泛存在于社会各界的能够进行再生产活动的资本。2014 年，财政部印发《关于印发政府和社会资本合作模式操作指南（试行）的通知》，指出社会资本是指除政府所有的单位外各境内外企业法人所拥有的资本。本课题所研究的广西北部湾地区海洋非物质文化遗产生产性保护的社会资本泛指除中央政府和地方政府以外的一切民间资本形式，如生产性保护所需资金、设备、传承基地等。

由第二章广西北部湾地区海洋非物质文化遗产生产性保护现状可知，目前广西北部湾地区海洋非物质文化遗产的生产性保护存在着资金来源不足的问题。广西北部湾地区经济发展相对滞后，海洋非物质文化遗产生产性保护的资金大多来源于政府部门，然而政策性资金只能勉强维持非物质文化遗产的基础保护，远远无法满足海洋非物质文化遗产生产性保护在产品升级、市场开拓等方面的需求，阻碍了海洋非物质文化遗产生产性保护的发展进程。如防城港上思县的县级海洋非物质文化遗产多达 34 项，但该县在自身城镇化建设与经济发展方面资金已经严重缺乏，难以将资金投入到海洋非物质文化遗产的产品开发、品牌树立、市场开拓、运营管理等领域，导致该地的海洋非物质文化遗产长期以来难以得到有效的生产性保护。社会性资金投入尤其是作为市场主体的企业，对海洋非物质文化遗产的资本投入可有效带动生产性保护的深入开展、激发市场活力。然而，目前虽有部分企业资金流入海洋非物质文化遗产生产性保护领域，但大多来源于一些本土的小微型企业，如北海市恒兴珠宝有限责任公司、合浦金福角雕厂等，其资金实力不够雄厚，在技术引进、人才培养、策略创新、管理运营优化等方面的资金极度匮乏，使企业长期得不到转型，产品难以创新升级，在激烈的文化产品市场竞争中处于劣势，不利于海洋非物质文化遗产的生产性保护。可见，广西北部湾地区海洋非物质文化遗产生产性保护的资金融资渠道较窄，社会资本投入不足使海洋非物质文化遗产生产性保护的效果难以得到提升。

综上所述，配套设施建设、非遗保护机构、生产性保护人才队伍建设、学术研究、海洋非遗生产性保护方式、社会资本等驱动因素，构成了广西北部湾地区海洋非物质文化遗产生产性保护的支持系统，其具体作用机制如图 4-6 所示。

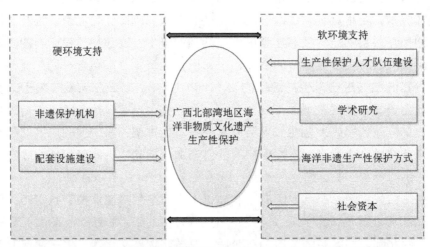

图 4-6 广西北部湾地区海洋非物质文化遗产生产性保护的支持系统

由图 4-6 可知，广西北部湾地区海洋非物质文化遗产生产性保护的支持系统包括硬环境支持系统和软环境支持系统两个方面，两者既相互区别，又彼此促进，共同构成一个有机的整体，支撑着广西北部湾地区海洋非物质文化遗产生产性保护的有效开展。

4.3.4 中介系统

中介系统是广西北部湾地区海洋非物质文化遗产生产性保护的中介和桥梁，一方面通过中介的宣传将海洋非物质文化遗产独特的文化内涵与价值功能对外进行推广，扩大其知名度和影响力，吸引相关企业对其进行开发利用；另一方面，海洋非物质文化遗产的生产性保护也需要通过一些中介组织加深对相关企业的了解，以有选择性地选取适宜的项目与开发商；同时，通过相关中介系统的宣传介绍，加深居民对广西北部湾地区海洋非物质文化遗产生产性保护的深入了解，增强居民文化自觉与自信，使其主动参与到广西北部湾地区海洋非物质文化遗产的生产性保护中来，为广西北部湾地区海洋非物质文化遗产生产性保护奠定坚实的社会基础。本课题所研究的中介系统主要由企业经营、媒体传播、民间组织、非遗行业协会四个因素组成，具体分析如下。

4.3.4.1　企业经营

企业是以营利为目的，运用各种生产要素，向市场提供产品或服务的经济组织。作为营利性组织，企业既可准确把握市场需求，将海洋非物质文化遗产资源转化为市场需要的文化产品与服务，获得良好的经济效益，又可通过将企业开发所获得的民间资本投用于海洋非物质文化遗产的保护传承，并可借市场的宣传和推广，提高海洋非物质文化遗产的知名度，引起社会民众对其的关注和参与。广西北部湾地区海洋非物质文化遗产的生产性保护，需要充分发挥企业的作用，将海洋非物质文化遗产及其资源转化为产品，为其保护提供新的造血功能，使其在生产实践中得到积极保护，实现其保护与经济社会协调发展的良性互动，最终实现以保护带动发展，以发展促进保护的目的。

广西北部湾地区海洋非物质文化遗产是我国民族传统文化的重要组成部分，是中华民族的宝贵财富，其历史悠久、数量众多、特色鲜明，极具保护与开发利用价值。越来越多的企业认识到海洋非物质文化遗产的价值和魅力，投入了大量的人力、物力、财力，加大对海洋非物质文化遗产的开发力度，满足了消费者日益增强的精神文化需求，有效地促进当地就业，推动区域经济发展，同时扩大了海洋非物质文化遗产的知名度和影响力，促进海洋非物质文化遗产的保护与传承。目前，广西北部湾地区主要通过民俗节庆、旅游纪念品开发、景区舞台演绎等方式推动海洋非物质文化遗产的生产性保护。例如，防城港市京族哈节将海洋非物质文化遗产以特色旅游产品的形式融入大型节庆活动中，每年都会吸引成千上万的游客参与，不仅带动了文化旅游产业的发展，也促进了当地海洋非物质文化遗产生产性保护工作的持续开展；北海园博园成立"天天演"旅游演艺基地，不仅让游客感受到了北海的海洋文化，也促进了海洋非物质文化遗产的传播与交流。虽然广西北部湾地区部分海洋非物质文化遗产经过企业的经营，实现了自身"资源优势"向"经济优势"的转化，但目前已经开发的产品较为单一，文化内涵挖掘不够，游客的参与体验度不高，且过度开发海洋非物质文化遗产的现象时有发生，一定程度上威胁着海洋非物质文化遗产的生存与持续发展。因此，需完善市场调控，增强对企业经营行为的管理，为广西北部湾地区海洋非物质文化遗产的生产性保护提供中介支持。

4.3.4.2 媒体传播

媒体是指以报纸、杂志、广播、电视为主的传统媒体以及以互联网为主的新媒体。广西北部湾地区海洋非物质文化遗产的生产性保护不能固守"酒香不怕巷子深"的传统观念，而应通过各种媒体资源对其进行宣传、推广，将各种相关信息推向社会，提高人们对海洋非物质文化遗产生产性保护的关注度，进一步拓宽海洋非物质文化遗产产品的流通渠道与宣传推广力度，为其生产性保护营造良好的社会氛围。同时，利用媒体资源亦可了解消费者的多样化需求，以设计出既彰显地域特色，又满足市场需求的产品和服务，进而推动广西北部湾地区海洋非物质文化遗产由资源优势向经济优势的转化，创造良好的经济效益，为其生产性保护奠定坚实的资金基础。可见，媒体传播是广西北部湾地区海洋非物质文化遗产生产性保护的重要平台。

目前，电视、报纸等传统媒体已逐步加强对广西北部湾地区海洋非物质文化遗产生产性保护的宣传和报道。例如，京族哈节、北海龙母庙会、钦州坭兴陶等著名海洋非物质文化遗产的开发利用得到了中央电视台、广西电视台、南宁电视台、《光明日报》《广西日报》《北海日报》等多家电视和报纸的报道，大大提升了社会各界对广西北部湾地区海洋非物质文化遗产生产性保护的认知程度。另外，海洋非物质文化遗产同时成为旅游杂志、人文杂志等的重要刊载素材，内容涉及游记、文化宣传等方面，为游客的出游选择提供了指导。最后，随着网络终端设备的普及，各类海洋非物质文化遗产生产性保护相关的信息也在微信公众号、微博博文、新闻 APP 等相关媒体上得到推介，对扩大市场需求，促进海洋非物质文化遗产的产品开发起到了一定的积极作用。但目前广西区仍尚未建立专门的海洋非物质文化遗产生产性保护官方网站，且部分海洋非物质文化遗产仍然处于"养在深闺人未知"的状态，未能充分发挥媒体传播在传承与弘扬海洋非物质文化遗产方面的重要作用。因此，充分利用各种媒体资源，加大对广西北部湾地区海洋非物质文化遗产产品的宣传与推介力度，扩大海洋非物质文化遗产的知名度和影响力，是推进其生产性保护的重要举措。

4.3.4.3　民间组织

民间组织，又称社会组织、非政府组织，泛指那些在社会转型过程中由各个不同社会阶层的民众自发成立的、在一定程度上具有非营利性、非政府性和社会性特征的各种组织以及网络形态[151]。它们通过接受来自社会各界及其成员的无偿资助与捐赠维持日常运转与目标的实现，同时将资助经费使用于特定对象，以便反馈给社会有价值的信息进而获得更多的资助。广西北部湾地区海洋非物质文化遗产来自民间，具有鲜明的"民间性"和"大众性"，民间组织在其生产性保护的实践中担当着重要角色。一方面，民间组织不仅努力宣传海洋非物质文化遗产生产性保护的社会意义，以唤起文化企业、文化机构等的责任感，促进当地政府出台政策支持海洋非物质文化遗产的生产性保护、促进文化企业主动承担海洋非物质文化遗产生产性保护；另一方面，民间组织通常以保持海洋非物质文化遗产的真实性、整体性和传承性为核心，以保护非物质文化遗产为首要任务，并了解社会对海洋非物质文化遗产的真正需求，充当海洋非物质文化遗产产品生产与流通、销售的中介，帮助海洋非物质文化遗产生产性保护企业与消费者建立联系，在广西北部湾地区海洋非物质文化遗产的生产性保护中发挥着重要作用。

目前，广西北部湾地区已经成立了多家民间组织，致力于民族文化的挖掘、整理、保护、传播和研究工作。如由民族民俗专家、艺术家、爱好者以及文化投资者共同组建的广西民族文化协会，该协会以弘扬广西民俗文化为宗旨，以挖掘、整合、传承广西民俗文化为己任，为众多民间文化领域的仁人志士提供了一个交流与合作的平台；由广西民族文化专家发起的广西民族文化与旅游发展研究会，也对广西民族文化进行了一系列的保护传承研究工作。但目前广西北部湾地区海洋非物质文化遗产生产性保护的民间组织存在着数量少、规模小，且活动资金缺乏、社会影响力弱等问题，推动海洋非物质文化遗产生产性保护的作用较为有限。

4.3.4.4　非遗行业协会

行业协会是介于政府和企业之间，生产者和经营者之间，并为其提供服务、沟通、协调等的民间非营利性组织。非遗行业协会在广西北部湾地区海洋非物质文化遗产生产性保护过程中发挥着积极作用。第一，行业协会开展的海洋非物质文化遗产的宣传、展示、教育、传播、研究、出版等活动有利于扩大海洋非物质文化遗产的知名度和影响力，为生产性保护营造良好的社会氛围。第二，非遗行业协会通过制定有关非物质文化遗产代表性项目在原材料、传统工艺流程和核心技艺方面的相关标准和规范，有利于促进海洋非物质文化遗产生产性保护过程中原真性、整体性与传承性的保持。第三，非遗行业协会通过开展行业管理、行业服务、行业维权等工作，有利于促进海洋非物质文化遗产生产性保护的行业自律与行业监管，推动海洋非物质文化遗产生产性保护的健康发展。因此，广西北部湾地区海洋非物质文化遗产的生产性保护需要行业协会发挥沟通、协调作用，以促进生产性保护的可持续发展。

目前，广西北部湾地区已形成了一定数量的行业协会，如北海市群众文化协会、北海市民间志愿者协会、钦州文化娱乐行业协会、防城港旅游发展促进会等，这些行业组织承办或协办海洋非物质文化遗产生产性保护相关展示宣传活动。如 2017 年 5 月 12 日，防城港旅游发展促进会主办了防城港首届非物质文化遗产周，对防城港独弦琴、踩高跷进行展演，并对传统美食进行展卖，促进了社会公众对防城港海洋非物质文化遗产的了解。但目前专门针对非物质文化遗产的行业协会较少，在协调广西北部湾地区海洋非物质文化遗产生产性保护的生产、流通、销售方面，各行业协会所做的工作还不够，还有待于进一步密切生产者与经营者、政府与企业之间的联系，为生产性保护的可持续发展创造条件。

综上所述，广西北部湾地区海洋非物质文化遗产生产性保护的中介系统由企业经营、媒体传播、民间组织、非遗行业协会构成。这四大因素所构成的中介系统的作用机制如图 4-7 所示。

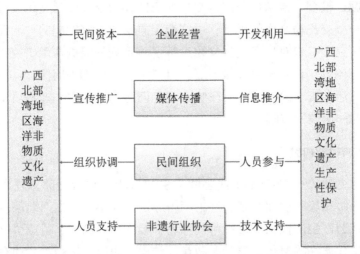

图 4-7　广西北部湾地区海洋非物质文化遗产生产性保护的中介系统

由图 4-7 可知，中介系统在广西北部湾地区海洋非物质文化遗产生产性保护中起着桥梁作用，通过企业经营、媒体传播、民间组织以及非遗行业协会将供给和需求联系起来，使海洋非物质文化遗产的生产性保护成为现实。通过中介系统，一方面，可以将广西北部湾地区海洋非物质文化遗产的相关信息、产品推向市场，扩大其知名度和影响力，吸引更多的企业参与海洋非物质文化遗产的生产性保护，也可将信息传递给政府部门、民间组织、学校等，以获得政策、资金、技术、人才等方面的支持；另一方面，可以将需求信息反馈给广西北部湾地区的政府、民间组织、企业、非遗行业协会等部门，使其根据反馈信息不断优化自身的传承途径，以促进海洋非物质文化遗产的生产性保护。

4.4　广西北部湾地区海洋非物质文化遗产生产性保护驱动机制模型

根据系统学理论，系统在本质上是一个动态过程，系统结构不过是动态过程的外在表现。广西北部湾地区海洋非物质文化遗产的生产性保护也是一个动态发展过程，因此要用动态发展的眼光来看待海洋非物质文化遗产的生产性保护，动态监控实施过程的内外部变化。同时，广西北部湾地区海洋非物质文化遗产的生产性保护离不开各因素的相互作用，因此要用系统的观念来看待各驱动因素不同过程、不同环节在整个生产性保护系统运行中的作用。从系统论角度看，广西北部湾地区海洋非物质文化遗产生产性保护作为一个有机、庞大的系统，其动力系统主要由推力系统、拉力系统、支持系统和中介系统组成。这四个子系统之间相互联系、相互作用，共同驱动着广西北部湾地区海洋非物质文化遗产的生产性保护，而这一驱动作用即是其驱动机制的体现。具体的驱动机制模型如图 4-8 所示。

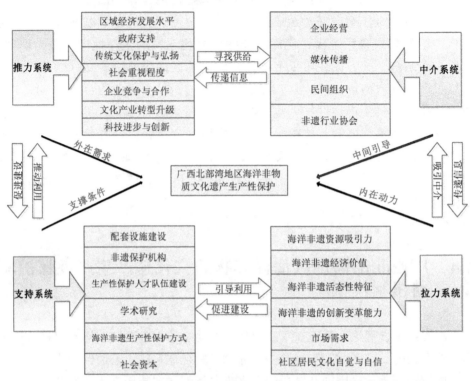

图4-8　广西北部湾地区海洋非物质文化遗产生产性保护的驱动机制模型

由图4-8可知，广西北部湾地区海洋非物质文化遗产生产性保护的动力系统由推力系统、拉力系统、支持系统和中介系统构成，各子系统又由多个驱动因素组成，这些驱动因素不仅对各系统产生影响，而且系统内的驱动因素相互作用，共同驱动着海洋非物质文化遗产的生产性保护，由此形成了广西北部湾地区海洋非物质文化遗产生产性保护的驱动机制模型。在广西北部湾地区海洋非物质文化遗产生产性保护的驱动机制中起主要作用的两个系统是推力系统和拉力系统，这两大系统分别为海洋非物质文化遗产生产性保护的外在助推力和内在拉动力，它们的相互作用是推进整个生产性保护驱动机制发生作用的基础和前提。其中，推力系统是主导系统，它强调海洋非物质文化遗产在进行一定的创新和变革后，推动拉力系统的运行。而拉力系统受到推力系统的作用后，则根据现代社会发展的需求对海洋非物质文化遗产进行适当地生产、流通和销售，以实现其持续发展；同时，这一作用也促进着广西北部湾地区海洋经济的发展，及增强社区居民的文化自觉和自信，为海洋非物质文化遗产的生产性保护提供了有力的内在支持。可见，广西北部湾地区海洋非物质文化遗产生产性保护在推力与拉力的互动过程中，实现其发展的可持续性，即推力系统的各要素推动海洋非物质文化遗产生产性保护需求的产生，而拉力系统各要素进行创新和变革，带动海洋非物质文化遗产生产性保护的有效开展。

广西北部湾地区海洋非物质文化遗产生产性保护的支持系统对海洋非物质文化遗产的生产性保护及外在助推力和内在拉动力的实现起着支撑辅助作用。如图 4-8 所示，支持系统与拉力系统、推力系统是双向互动关系。一方面，海洋非物质文化遗产配套设施建设、非遗保护机构、生产性保护人才队伍建设、学术研究、海洋非遗生产性保护方式、社会资本为广西北部湾地区海洋非物质文化遗产的生产性保护创造了良好的条件，促进其外在助推力的产生，推动其生产性保护的开展，并在一定程度上作用于广西北部湾地区海洋非物质文化遗产，引导其实现自身的创新与变革，更好适应外在需求。另一方面，广西北部湾地区海洋非物质文化遗产生产性保护的拉力系统和推力系统也会反作用于支持系统，促进其建设与完善。目前，广西北部湾地区海洋非物质文化遗产生产性保护的外在推力和内在拉力的作用都较为强烈，亟需支持辅助力量发挥作用，如当海洋非物质文化遗产生产性保护受到资金、人才等因素制约时，则需社会资本、生产性保护人才队伍建设等的支持，以保证生产性保护的顺利开展。

广西北部湾地区海洋非物质文化遗产生产性保护的中介系统将推力系统和拉力系统连接起来，在两者之间起着桥梁和纽带作用。如图 4-8 所示，广西北部湾地区海洋非物质文化遗产生产性保护的中介系统与推力系统、拉力系统和支持系统也是一种双向互动关系。一方面，中介系统在推力系统和拉力系统中起中介作用，通过为两者传递信息，使其传承的内外部作用力得以发挥，进而服务于生产性保护。由此表明，广西北部湾地区海洋非物质文化遗产生产性保护过程中，企业、媒体、民间组织、非遗行业协会等中介力量应加深对彼此的认识与了解，确保信息流畅，为海洋非物质文化遗产的生产性保护提供平台支持。另一方面，推力系统和拉力系统也会促进中介系统的完善。广西北部湾地区海洋非物质文化遗产生产性保护的外在助推力需要借助一定的载体，有着较为明显的开发载体需求，而内部拉动力则表明海洋非物质文化遗产可以借助其自身的资源吸引力，吸引中介力量参与海洋非物质文化遗产的生产性保护，即推力系统的载体需求和拉力系统的吸引作用共同推动着中介系统的建设与完善，为实现广西北部湾地区海洋非物质文化遗产生产性保护的可持续性提供有力保障。

第 5 章　广西北部湾地区海洋非物质文化遗产生产性保护模式构建

5.1　海洋非物质文化遗产生产性保护的国内外经验

　　在西方经济基础强大、法律体制完善的社会大背景下，文化内涵丰富、发展历史悠久、表现形式多样、价值功能突出的欧美国家各类海洋非物质文化遗产仍广为流传，并逐渐发展成为新历史时期欧美发达国家重要的文化产品。它不仅是欧美国家提升国民文化修养和爱国情怀的重要方式，而且也成为促进区域社会经济进一步快速、稳健、可持续发展的重要力量。长期以来，我国非物质文化遗产生产性保护工作一直在推进并取得一定成果，但相对国外一些国家而言，我国非物质文化遗产生产性保护起步较晚，相关的政策法规颁布也较晚。如日本早在 1950 年就有关于非物质文化遗产生产性保护的相关法律；而我国文化和旅游部于 2012 年方出台《关于加强非物质文化遗产生产性保护的指导意见》，逐渐将非物质文化遗产的生产性保护纳入文化保护与传承工作的重心地位。因此，我国应借鉴国内外非物质文化遗产生产性保护的相关经验，不断推动广西以及我国非物质文化遗产生产性保护工作取得突破性进展。

5.1.1　国外海洋非物质文化遗产生产性保护经验

5.1.1.1　日本海洋非物质文化遗产生产性保护经验

　　日本是世界上开展非物质文化遗产（日本也称"无形文化财产"）保护工作最早的国家，早在 1950 年就颁布《文化财保护法》，正式以法律形式对文化财产保护做出了相关规定。日本主要从三方面对文化财产进行生产性保护。首先，废除"文化财产保护委员会"，并在国家文化厅内设置"文化财产保护审议会"，明确规定了文化财产的认定与解除工作由文化和旅游部大臣商定，其他文化财产相关工作由文化厅长官决定，分工明确，有效提高文化财产管理效率。其次，日本对于非物质文化遗产传承人（日本也称"人间国宝"）的高度重视是其开展无形文化财产生产性保护的重要途径。该国家针对传承人的保护、培养、资助等划拨专项资金，并指定专项资金的用途需是与非物质文化遗产保护与传承相关。如每位传承人每年可获得约 14 万元的专项资助，用于鼓励和帮助传承人整理及记录非物质文化遗产并开展传承工作，培养后继传承人，改善传承人的生活水平。日本文化遗产保护法明文规定，包括国宝等重要文化遗产的管理维护的资金下限是国家总预算的 0.1%[152]。再者，日本还通过立法途径对非物质文化遗产进行生产性保护。其中，1974 年颁布实施的《保护传统手工艺品产业振兴法》，是日本针对非物质文化遗产当中的传统手工技艺进行保护与传承的专项法律。这部法律涉及传承人培养的年龄要求、手工技艺项目规模、奖励机制等非物质文化遗产保护与传承的相关内容。如 60 岁以上，不在被认定的较小规模项目中从事手工艺制造、技艺高超、致力于培养接班人、并对振兴当地产业有所贡献的艺人，每人每年给予 10 万日元的奖金，每年总共奖励 80 位；40 周岁以下，对于传统技艺具有浓厚兴趣、学艺时间不足五年，但又期望通过求学继续进修的年轻人，每人每年给予 30 万日元的奖金，每年奖励 120 位 [152]。

5.1.1.2　韩国海洋非物质文化遗产生产性保护经验

韩国海洋非物质文化遗产生产性保护主要采用"政府引导、产业化发展、教育支持、大众参与"的发展策略。在政府引导方面，韩国政府对非物质文化遗产的保护与传承相当重视，根据海洋非物质文化遗产重要性、濒危性和价值性，通过经费保障以及地方筹集资助方式，进行分层次的保护。同时，建立"金字塔"式的传承人保护制度，"金字塔"主要分为三层，分别是"保有者""助教""履修者"。在"保有者"去世之后，"助教"和"履修者"有义务继续传承非物质文化遗产。这种通过将不同层次的传承人进行分类，并建立金字塔最高层至最底层的关联方式，有效解决了非物质文化遗产传承后继无人的后顾之忧。另外，韩国将传承人的养老保障和医疗保障纳入保护传承人的范围，为其提供必要的经费资助。如关于非物质文化遗产相关的表演中，国家给予 200 万～ 500 万韩元的经费资助，极大提高了传承人的积极性。在产业化发展方面，韩国自 20 世纪 60 年代就致力于传统民族文化的搜集和整理，先后制定《韩国文化财保护法》《文化产业发展五年计划》《文化产业前景》《文化产业发展推进计划》等相关法律 [152]，从文化产业层面推动文化的事业发展。政府还通过运作"文化产业专门投资组合"、设立专项基金等方式扶持文化产业发展，政府的资金及政策倾斜极大地鼓励了民间资本、风险资本的跟进，有效地缓解了非物质文化遗产生产性保护方式创新及市场推广的资金问题。此外，旅游作为韩国文化产业的重要方式，许多非物质文化遗产被开发成形式多样的非物质文化旅游产品，如玩偶、服装、动画工艺品、影视剧等，实现文化产业的创新升级，有效推动非物质文化遗产的生产性保护 [66]。在教育支持及大众参与方面，韩国政府在釜山大学、顺天大学、韩国交通大学等著名大学开设非物质文化遗产专业课程。以泡菜为例，韩国政府在大学中开设与韩国泡菜文化、泡菜制作技艺、泡菜产业化相关的专业，引导青年一代民众积极参与到非物质文化遗产的保护、传承与发展当中，有利于遗产的活态传承。

5.1.1.3 英国海洋非物质文化遗产生产性保护经验

英国关于海洋非物质文化遗产生产性保护较为典型的是建立非营利性的"传统手工艺组织"，下设"乡村合作社"。该组织由自愿加入海洋非物质文化遗产生产性保护的个人、组织、团体组成，通过不同地方的人员及传统手工技艺的汇聚，共同致力于开发符合国际市场需求的手工艺品。"传统手工艺组织"在生产到消费的过程中，无须中间商参与，是一种集传统文化传承和文化产业发展于一体的公平贸易组织；同时，国家通过对民间艺人的救助，实现传统手工技艺的持续传承。随着城市的发展，这种组织影响力逐渐扩大，后来慢慢出现国家和民间的工艺协会，实行将手工技艺与创意文化产品结合的文化产业发展，并出现多元化的文化产品营销策略，扩大了非物质文化遗产的影响力。除此之外，对于传统表演与游艺类的海洋非物质文化遗产，英国主要通过在政府文化、媒介的宏观调控下，形成以英国文化理事会为首，由各区域文化理事会、其他相关机构共同参与管理的综合型文化管理体制，为英国传统文化遗产持续发展提供了较为规范的管理体制支持。此外，社区公共场地的建设和完善，更是促进了英国的文化遗产生产性保护基地建设获得新发展，是文化遗产生产性保护在社会中得以广泛开展的基础条件。

5.1.1.4 法国海洋非物质文化遗产生产性保护经验

法国海洋非物质文化遗产生产性保护途径主要有三种。一是国家设立文化遗产局，地方设立文化遗产机构负责文化遗产的管理和监督工作，但为了遗产的专业保护及管理效率的提高，具体的文化遗产保护与传承事物则主要交由文化和旅游部所属的历史纪念物基金会、文化艺术遗产委员会、考古调查委员会等民间社团完成。还有相当一部分由私人进行管理，如著名的埃菲尔铁塔就是由私人管理的。二是民众具有较高的遗产保护意识，他们对国家的非物质文化遗产具有高度的文化自信和文化自觉。法国是最早设立"文化遗产日"的国家，每年的"文化遗产日"，大量民众到博物馆进行参观，甚至直接参与到非物质文化遗产的传承工作当中，促进了当地文化遗产的保护与传承。三是政府的财政拨款支持非物质文化遗产的生产性保护，同时设立文化信贷，对地方重点文物机构和非物质文化遗产项目给予经常性的资金资助，对民间文化团体每年给予固定的资金补贴，成立保护及抢救非物质文化遗产的专门基金会，向文化遗产的个人所有者提供文化遗产复原、修缮资金，为文化企业制定减税等优惠制度等。这些举措有效引导和激励了法国民众、社会团体、民间企业等对该国非物质文化遗产的热爱，大大提高了民众对非物质文化遗产生产性保护的积极性。

5.1.1.5　俄罗斯海洋非物质文化遗产生产性保护经验

俄罗斯主要通过海洋非物质文化遗产的保护、产业化发展以及多元化的品牌推广方式实现文化遗产生产性保护的持续发展。首先，在遗产保护方面，俄罗斯国家政府通过设立文化遗产管理专项管理组织及政策和资金扶持结合的方式对国家的文化遗产进行系统化的保护，并加强对传承人的保护与培养，建立相应的文化遗产保护机制。其次，俄罗斯海洋非物质文化遗产的产业化发展主要倾向传统手工技艺类遗产，通过设计精美的工艺造型、融入现代化元素，个性化地展现当地文化遗产的丰富内涵。如俄罗斯的"套娃"，从选材、抛光、雕刻、楦空、染绘、烫金等程序都十分精细，而且紧跟时代潮流，拓展题材范围，不再拘泥于本国人物，而是拓展到文学、娱乐、国外文化等领域，如本国民间传说、好莱坞影星甚至中国的京剧脸谱等都能够作为俄罗斯"套娃"的题材，丰富了"套娃"的形式与内涵。另外，俄罗斯还通过文化遗产的品牌打造等方式将本国的文化遗产推向全国乃至海外。如俄罗斯的"套娃"早在 100 多年前就在巴黎国际博览会上亮相并从此树立了以"套娃"为首的"文化名片"品牌形象。俄罗斯这种保护、产业化发展、品牌推广相结合的方式，将本国文化遗产融入于时代发展潮流当中进行保护，有利于实现遗产的活态传承 [66]。

5.1.2 国内海洋非物质文化遗产生产性保护经验

5.1.2.1 舟山海洋非物质文化遗产生产性保护经验

舟山是浙江省下辖市，位于浙江省东北部，东临东海，西靠杭州湾，北面是上海市，属于环杭州湾大湾区核心城市，也是长江流域和长江三角洲对外开放的海上门户和通道。舟山悠久的海洋文化历史，最早可以追溯到 6000 年前的"海岛河姆渡文化"。长期以来，沿海居民在日常的生产生活中逐渐创造并积累了丰富的海洋非物质文化遗产，为使这些传统文化得以传承并发扬光大，近年来舟山市做了大量工作。主要包括以下三方面。一是通过政府主导推进海洋非物质文化遗产生产性保护工作的开展，如政府给予资金补贴，降低文化产业准入门槛，并通过教育改革方式将海洋非物质文化遗产引进校园，积极完成省级海洋非物质文化遗产课题。早在 2011 年，舟山市就完成了《舟山市海岛渔村春节习俗调查报告》，掌握海洋非物质文化遗产生存环境状况，形成《舟山市文化生态保护区建设调研报告》，并针对舟山锣鼓、跳蚤会等海洋非物质文化遗产项目进行生产性保护研讨 [89]，为舟山海洋非物质文化遗产实现活态传承奠定基础。其次，舟山市建立海洋非物质文化遗产品牌，借助品牌优势逐渐扩大海洋非物质文化遗产的影响力，调动群众积极参与到海洋非物质文化遗产的保护与传承实践中。比如，舟山锣鼓、舟山渔民号子、济公斗烛灭神等多项海洋非物质文化遗产作为省级重点传统表演艺术项目，并因此吸引众多国内外爱好者前来欣赏，提升海洋非物质文化遗产的知名度。再者，在舟山海洋非物质文化遗产生产性保护模式中，较为有名的是"船老大"模式。"船老大"模式指以船老大为主导者，给不同船员分配相应的工作，让船员各司其职，强调合理的分工与合作，目的是为了出海捕鱼能够满载而归，后来延伸至以海洋非物质文化遗产为"船老大"。在政府辅助之下，企业、媒体、民间艺人、学术界、高校、中小学等为海洋非物质文化遗产生产性保护共同付出，形成合作共赢的局面。

5.1.2.2 宁波海洋非物质文化遗产生产性保护经验

宁波地处我国东南沿海，位于中国大陆海岸线中段，长江三角洲南边，是世界第四大港口城市。宁波海洋非物质文化遗产资源丰富，极具保护与开发价值。在宁波海洋非物质文化遗产生产性保护过程中，宁波市主要从产业化角度对海洋非物质文化遗产资源进行保护与传承。其模式架构大致是：政府主导、企业运作、传承人参与、高校和协会协同的产业集聚发展模式[153]。该模式主要是在政府的扶持主导下，基于"保护为主、开发促保护"的原则，利用文化产业链的规律打造一批集文化、金融、旅游、营销等在内的龙头企业，形成海洋非物质文化产业集群，以此提高了海洋非物质文化遗产文化产业的市场竞争力，有效挖掘了海洋非物质文化遗产的文化价值、经济价值、教育价值等，促进海洋非物质文化遗产的保护与传承。其次，宁波政府还从教育领域对当地的海洋非物质文化遗产进行生产性保护，将象山渔民号子、宁海平调等音乐、徐福东渡传说、赵五娘传说等文学、艺术类海洋非物质文化遗产引进校园，开设必修课或者选修课，对海洋非物质文化遗产进行传承并培养传承人，还将宁波朱金漆木雕、晒盐技艺、奉化布龙等手工技艺类及民间舞蹈类海洋非物质文化遗产借助书籍、媒体等方式进行传承。较为有名的是《宁波民间舞蹈集成》《宁波民间器乐集成》《宁波民间歌曲集成》《宁波曲艺志》等书籍，为民众了解及传承海洋非物质文化遗产提供了极大便利。此外，2009 年，宁波在全国首创"三位一体"模式，出台《宁波市传承基地、传承人的命名及管理办法》，明确提出传承基地必须与传承人、保护名录项目挂钩，明确遗产生产性保护的主要责任对象，有效推动海洋非物质文化遗产的保护与传承。

5.1.2.3　福建海洋非物质文化遗产生产性保护经验

福建省位于我国东南沿海，东北与浙江省为邻，西面、西北与江西交界，西南与广东毗邻，东面与台湾隔海相望。在历史发展进程中，福建沿海居民创造并积累了类型多样的海洋非物质文化遗产。近年来，福建省也紧跟国家文化战略指示，加强对海洋非物质文化遗产的保护与传承，其中生产性保护方式是其运用较为广泛的方式，主要有以下几种方式。首先，福建省依托沿海资源优势以及自然风光，以旅游开发方式对海洋非物质文化遗产进行保护式开发利用，并取得显著效果。比如，福建漳州依托当地著名的世界文化遗产——福建南靖、云水谣民俗风情等遗产资源，将武夷岩茶（大红袍）传统工艺技能及习俗、漳州木版年画、漳浦剪纸等传统手工技艺、"三月三"等民俗节庆，以及将饮食文化如煎肝、鱼丸等加入其中。游客不仅可以领略当地世界文化遗产、体验传统手工技艺、欣赏民俗表演，还能够品尝鲜味美食，丰富旅游产品形式，增强游客的观赏性、体验性和参与性，打造文化遗产旅游品牌，为海洋非物质文化遗产的生产性保护开辟创新路径。其次，以传统手工技艺类海洋非物质文化遗产为资源基础，将传统手工技艺以产业化形式流通到市场，形成传统手工技艺品牌。较具代表性的是漳州的木偶头雕刻、蔡福美制鼓、漳州刺绣、东山海柳雕、黄金漆画、"庆源号"彩绸等，在政府的支持引导以及民间企业的投资下，逐渐形成以民间作坊、大师工作室、手工技艺企业等多元化形式的文化产品生产基地；与此同时，传承人作为海洋非物质文化遗产传承的核心人物，他们积极参与到海洋非物质文化遗产的产业化浪潮中，既能够履行保护与传承海洋非物质文化遗产资源的责任，又能够培养下一代传承人，促进了海洋非物质文化遗产的持续传承。

5.1.2.4　海南海洋非物质文化遗产生产性保护经验

海南是个少数民族较多、海洋非物质文化遗产资源丰富的地区，该省份主要从以下三方面对海洋非物质文化遗产进行生产性保护。一是立法保护。早在 2009 年，海南万宁市文化广电出版体育局出台《关于成立万宁市非物质文化遗产保护中心的通知》，明确规定以活态传承的方式对遗产进行保护与传承，2012 年，海南省文化广电出版体育厅颁布关于《开展海南省非物质文化遗产生产性保护示范基地建设工作》的通知，指明了非物质文化遗产生产性保护基地建设的相关程序，并给予相应的资金扶持。二是数字化保护。在国家 2010 年将"非物质文化遗产数字化保护工程"纳入"十二五"规划之后，海南也积极响应国家号召，充分调动本省的人才、技术等资源，运用数字化技术对海洋非物质文化遗产进行生产性保护[153]。如运用三维信息获取、高保真全息存储技术对海洋非物质文化遗产资源进行保存与存档，利用数字摄影、宽带网络技术实现海洋非物质文化遗产的数字化博物馆，运用多媒体与数字虚拟技术开展海洋非物质文化遗产 3D 体验，或进行影视制作等，为海洋非物质文化遗产的生产性保护提供了新的手段和强有力的技术支撑。三是体验型旅游开发模式，该模式主要从舞台体验、传习所实操体验、博物馆陈列三个角度开展[154]。其中，舞台体验式是将黎族打柴舞、临高人偶戏、琼剧等传统舞蹈和传统戏剧以舞台展演形式在各大城市的旅游景点开展，并且游客可以直接参与其中学习和体验；传习所实操式主要是针对传统技艺类海洋非物质文化遗产，如黎族钻木取火技艺、黎族原始制陶技艺、黎族传统纺染织绣技艺等，通过在景区或特殊村寨建立传习所为游客提供学习传统技艺的机会；针对具有较高文化、艺术价值的资源，如南海航道路径、黎族服饰、海南椰雕等民俗或传统美术，通过建立展示基地，利用现代科技技术进行多样化展现，满足游客的求知需求。

5.1.2.5　国内其他地区非物质文化遗产生产性保护经验

海洋非物质文化遗产是非物质文化遗产资源的重要组成部分，本课题囿于地区局限，仅从以上几个沿海地区的海洋非物质文化遗产生产性保护经验进行概况总结，除了上述沿海地区的经验以外，国内其他地区的非物质文化遗产生产性保护经验也具有重要的借鉴价值。例如，山西省非物质文化遗产保护中心组织通过编制《山西省非物质文化遗产保护发展规划纲要（2010 年—2015年）》，对 2010—2015 五年间山西省非物质文化遗产保护工作的主要方向、主要任务和目标、指导思想等方面进行系统阐述，明确提出非物质文化遗产生产性保护是遗产活态传承的重要途径，并以文本形式制定了非物质文化遗产生产性保护行动计划[154]。此外，山西省设计和编制"非遗地图集"对非物质文化遗产进行保护的做法也较为经典。该地图集是对山西非物质文化遗产项目的反映，通过实地调研、访谈等形式搜集山西省非遗保护现状、开发利用的情况及各种保护方式，将非遗项目影音资料和图表模型结合在一起以图文并茂的方式详细的分解展现，形成文化和旅游部门关于非遗专题的真实有效信息，为后期加强非物质文化遗产的生产性保护提供可靠的借鉴。此外，贵州省通过出台《贵州省文化产业促进条例》鼓励非物质文化遗产以产业化形式进行保护与传承。不同的是，贵州省为提高传承人的法律意识，引导其注重运用知识产权等法律手段保护自身的合法权益，支持传承人将自己的非物质文化遗产作品以版权登记的形式进行登记。如 2010 年，韦桃花的"马尾绣百鸟图"等 23 件马尾绣作品在贵州省版权局进行了版权登记[155]。这些做法有利于激励传承人的积极性，从而有利于非物质文化遗产真实、完整地传承。

5.1.3　国内外海洋非物质文化遗产生产性保护的经验启示

5.1.3.1　政府的支持和引导是海洋非物质文化遗产生产性保护的重要保障

经济的发展及社会的进步都离不开政府的宏观调控，政府有效的支持和引导是我国海洋非物质文化遗产生产性保护实现持续发展的重要保障。因此，政府的宏观调控应以我国特殊的政体和国情为前提，在充分肯定市场经济对海洋非物质文化遗产生产性保护起积极作用的基础上，依靠政府的行政管理职能，通过行政、经济和法律等手段，构建海洋非物质文化遗产生产性保护的政策指导体系、财政保障体系和法律保障体系，以弥补市场机制的不足和促进市场机制自我调节功能的充分发挥。在政策指导体系建立方面，要明确广西北部湾地区海洋非物质文化遗产生产性保护的目标，寻求海洋非物质文化遗产保护和区域经济发展的平衡点；改革区域海洋非物质文化遗产生产性保护政策的制定程序，最大限度地发挥民众的民主权以保证政策制定的民主性、科学性；同时要注重海洋强区建设背景下广西北部湾地区海洋非物质文化遗产政策的发展方向，为民众提供参与海洋非物质文化遗产生产性保护活动的均等机会，提高参与度和普及率。在财政保障方面，政府应有专项资金保障做后盾，以确保市场经济运行下海洋非物质文化遗产生产、流通、销售等活动的顺利进行，同时还应加大对海洋非物质文化遗产生产性保护活动开展所需场地、设施以及相关管理、服务等公共服务方面的行政管理和资金投入，使政府在带动海洋非物质文化遗产保护与传承的同时也促进社区居民参与遗产传承活动积极性的提高。而在法律保障体系建立方面，则既要突出中央、地方各级政府关于海洋非物质文化遗产生产性保护专项法律的制定，重视《文化部关于加强非物质文化遗产生产性保护的指导意见》等相关政策法规的颁布，注重培养民众的文化自信和文化自觉，以及对传统文化的保护与传承意识，也要增强法律法规的执行力度，营造广西北部湾地区健康、良好的海洋非物质文化遗产生存环境。

5.1.3.2 重视培养传承人是海洋非物质文化遗产原生环境得以保护的前提

传承人是非物质文化遗产内涵的深刻领悟者，是传统手工技艺精湛技术的掌握者，是海洋非物质文化遗产保护与传承的重要载体，保护与培养传承人即是保护文化遗产的根。总结国内外经验发现，无论是日本建立的"人间国宝"资金补助机制、韩国建立的"金字塔"式传承人保护制度，还是国内宁波首创的"三位一体"传承人培养模式、贵州赋予传承人非遗作品版权登记权利等，无疑是对传承人的重视与支持。这些做法都有利于传承人的培养，有利于海洋非物质文化遗产生存环境的保护。因此，广西北部湾地区应重视传承人的保护和培养。首先是在认定制度上，要完善传承人认定制度，改进传承人开展传承活动的准入机制，并对海洋非物质文化遗产具有高度热情的潜在性传承人给予一定的政策和资金鼓励，如奖励一些在民间传承海洋非物质文化遗产做出突出贡献的民众，为传承人队伍的扩大不断挖掘人才。其次要建立地方传承人培养基地、传习所，为传承人的传承工作奠定物质基础。尤其要重视不同类型海洋非物质文化遗产在生产、流通、销售过程中所需要的设施及资金方面的扶持，尽力完善海洋非物质文化遗产生产性保护的市场服务体系。如针对传统手工技艺类海洋非物质文化遗产，应帮助传承人的手工艺品建立专业生产基地，打造品牌并实施多元化推广。此外，应给予传承人必要的经费资助，不仅要考虑传承人的生活经济状况，还应对其开展的遗产传承活动、传承人培养活动等提供资金扶持。

5.1.3.3　实施产业化发展策略是海洋非物质文化遗产品牌打造的有效举措

生产性保护主要通过生产、流通、销售等途径实现海洋非物质文化遗产的市场化发展，随着市场规模的扩大逐渐形成一定的产业链条，实现文化的产业化发展。在上述国内外海洋非物质文化遗产产业化发展的经验中，不难发现，欧洲国家注重在产业化过程中打造海洋非物质文化遗产的品牌，借助品牌的影响力在全国乃至世界推广本国文化遗产，同时能够提高本国国民的文化自信和文化自觉，进而有效促进文化遗产的保护与传承。而日韩地区则侧重于提高资金的支持力度，不断壮大非物质文化遗产产业化发展市场，并完善文化产业发展设施，为本国的文化遗产传承与弘扬不懈努力。因此，广西北部湾地区海洋非物质文化遗产的产业化发展一方面要借鉴欧洲国家以文化品牌助推文化产业发展的方式，将海洋非物质文化遗产产业做大做强，并善于借用品牌效应，扩大海洋非物质文化遗产的影响力，吸引众多企业或金融机构投资到海洋非物质文化遗产的生产、流通、销售过程中，从而推动区域海洋非物质文化遗产持续发展。另一方面，要借鉴日韩地区政府鼓励和扶持文化产业化发展的政策。如在资金上，针对文化企业可以降低信贷要求，实施优惠贷款政策，拓宽文化企业的融资渠道；或是通过财政拨款，为文化遗产在产品设计、产品生产、产品营销等方面提供资金支持。此外，在文化产业化的经验中，"文化 + 旅游"的产业化模式逐渐占据市场的主导，如将一些民俗节庆、传统手工技艺等融入旅游中，丰富旅游产品形式，而旅游又能够拉动"吃、住、行、游、购、娱"的发展，从而实现海洋非遗文化旅游产业化发展。因此以产业化方式保护与传承海洋非物质文化遗产，将有利于形成广西北部湾地区的文化旅游产业链，从而在旅游中保护与推广当地的海洋非物质文化遗产，实现其活态传承。

5.1.3.4　运用现代科技手段符合文化遗产创新发展的要求

"科学技术是第一生产力。"在国家创新驱动战略视域下，海洋非物质文化遗产的生产性保护也离不开科技的投入，尤其是在生产性保护的流通和销售两方面，科技的投入将大大提高海洋非物质文化遗产的传播速度，并建立自身品牌，符合现代文化发展的需求。首先，在海洋非物质文化遗产的记录和保存方面，建立科学的文化遗产数据库十分关键，该数据库能够根据海洋非物质文化遗产的变化情况进行实时调整，并能够永久保存历史记录，有利于民众详细、深入地了解海洋非物质文化遗产的发展历程及内涵。其次，要学会运用现代影像技术、多维立体技术，以动画、影集等形式展现海洋非物质文化遗产的魅力和内涵。如海南运用三维信息获取、高保真全息存储技术对海洋非物质文化遗产资源进行保存与存档，利用数字摄影、宽带网络技术建设海洋非物质文化遗产数字化博物馆，运用多媒体与数字虚拟技术开展海洋非物质文化遗产3D体验，或进行影视制作，等等。再者，在文化产业化发展的进程中，现代科学技术能够在产品的设计、营销推广方面起着重要作用，如传统手工技艺的包装设计、广告设计上都可以采用信息数据进行设计，有利于打造产品的形象；在产品的营销推广上，可运用多媒体技术将海洋非物质文化遗产产品以多种途径进行推广，有利于弘扬和传承海洋非物质文化遗产，促进其实现创新发展。

5.2 广西北部湾地区海洋非物质文化遗产生产性保护模式的构建

长期以来，沿海居民在日常生产生活实践中创造了丰富多彩的海洋非物质文化遗产，随着历史的发展、社会的进步，海洋非物质文化遗产的内涵不断丰富，逐渐形成当地独具特色的智慧结晶和精神财富，指引着人们不断迈向现代文明。目前，广西北部湾地区的海洋非物质文化遗产主要分布在北海、钦州、防城港三个沿海城市，由于该区域海洋非物质文化遗产资源丰富，类型多样，功能各异且特色鲜明，因此本课题在借鉴前人对海洋非物质文化遗产分类的基础上，参考中国非物质文化遗产的分类标准，根据广西北部湾地区海洋非物质文化遗产的特征，将其分为民间文学、传统表演与游艺、传统工艺与技能、民间信俗四种类型。随着国家对海洋强区建设的日益重视，依托文化打造区域软实力的举措逐渐上升至国家海洋强区建设的战略层面，"文化强区"也日益受到国家及地方政府的关注。在此背景下，广西北部湾地区如何充分发挥海洋非物质文化遗产的资源优势，深入挖掘其文化价值并运用现代化途径将文化转化为经济实力，实现海洋非物质文化遗产生产性保护的持续发展显得尤为重要。鉴于此，本课题在分析广西北部湾地区海洋非物质文化遗产生产性保护现状的基础上，以产业集群理论、文化再生产理论及点轴开发理论为指导，根据不同类型海洋非物质文化遗产的功能、特征、分布特点等构建海洋非物质文化遗产生产性保护模式，促进广西北部湾地区海洋非物质文化遗产内涵及价值的突显，实现海洋非物质文化遗产的活态传承，以此增强广西北部湾地区文化软实力，推进该区域海洋强区建设，实现区域文化与经济协同发展的良好态势。

5.2.1　模式构建的理论基础

5.2.1.1　产业集群理论

美国哈佛大学迈克尔 . 波特 (Porter) 于 1990 年在《国家竞争优势》中首先提出"产业集群"(Industrial Cluster) 一词，产业集群是在某一特定领域中，大量产业密切的企业以及相关支撑机构在空间上集聚，通过协同作用，形成强劲、持续竞争优势的现象。何龙芬认为，产业集群是指在特定区域中，具有竞争与合作关系，且在地理上集中，有交互关联性的企业、供应商、金融机构、相关产业的厂商及其他相关机构等组成的群体 [156]。可见，产业集群是众多不同类型的产业在空间上及分工上的集聚与合作，形成特定范围内的产业融合共同体，各产业之间相互联系又相互独立，形成产业集群。焦志明（2008）认为，产业集群具有多种特性。其中，对于海洋非物质文化遗产来说，文化是其鲜明的标准，创意是其集聚的核心，不同产业因创新发展而逐渐联结构成产业的集聚重心；而产业集群的纽带即产业链，具有较强的产业凝聚力；并呈现出动态组织的产业融合形式。广西北部湾地区海洋非物质文化遗产作为沿海地区独特的民族性、典型性、传承性文化，在广西沿海地区具有独特的凝聚力、黏合力，使文化产业的"锁定效应"和"自我强化"效应逐渐增强 [157]。美国学者马库森在 1964 年根据产业发展历程将产业集群分为马歇尔式、中心—辐射式、卫星式和国家力量依赖式。不同学者对产业集群有不同的解读，但基本具有如下特征：一是具有空间集聚规律，即产业集群在空间分布上具有一定的区域集聚特点；二是在产业间具有关联性，这种关联性可以是平等合作关系，也可以是核心与辅助关系等；三是产业集群能充分调动区域范围内的各类资源，使资源配置效用最大化，促进产业的不断转型升级。

本课题认为，海洋非物质文化遗产的生产性保护主要是借助文化再生产、流通、销售等途径促使文化"活起来",逐渐实现文化的传承和发展。因此,产业集群理论对于广西北部湾地区海洋非物质文化遗产生产性保护具有较强的指导作用。对于类型多样,数量众多,且各具特色的广西北部湾地区海洋非物质文化遗产来说,运用产业集群理论指导当地海洋非物质文化遗产生产性保护,能够有效发挥不同类型海洋非物质文化遗产资源的功能特性,实现资源共享和要素整合,促进海洋非物质文化遗产生产性保护的规模效应。其次,海洋非物质文化遗产具有较强的地域依赖性,产业集群理论对于促进海洋非物质文化遗产文化产业链的形成,实现文化再生产、流通、销售一体化具有重要意义。再者,将产业集群理论贯穿于海洋非物质文化遗产的生产性保护中,能够有效促进文化产业内外部的共同发展,内部即海洋非物质文化遗产文化产业的创新升级,外部即能够带动相关产业的发展,同时相关产业也能推动海洋非物质文化遗产文化产业的发展,形成强大的海洋非物质文化遗产文化产业发展支撑体系,促进文化产业竞争力的提升。

5.2.1.2 文化再生产理论

再生产(reproduction)最开始运用于生物学领域,指的是性的和生物的繁殖、生殖或再生。在社会学中的意思是重复、复制和再造,提供改变和新生的可能性,马克思指出再生产是对旧秩序的肯定和维持,也可以说是以变化来得到社会的连续。马克思的社会再生产理论衍生出了很多关于再生产的理论[158]。其中,"文化再生产"最早由法国社会学家布迪厄在20世纪70年代初提出,他认为文化是可以通过不断的再生产进行传承、延续的,表明社会文化的动态发展过程而非文化复制,重点强调"再生产"与原来生产结构的关系,并显示再生产过程中多元因素交错共时互动的复杂性,也包括可见的、有形的、物质的、可描述、可表达的和不可见、无形的、精神的、不可描述的、不可表达的诸因素之间的互动,实现文化的更新与再创造[159]。李凌(2017)基于文化再生产理论,以日本那霸龙舟赛为例,探讨那霸赛龙舟重构和新构的历史变迁,认为文化的创造和再生产,最终都同人的生存需要、生存能力、生存状况以及生存意向密切地相联系[160]。可见,文化再生产理论强调人的社会属性,文化的再创造皆以人的生存、需求、发展等为基础,通过社会中多种元素的联系实现文化的重构,满足人们对日益增长的物质文化需要。目前,广西北部湾地区海洋非物质文化遗产的生产性保护可以文化再生产理论为基础,依托海洋非物质文化遗产资源,以文化创意为核心,促进传统文化结构的重构,提升文化的竞争力。

本课题认为，广西北部湾地区海洋非物质文化遗产的文化再生产是由文化和产业两个社会学科学范畴交叉组成，即以多样化的海洋非物质文化遗产资源为基础，通过制作出文化艺术品、文化创意等文化服务，运用现代市场化的途径对其进行生产、流通、销售推广，实现海洋非物质文化遗产的"活态"传承。不仅具有鲜明的海洋性特征，还能够赋予海洋非物质文化遗产更完善的艺术性与传承性。文化再生产强调以产业的形式将无形或有形的文化通过产品生产、市场推广等途径，扩大文化的影响力，同时带来一定的经济效益和社会效益。因此，运用文化再生产理论指导广西北部湾地区海洋非物质文化遗产的生产性保护具有一定的现实意义。

5.2.1.3　点轴开发理论

点轴开发理论是通过对中心地理论、空间扩散理论、增长极理论、生长轴理论的高度凝练而提出的，是区域发展的基础理论之一。德国地理学家 W. Christaller（1966）[161] 提出了中心地理论，认为经济活动中心有等级序列之分，由于市场、交通、行政等条件差异，高级经济活动中心的吸引范围是次级经济中心吸引范围的若干倍。T. Haegerstrand（1970）[162]认为物质流、货币流、信息流都可以从起源地点，通过空间的交互而扩散到另外一个地点。1955 年，法国经济学家佩鲁提出了增长极理论，认为增长极是一个具有强大活力的经济中心，就像一个"磁场极"，可以产生吸收和扩散作用[163]。Sombart 于 20 世纪 60 年代初提出的生长轴理论则认为，随着连接各中心地交通干线的建立，人口和产业便向交通线聚集，这种交通线即可称为"生长轴"[164]。基于以上理论基础，我国学者陆大道（1995）[165]在其专著中系统阐释了"点—轴"的空间形成过程，认为在区域发展中，大部分要素在"点"上聚集，并通过"轴"（交通、通讯、能源等线路）连接与互动，最终实现区域经济的整体发展。点轴开发理论自此逐渐成熟。

本课题主要针对海洋非物质文化遗产的生产性保护，由于广西北部湾地区海洋非物质文化遗产主要分布在沿海地区的北海、钦州、防城港等地，既分散又相互联系，其内在的特性以及分布特点要求在生产性保护过程中应注重合理的空间布局，以促进遗产生产性保护产业集群产生更大的综合效益。广西北部湾地区海洋非物质文化遗产生产性保护模式可通过道路网点、企业网点、商业网点等多个点在产业集群的相互作用下形成一定的轴线，并随着轴线的延伸逐渐发展。

5.2.2　模式构建的原则

5.2.2.1　真实性和完整性原则

由于生产性保护强调海洋非物质文化遗产资源需经过生产、流通、销售等程序实现其活态传承，而海洋非物质文化遗产资源经历了漫长的发展历程，其较高的文化价值及深厚的文化底蕴要求在生产性保护过程中坚持真实性和完整性原则，保护海洋非物质文化遗产的原生环境、本真的文化内涵及其全部价值，是保障海洋非物质文化遗产真实完整的重要前提。在生产性保护过程中，海洋非物质文化遗产需以现代化的产品形式适应时代发展潮流，应注重其原真面貌及完整价值的保护和传承，实现其活态传承和发展。

5.2.2.2　灵活性与体验性原则

灵活性与体验性原则强调在对海洋非物质文化遗产生产性保护过程中要在兼顾顾客体验性的基础上，根据海洋非物质文化遗产的特性因地制宜地对其进行开发利用。体验性原则强调引导民众用自身实践去感受海洋非物质文化遗产的外在形态并领悟其精神内涵。而灵活性原则与体验性原则相结合，则强调要充分发挥不同类型海洋非物质文化遗产的内在特性，通过多样化的外在形式对其进行生产性保护，使人们能够在多元化的体验中感受和传承海洋非物质文化遗产的文化精髓。

5.2.2.3　技术性和创新性原则

随着数字时代的发展，信息技术、互联网技术等多种技术逐渐被广泛应用到生产生活中的各个领域，海洋非物质文化遗产生产性保护的推广不仅需要现代信息技术的支持，还应增强创新投入，创造出具有市场吸引力的海洋非物质文化遗产文化产品，从而推动海洋非物质文化遗产的生产性保护。技术性和创新性原则强调运用高新科技、改良传统器材、创新生产性保护方法和制度等，为海洋非物质文化遗产适应时代需求创造有利条件，促进广西北部湾地区海洋非物质文化遗产在新时代趋势下实现可持续发展。

5.2.3 模式的构建

5.2.3.1 模式的架构

运用产业集群理论及文化再生产理论探讨广西北部湾地区海洋非物质文化遗产的生产性保护模式，旨在从海洋非物质文化遗产的精神价值、文化价值、传承价值等角度出发，借助一定的市场化手段使其再生产成为文化产品，并通过流通、销售等途径使有交互关联性的文化事业单位、企业、供应商、金融机构、相关产业的厂商及其他相关机构紧密联系在一起，形成一定程度的产业化发展，促进海洋非物质文化遗产生产性保护工作的合理、规范、持续开展，解决海洋非物质文化遗产生产性保护的相关问题：如广西北部湾地区海洋非物质文化遗产产业化运作涉及的关联主体有哪些；可分为哪些层面，具体是什么；各关联层如何开展工作以促进海洋非物质文化遗产产业化发展；需要哪些保障条件确保产业化运作措施的有序运行等。鉴于此，本节结合广西北部湾地区海洋非物质文化遗产类型及其生产性保护现况，借鉴产业集群理论、文化再生产理论及点轴开发理论，根据广西北部湾地区海洋非物质文化遗产资源的特性及分布特点，立足真实性和完整性原则、灵活性和体验性原则、技术性与创新性原则，构建广西北部湾地区海洋非物质文化遗产生产性保护的模式架构，如图5-1所示。

该模式的基本内涵是：由于产业集群理论的核心内容主要突出产业链及其运作关系，而文化再生产理论强调文化可以通过不断的再生产进行传承、延续，广西北部湾地区海洋非物质文化遗产生产性保护要想实现产业集群效应，应当借鉴产业集群理论和文化再生产理论的核心内涵，指导其生产性保护模式的有效运转，促进海洋非物质文化遗产在生产性保护过程中实现持续传承。因此，本模式架构依据产业集群理论及文化再生产理论，将广西北部湾地区海洋非物质文化遗产生产性保护架构分成核心层、辅助层和关联层，三个圈层共同组成海洋非物质文化遗产生产性保护模式的整体运作系统。如图5-1所示，该模式架构反映了广西北部湾地区海洋非物质文化遗产生产性保护的核心层、辅助层和关联层在产业集群过程中的位置，展示了海洋非物质文化遗产生产性保护过程中各关联层所包含的主体等。

核心层，根据前文对广西北部湾地区海洋非物质文化遗产资源的类型划分、内涵特征、分布特点等分析，以及产业集群理论中的"集聚效应"，本课题将海洋非物质文化遗产生产性保护模式分为以市场为主导的文化产品保护模式、以政府为主导的产业融合发展模式、以文化传播为主导的资源共享模式三大类型。即广西北部湾地区可借助文化再生产和产业化运作方式将当地海洋非物质文化遗产以产品、产业、资源的形式进行集聚，并通过市场营销的方式使其流通到市场，实现海洋非物质文化遗产的产业化发展，促进海洋非物质文化遗产生产性保护的持续发展。

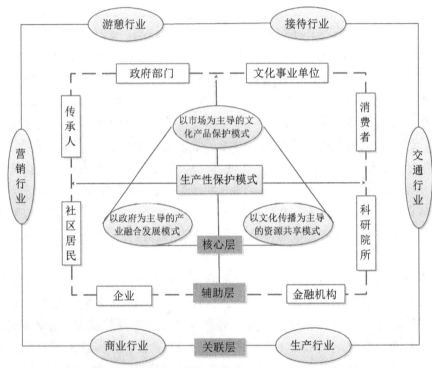

图 5-1　广西北部湾地区海洋非物质文化遗产生产性保护模式架构

辅助层是根据产业集聚理论中相关机构、企业、群体的联合效应设计，用于支撑或引导某一特定领域的产业实现产业集聚发展的重要圈层。广西北部湾地区海洋非物质文化遗产生产性保护的辅助层主要包括政府部门、文化事业单位、传承人、消费者、社区居民、科研院所、企业和金融机构等与文化产业化发展所需相关的机构、企业及辅助群体。它们（他们）不仅是海洋非物质文化遗产生产性保护的主要支持者，也是海洋非物质文化遗产在产业化过程中实现产业与政府部门、企业、科研院所和金融机构等协同合作的主要行动者，承担着支持、指导、监督、管理等角色，主要从政策、资金、科研、核心技艺等方面对海洋非物质文化遗产生产性保护进行辅助和支持，形成"文化"+"产—学—研"强强联合的融合发展模式。

关联层主要是与核心层有密切关联性的层次，涉及与文化产业发展相关的行业，根据相关行业的划分标准以及文化产业集群所需的支撑行业，本课题认为与海洋非物质文化遗产产业化运作相关性较大的行业有游憩行业、接待行业、营销行业、交通行业、商业行业、生产行业等。这些行业共同构成海洋非物质文化遗产一体化产业链，促进海洋非物质文化遗产在集群中的推广，集中利用各个行业的优势促进海洋非物质文化遗产的创新发展和持续传承，形成海洋非物质文化遗产生产性保护的关系网络。

可见，从产业集群及文化再生产角度来看，广西北部湾地区海洋非物质文化遗产产业集群的过程中，核心产业的集聚，政府部门、文化事业单位、传承人、消费者、企业、科研院所和金融机构的支持和辅助，以及游憩行业、接待行业、营销行业、交通行业、商业行业等行业的链条支撑，逐渐形成海洋非物质文化遗产生产性保护的核心层、辅助层和关联层，共同构成了广西北部湾地区海洋非物质文化遗产生产性保护的产业集群关系网络。

5.2.3.2　模式的形成机理

由于广西北部湾地区海洋非物质文化遗产的产业集群与一般的产业集群不同，海洋非物质文化遗产以生产性保护的方式实现产业集群对海洋特性具有较强的依赖性，海洋非物质文化遗产资源对非物质文化遗产产业表现出明显的约束力，在海洋非物质文化遗产产业集群形成过程中，它主要以海洋非物质文化遗产资源为基础，以创意为核心，依托文化产业价值链，凭借外在的各类行业、政府部门、机构为支撑，共同构成海洋非物质文化遗产生产性保护的产业集群。如图 5-2 所示，海洋非物质文化遗产生产性保护项目在规模经济的影响下逐渐实现文化产业规模扩张、集中，并在市场需求推动作用下不断创新项目形式；随着市场需求的增加，海洋非物质文化遗产产品逐渐形成自身的独特市场，该市场有利于降低生产成本并逐渐引起政府的重视，在政策与发展环境改善的情况下逐步形成区域的范围经济；随着海洋非物质文化遗产产业的持续发展，其外在的支持力逐渐增强，关联产业也随之参与合作并形成一定的集聚经济，在经济集聚作用下最后形成海洋非物质文化遗产生产性保护集群。广西北部湾地区海洋非物质文化遗产生产性保护模式就是依托市场的需求，在特定区域内通过文化再生产、流通、销售的方式实现生产性保护，并在政府支持及企业的相互合作与竞争中形成强有力的凝聚核心，最终形成产业集群。

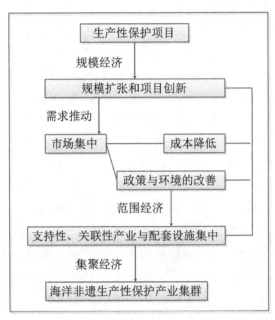

图 5-2　广西北部湾地区海洋非物质文化遗产产业集群的形成机理

由于海洋非物质文化遗产产业集群能够使企业在特定区域内共同使用公共设施，所以可以利用地理接近性的优势，缩短企业间的距离，减少运输时间、费用等，有利于企业间的合作，促进产业的一体化发展。集群内的上、中、下游为产品的生产、流通、销售奠定相应的基础，使企业能够充分发挥产业集群内部的集聚效应和规模效应，进而降低海洋非物质文化遗产生产性保护的成本。另外，产业集群之所以能产生、发展，带动地区经济发展，关键就在于它具有较强的持续竞争力，而这种竞争力是通过其内在机制体现出来的，如提供企业间的合作与竞争可以使企业获得成本降低、产品差异化等优势[159]，有利于提升集群的整体创新力。

5.2.3.3　模式的类型

如图 5-3 所示，本课题在模式的架构、模式的形成机理基础上，根据海洋非物质文化遗产类型及特点，将其生产性保护模式的类型分为以市场为主导的文化产品保护模式、以政府为主导的产业融合发展模式和以文化传播为主导的资源共享模式三大类型。各类型相互联系、并行发展，以下是对模式的具体内涵的阐述。

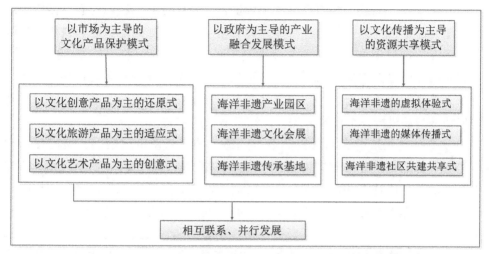

图 5-3　广西北部湾地区海洋非物质文化遗产生产性保护类型

5.2.3.3.1　以市场为主导的文化产品保护模式

以市场为主导的文化产品保护模式主要依据市场对文化产品的需求趋势，参考不同类型海洋非物质文化遗产的特点，针对性地对海洋非物质文化遗产进行有效开发。该开发模式在尊重海洋非物质文化遗产原真性和完整性的基础上，从生产、流通到销售等各个环节对海洋非物质文化遗产进行设计，尤其注重产品的表现形式及流通手段，旨在依托市场这个大环境，以生产性保护的方式对海洋非物质文化遗产进行持续保护与广泛传承。以市场为主导的文化产品保护模式主要有以文化创意产品为主的还原式、以文化旅游产品为主的适应式、以文化艺术产品为主的创意式三种类型。

（1）以文化创意产品为主的还原式主要遵循真实完整性原则，突出海洋非物质文化遗产文化的原真价值。该模式主要以民间文学类和传统手工艺与技能类海洋非物质文化遗产为产品基础，通过还原其内涵、形态等形式制作成文化创意产品，将其流通于市场上，并逐渐扩散、传承。其产品形式主要有实物形式的还原。其中，实物形式还原主要是以图文并茂的海洋非物质文化遗产文学书籍、城市涂鸦墙、专题素材片等形式展现海洋非物质文化遗产的原貌。如北海的"美人鱼传说"，可以借助书籍这一载体，以翔实的史料细致描绘美人鱼传说的起源、发展、表现形式、精神内涵等；或是通过现代城市涂鸦墙，在城市的街道旁，以涂鸦形式展现"美人鱼传说"的场景，为广大消费者提供高品质的文化大餐；或通过城市商场的荧屏广告、景区专栏、特色村寨宣传栏等展现海洋非遗的技艺，宣传推广海洋非遗的特色产品，如北海贝雕、钦州坭兴陶等，多元化地展现海洋非物质文化遗产的历史背景、表现形式、文化特色等。同时还可以建立海洋非物质文化遗产特色展现基地，充分利用现代媒体技术与传承人技艺的完美结合，生动形象地还原海洋非物质文化遗产的历史场景，并对其精神内涵进行详细诠释，提升其知名度和影响力。

（2）以文化旅游产品为主的适应式适合旅游开发价值较高，资源保护利用状况不佳的海洋非物质文化遗产项目，该模式通过对海洋非物质文化遗产注入新的功能，使其能够适应现代市场发展的需求，从而实现其生产性保护的目的。其具体操作是通过文化与旅游产业融合的形式将遗产特色功能放大，塑造独具滨海特色的旅游环境，逐渐复兴和传承海洋非物质文化遗产。从广西北部湾地区海洋非物质文化遗产资源整理实际来看，其分布主要在北海、钦州、防城港地区，这些地区滨海资源丰富，因此，在以旅游产品形式对海洋非物质文化遗产进行生产性保护的过程中，应结合当地的滨海特色，将传统表演与游艺类、传统工艺与技能类海洋非物质文化遗产进行联合式保护，建立主题公园或特色馆，内设表演、巡展、娱乐体验等形式，为游客提供匠心独运的海洋文化之旅；或是借助传统节庆打造海洋非物质文化遗产特色文化街区或特色村寨，促进文化、旅游及其相关产业的协调发展，唤醒城市、乡村的文化记忆，实现海洋非物质文化遗产的可持续发展和传承。例如，针对京族哈节此类民间信俗活动，可搭建哈节特色村寨，在村寨内设手工制作体验馆及传统表演与游艺表演馆，同时加强村寨道路、住宿、餐饮等相关行业的配套设施建设，打造集"吃""住""行""游""购""娱"等旅游要素齐全的特色村寨之旅，并借助媒体广泛宣传，吸引游客前来旅游。

（3）以文化艺术产品为主的创意式要求在科技创新原则的基础上，对民间文学、传统工艺与技能和传统表演与游艺类海洋非物质文化遗产以现代科技创新的形式挖掘其文化价值，并通过文化艺术形式活用其文化精髓，展现其文化魅力，突显其当代功能。文化艺术产品的形式多种多样，包括创意纪念品、书法创意展现、文学创意作品、文化艺术展等形式。通过文化艺术产业带动休闲旅游、营销、生产制造等相关产业的发展，形成文化艺术与创意产品的经济综合体。具体措施包括三个方面：一是建立影视文化主题馆，通过摄影、立体转换技术等将海洋非物质文化遗产以影视作品的形式呈现在观众眼前；二是设计全景式立体化海洋非物质文化遗产文化长廊，运用 3D/4D 全景技术，按照海洋非物质文化遗产的发展历程，以图文并茂的方式解读与诠释其文化内涵，再现其文化渊源与文化魅力；三是建设文化艺术大展园，以书法作品、纪念品、文学创作等形式将具有文化艺术品位的海洋非物质文化遗产进行艺术展览，为参观者提供深入了解海洋非物质文化遗产的平台。比如，以珠还合浦民间传说为例，该项目可借助故事背景作为文化艺术大展园的场景，通过布置和渲染相应的故事氛围，运用 3D/4D 全景技术，将故事的前因后果进行展现，同时将其中的经典桥段以多元化的书法作品方式呈现，为民众提供一个较为完整的海洋非遗文学故事大展园。

5.2.3.3.2 以政府为主导的产业融合发展模式

以政府为主导的产业融合发展模式主要通过政府主导的方式，将海洋非物质文化遗产保护传承与相关产业融合的形式进行运作，旨在保护和传承海洋非物质文化遗产，支持传承人培养及传承队伍建设，同时为社会提供更多的就业机会，培养结构合理的传承人梯队，提高社会参与海洋非物质文化遗产保护与传承的积极性，为海洋非物质文化遗产营造可持续传承的社会氛围。以政府为主导的产业融合发展模式分为海洋非遗文化产业园区、海洋非遗文化会展、海洋非遗传承基地三种类型。

（1）海洋非遗文化产业园区是以海洋非遗发源地为载体，以海洋非遗文化的创意、传承为核心，强调文化与产业的结合，以海洋非遗的生产、流通、销售为途径，形成文化生产、流通、消费于一体的产业链。海洋非遗文化产业园区以政府为主导，以企业投资为主，在金融机构及相关社会资本扶持的基础上，构造海洋非物质文化遗产特色产业园区。园区内的核心技术环节应以海洋非物质文化遗产传承人、艺术家为中心，让国内海洋非物质文化遗产传承人、艺术家在此生活、交流、创造，并辅以现代年轻有为的知识型、技术型人才，负责产品设计和环境营造，形成综合性的文化产业园区或基地。通过政府规划引导、典型示范，鼓励各地结合当地海洋非物质文化遗产特色，建设一批文化特色鲜明、产业优势突出、功能要素完备的海洋非物质文化遗产产业园区。推动广西北部湾地区文化产业的有序集聚，形成一批集聚效应明显、孵化功能突出的特色文化产业基地、园区和集群。

（2）海洋非遗文化展会是依托于北部湾地区特色村寨与城市场馆设施，开展海洋非物质文化遗产的博览、展示、表演与艺术文化交流。北部湾地区特色村寨本身就是海洋非物质文化遗产的原始生存空间，但若举办专业性的会展活动，仍需要专门的场馆来满足海洋非遗文化会展的专业性和综合性。因此，该模式对海洋非物质文化遗产生产性保护的价值与作用在于通过会展的形式促进文化交流与合作，增进不同地区文化之间的沟通交流，开阔民众的眼界，提高民众的文化自信与保护海洋非物质文化遗产的文化自觉性。总体而言，海洋非遗文化会展是以城市场馆为载体，以文化交流与沟通为情感纽带，以文化自信为价值导向，以弘扬海洋非遗文化为目标，以海洋非物质文化遗产保护与传承为宗旨，通过文化会展途径，实现海洋非物质文化遗产文化的保护、传承，以及广西北部湾地区经济与文化的协调发展。

（3）海洋非遗传承基地主要通过传承人培养及产品研修达到保护与传承海洋非物质文化遗产的目的。该模式主要通过文化培训和传习所建设两大途径对传承人进行培养，并引导传承人对海洋非物质文化遗产的相关产品进行创新展现，既能够展现海洋非物质文化遗产原真内涵，又能够促进传承人队伍的不断壮大。其中，文化培训主要分为校园培训班、社会培训班及"校园＋社会"培训班三种。校园培训班主要是将文化遗产引入高校课堂，以选修课、文化大讲堂等形式开展，主要针对学生这一年轻群体；社会培训班主要是通过民间组织设立的技艺培训馆等方式开展，馆内由传承人及民间大师授课，主要面向中老年群体；"校园＋社会"培训班则侧重于将民间信俗、传统技艺与技能传授于人并进入到相关的行业工作，达到学以致用、服务与传承并行的效果。建立公益性传习所是一种侧重将海洋非物质文化遗产技艺进行传承的形式，主要针对传统表演与游艺类、传统工艺与技能类海洋非物质文化遗产，在传习所设立民众体验馆及欣赏馆，为其提供深入了解海洋非物质文化遗产内涵以及体验工艺制作的场所，其目的是为了提升海洋非遗产品价值，不断培养潜在性传承人，为传承队伍的壮大提供保障，同时兼顾保护与传承海洋非物质文化遗产的功能。

5.2.3.3.3　以文化传播为主导的资源共享模式

经济全球化以及文化多元化的发展要求文化的保护与传承应适应时代的发展趋势，运用现代科技手段使传统文化在时代的发展步伐中站稳脚跟，不断弘扬传统文化，增强民众的文化自信和文化自觉，推动传统文化的持续传承和发展。以文化传播为主导的资源共享模式主要通过将海洋非物质文化遗产以现代化先进技术传播、推广海洋非物质文化遗产，提升文化的知名度和影响力。具体包括海洋非遗的虚拟体验式、海洋非遗的媒体传播式、海洋非遗社区共建共享式三种类型。

（1）海洋非遗的虚拟体验式主要通过 AR（增强现实）技术和 VR（虚拟现实）技术的结合，并运用人工智能、虚拟场景协调展示技术、虚拟场景建模技术向民众提供一个可亲自参与、切身体验的海洋非遗文化虚拟体验场所。该模式主要面向一些对现代虚拟体验技术具有较大兴趣的年轻群体。该群体可通过海洋非遗的虚拟体验获得超越现实的真实感知，并在此过程中感悟海洋非物质文化遗产的起源、发展、内涵，激发其探索、保护、传承海洋非物质文化遗产的热情。其中，海洋非遗的虚拟体验主要针对民间文学类和民间信俗类海洋非物质文化遗产的保护与传承，通过现代技术将广西北部湾地区的民间文学类和民间信俗类海洋非物质文化遗产进行可视化、仿真化展现，民众可通过虚拟场景的体验进入到故事情境中，满足其在视觉、听觉、触觉甚至嗅觉等方面的真实感知需求，海洋非物质文化遗产在虚拟场景中呈现故事内容的同时更能突出其精神内涵的传承，从而实现保护与传承海洋非物质文化遗产的目的。

（2）海洋非遗的媒体传播式重在针对不同群体，借助传统媒体与新媒体两大不同形式的载体对海洋非物质文化遗产进行品牌化传播的方式，旨在通过媒体传播海洋非物质文化遗产，以唤起民众的文化自信以及保护与传承海洋非物质文化遗产的文化自觉性。其中，传统媒体主要包括报刊、广播、电视等传统形式的媒介，主要针对中老年群体传播传统手工技艺类、民间信俗类及画面感较强的传统表演与游艺类海洋非物质文化遗产，此类传播方式侧重民众的感知体验。而新媒体传播则是通微电影/微视频、微信/微博、直播 APP、官方网站等途径形象化、具体化地展现传统表演与游艺类、民间文学类海洋非物质文化遗产的文化渊源及其内涵，注重民众的可参与性，例如利用互联网技术打造海洋非物质文化遗产数字化图书馆，利用微信/微博、APP 等移动媒体设计亲民化、娱乐化的海洋非物质文化遗产休闲娱乐产品，科普海洋非物质文化遗产的本真内涵，实现海洋非物质文化遗产的活化利用，引导民众共同了解、保护和传承海洋非物质文化遗产。

（3）海洋非遗社区共建共享式是基于具有共同志趣和价值观的民众，围绕海洋非遗信息化平台建立线上与线下互动的社区，共同交流、分享海洋非物质文化遗产相关知识的群体。该模式首先需建立海洋非遗信息化共享平台，将海洋非物质文化遗产项目的起源、发展、核心技艺、传承人等相关资讯共享于平台中，民众可在该平台上根据共同的兴趣及价值观建立共享社区，在社区中畅聊关于海洋非物质文化遗产的产生、发展，或进行技艺交流等。与此同时，每一社群在目标一致原则的基础上向上级管理部门申请设立线下交流社群，并提交社群的名称、场所、建立目的、社群人数、主要负责人等信息，获批准后方可成功设立线下社群，社群中的民众在上级部门的指导及监督下，可通过共同开展文化活动达到保护、传承海洋非物质文化遗产的目的。海洋非遗社区共建共享式强调资源的共享性和开放性，注重民众的个性化需求，通过用户群体线上与线下结合的互动方式，实现海洋非物质文化遗产的可持续保护与传承。此外，社群也需要良好的管理运营，使得社群的发展更好地与海洋非物质文化遗产的保护与传承紧密联系。

5.2.3.4 模式的空间分布

如图 5-4 所示，由于广西北部湾地区海洋非物质文化遗产主要分布在钦州、北海、防城港等沿海地区，三地沿海相连布局，根据其海洋非物质文化遗产资源分布状况，钦北防三地整体上形成一条略弯曲的弧线，伴随着不同类型的海洋非物质文化遗产环绕在其周围，因此，模式的空间分布主要采用"小点轴、大网络"的交叉分布形式，点与点相连成轴，点与轴扩散发展成网络，形成"小点轴、大网络"的海洋非物质文化遗产产业集群空间布局。

1. 小点轴

由于广西北部湾地区的钦州、北海、防城港各地区分布着类型多样、数量众多的海洋非物质文化遗产，在海洋非物质文化遗产生产性保护过程中，海洋非物质文化遗产产业集群不仅涉及文化产业，还与交通行业、营销行业、接待行业、游憩行业等相关行业产生密切联系。这就要求在产业集群区域内要有交通网络、动力网络、水电网络、企业信息网络等。其中，以企业网为点，即海洋非物质文化遗产生产性保护的经济增长点，以道路交通网为轴，相关的行业沿轴线两侧集聚发展，发挥着辅助、协作的功能并逐渐产生新的增长点，点与轴贯通构成"点—轴"分布的空间格局。对于广西北部湾地区的北海、钦州、防城港三市而言，其点轴分布形式可以其市中心为点，三个市中心相连成主要的轴线，并依托轴线将市中心外围的县（县级市）、镇、乡、村建立网络结构。其中，以市场为主导的文化产品保护模式主要分布在市中心及县域，生产制造点主要根据海洋非物质文化遗产资源分布特征及地区区位优势进行分布，文化旅游线路主要沿着特色村寨分布并与县域的旅游点相连逐渐延伸至市中心；以政府为主导的产业融合发展模式主要分布在市、县（县级市）、乡（街道）三个不同级别的地区，并建立相应的联系；以文化传播为主导的资源共享模式可分布在市中心、县城、村寨等，依据海洋非物质文化遗产的文化发展空间进行分布。三种模式相互联系，并行发展，形成紧密联系的系统化分布格局。

2. 大网络

大网络型空间分布主要是随着城市化的发展，原本的"点—轴"分布模式逐渐深入发展并逐渐扩散。随着不同行业之间的联系日益紧密，产业链关系逐渐加深，多样化的网络层次关系应运而生，以满足文化产业间各要素的交流。在海洋非物质文化遗产文化产业集聚过程中，伴随着经济、文化的不断发展，新兴企业也逐渐增加，其独立的信息网络、交通网络、市场网络等逐渐相互联结，形成一定的网络结构。依据广西北部湾地区海洋非物质文化遗产资源分布特征可知，在搜集到的 137 项海洋非物质文化遗产中，防城港所分布的海洋非物质文化遗产数量最多，达总数的 56.2%，主要是民间文学类、传统表演与游艺类和传统工艺与技能类海洋非物质文化遗产；其次是北海，占比 28.5%，主要有民间信俗类和传统工艺与技能类海洋非物质文化遗产；最后是钦州，占15.3%。其中的传统工艺与技能类及民间信俗类海洋非物质文化遗产居多。根据三地海洋非物质文化遗产的数量及类型分布特征将其进行生产性保护，并依据类型将其相互联系形成特定区域内的产业集群，构成海洋非物质文化遗产生产性保护大网络。

5.2.3.5　模式的运作

模式的运作主要依托文化产业链的发展，根据产业链的前端、中端和后端（上游、中游、下游）的侧重点不同进行分类运作，即在产业链的前端进行研发设计和品牌管理，而中端主要通过加工制造和规模生产制造不同类型的海洋非物质文化遗产文化产品，后端则是在注重时尚、体验的基础上进行产品的营销推广，最终形成产业集聚，从而形成文化产业集群的综合效益。在产业链中，前端和后端是附加值相对较高的，因此应在兼顾中端加工制造的基础上，注重产业链的前端设计和后端市场拓展。

如图 5-5 所示，在模式的运作图中，主要由产品的生产制作过程和产业链的运作过程两部分组成。其一，海洋非遗产品的生产制作过程，由于模式中有以政府主导的产业融合发展模式以及以文化传播为主导的资源共享模式，因此本课题的"供应商"范围涵盖了生产企业、政府部门或文化事业单位，即在供应商生产海洋非物质文化遗产产品的过程中，由于产业集群的综合效益产生相关的衍生产品，其中主要产品包括文化创意产品、文化旅游产品、文化艺术产品和文化培训产品，衍生产品包括民族特色美食、民宿、纪念品、滨海游乐产品、购物等，两者结合共同构成海洋非物质文化遗产生产性保护的主要产品形式。其二，文化产业链作为文化产业集群的主轴，它是集群内部众多企业集聚的核心动力[160]。海洋非物质文化遗产的文化产业链运作过程主要包括供应商、制造商、经销商和客户四个环节，各个环节相互联系、相互合作，共同构成产业集群的前端、中端、后端，促进海洋非物质文化遗产生产性保护的集群化发展。

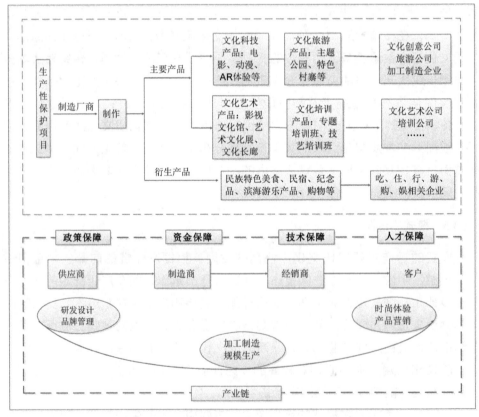

图 5-5　广西北部湾地区海洋非物质文化遗产生产性保护模式的运作

供应商属于产业链的前端，负责产品的研发设计和品牌管理，基于海洋非物质文化遗产的不同类型及其内涵价值，对其进行产品设计，并进行品牌塑造和管理，包括文化科技产品、文化旅游产品、文化艺术产品和文化培训产品等以文化创意为核心的产品类型。值得注意的是，传承人作为海洋非物质文化遗产传承的根基人，为保持海洋非物质文化遗产的原真性和完整性，在对海洋非物质文化遗产进行产业化运作过程中，供应商应借助传承人对海洋非物质文化遗产内涵的了解及工艺技能的掌握将其引入供应端及生产制造端，保障海洋非物质文化遗产的原真性和完整性。

制造商属于产业链的中端，负责产品的加工制造和规模生产，制造商包括加工制造企业、旅游规划公司、文化创意公司等，其中加工制造企业负责文化纪念品、艺术品的生产制造，形成一定的规模生产；旅游规划公司、文化创意公司则负责对文化科技产品、文化旅游产品、文化培训产品的规划设计。制造商在生产制造的同时应注意与前端供应商的合作，以便获得最原真、完整的海洋非物质文化遗产原材料、技术等，为实现海洋非物质文化遗产文化产业的高效、本真、集聚发展奠定基础。

经销商是产业链条中的后端，属于产业链中附加值较高的部分，主要负责将前端供应商和制造商的海洋非物质文化遗产产品以创新、多元的方式推向市场，注重产品的时尚体验和产品营销。如旅游产品应注重产品的前期宣传及后期游客的时尚体验设计，运用现代多媒体技术及多种 APP 平台将产品进行宣传推广，通过与前端供应商和中端制造商的沟通，使前端提供更多体验性强、吸引力大的文化产品。

总之，供应商、制造商以及经销商作为广西北部湾地区海洋非物质文化遗产文化产业集群的产业链，发挥着产业集群内部的向心力。不同厂商之间具有紧密的联系又存在一定程度的竞争，在此种合作与竞争中促进彼此的交流与发展，有效推动广西北部湾地区海洋非物质文化遗产文化产业的集群化发展，实现其生产性保护的持续推进。此外，在通过经销商将海洋非物质文化遗产产品推向市场的过程中，需要政府的针对性政策调控和引导，各类企业及金融机构的资金、技术支持，以及高校、科研院所等提供科学的生产性保护对策等，形成系统性的海洋非物质文化遗产文化产业集群。

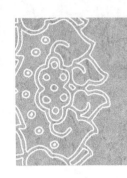

第6章 广西北部湾地区海洋非物质文化遗产生产性保护对策研究

6.1 科学规划资源利用，整合发展布局

生产性保护规划是广西北部湾地区海洋非物质文化遗产生产性保护的精神纲领和指导范式，对其科学发展具有重要指导作用。目前，广西北部湾地区海洋非物质文化遗产生产性保护存在着空间布局不均衡和产业结构不合理等问题，亟须从科学资源利用规划的高度，整合生产性保护发展布局，形成区域之间优势互补、相互协调、联动发展的布局体系，以保证生产性保护的高效与可持续发展。

第一，明确生产性保护总体目标。实现海洋非物质文化遗产的可持续发展是广西北部湾地区海洋非物质文化遗产生产性保护的总体目标，因此要认真贯彻"保护为主、抢救第一、合理利用、传承发展"的方针，坚持保护优先、开发服从保护的原则。第二，扎实生产性保护资源调查。深入开展广西北部湾地区海洋非物质文化遗产生产性保护的资源现况调查，通过政府牵头的方式，会同企业、传承人、社区居民、非遗行业协会、相关专家等利益相关者形成普查小组，全面把握广西北部湾地区海洋非物质文化遗产的数量、类型、特征、分布等，并深入了解生产性保护发展现状与市场需求现况，根据海洋非物质文化遗产的不同类型、不同地域分布、不同发展阶段制定科学合理的资源利用规划。如对于民俗活动类的海洋非物质文化遗产可开发成旅游节庆，通过与旅游融合进一步促进海洋非物质文化遗产文化内涵的深度挖掘、激发其自身造血功能；对于传统工艺与技能类的海洋非物质文化遗产可开发成工艺品、装饰品、旅游纪念品等，通过生产、流通、销售的方式扩大海洋非物质文化遗产的交流与传播范围。第三,合理规划布局。结合广西北部湾地区"海洋强区"战略和国家"一带一路"建设的需求,从全域化角度出发,进行全域资源整合和全要素调动,引导各地根据资源禀赋和功能定位,进行差异化、特色化的生产性保护,以提高资源配置效率,避免同质化开发。比如,结合北海旅游城市、海滨城市的定位,促进海洋非物质文化遗产生产性保护与旅游业深度融合,因地制宜地将其开发成旅游产品,实现海洋非物质文化遗产旅游开发与保护的协同发展,以实现生产性保护的可持续性;结合防城港文化资源优势,打造"海洋文化名城",为海洋非物质文化遗产的生产性保护提供平台。第四,综合考虑广西北部湾地区海洋非物质文化遗产生产性保护的辅助支持系统。广西北部湾地区海洋非物质文化遗产的生产性保护能否顺利实现、实现的效果如何,很大程度上取决于后期对规划的执行力度。因此,相关部门在制定生产性保护规划时还应该制定配套的监督与反馈机制,以保证广西北部湾地区海洋非物质文化遗产生产性保护的有效开展;并且,要时刻注意各推力、拉力、支持、中介等驱动因素的变化,综合考虑自然环境、技术环境、社会环境、经济环境和政治环境的影响,及时对规划进行调整与完善,充分发挥规划的引领作用。

6.2 规范市场管理体系,优化发展环境

良好的生产性保护环境对广西北部湾地区海洋非物质文化遗产的深入保护以及生产性保护的可持续性具有重要促进作用。现阶段,广西北部湾地区海洋非物质文化遗产的生产性保护存在着市场调控不足、商业化现象严重等问题,严重制约着生产性保护的可持续发展。为此,需要分别从生产性保护的生产、流通、销售领域规范广西北部湾地区海洋非物质文化遗产的市场管理体系,优化生产性保护发展环境。

第一,在生产领域,完善海洋非物质文化遗产生产性保护的文化产品与要素市场。随着经济发展水平不断提高和消费观念的转变,人们对文化产品尤其是差异化、特色化、体验性文化产品的消费需求不断加大。因此,广西北部湾地区海洋非物质文化遗产的生产性保护应在保持真实性、整体性和传承性的基础上,不断完善生产性保护的文化产品与要素,开发类型多样、特色鲜明的海洋非物质文化遗产产品,以丰富海洋非物质文化遗产产品供给,提供个性化的海洋非物质文化遗产的文化服务,满足多样化市场需求。同时,加强海洋非物

质文化遗产相关文化产品的内容审查，避免出现一味追求经济价值，而对海洋非物质文化遗产随意扭曲、任意捏造的过度商业化行为，从源头出发，严格规范海洋非物质文化遗产生产性保护的发展环境。第二，在流通领域，积极采取措施拓宽流通渠道与范围。发挥企业竞争与合作对海洋非物质文化遗产生产性保护的推动作用，鼓励各类企业依法从事流通渠道建设和积极发展现代化流通形式，如海洋非物质文化遗产文化展演的电子票务、院线上映、动漫动画等，从而创新海洋非物质文化遗产流通渠道，以此推动市场对文化产品创新的积极性，并积极发挥各类信息网络设施和平台建设在海洋非物质文化遗产传播方面的中介作用，为广西北部湾地区海洋非物质文化遗产的生产性保护营造更广阔的发展空间。第三，在销售领域，建立健全市场监管体系。加强对海洋非物质文化遗产文化产品的知识产权保护，激发社会创新的积极性；同时，重点加强海洋非物质文化遗产产品的审查和监管，引导民间组织、非遗行业协会等加强内部监督、提升行业自律，发挥中介系统驱动作用。通过政府与企业合作方式，发挥专业机构在市场推广方面的优势，如与会展行业、旅游行业结合，借助会展行业的专业能力、旅游行业的辐射带动能力对广西北部湾地区海洋非物质文化遗产生产性保护的产品进行专业推广、宣传与销售。

6.3　健全投融资体系，拓宽资金来源

广西北部湾地区海洋非物质文化遗产的生产性保护是一项系统工程，涉及遗产保护、资源普查、产品设计、宣传推广、销售流通等诸多环节，这些环节的顺利实现都需要充足的资金作保障。目前，广西北部湾地区海洋非物质文化遗产生产性保护的资金主要来源于政府部门的政策性资金，而政策性资金只能基本满足部分海洋非物质文化遗产项目的基础保护，远远无法满足现代化经济发展对海洋非物质文化遗产在产品升级、市场开拓等方面的需求，导致资金不足成为广西北部湾地区海洋非物质文化遗产生产性保护的重要制约瓶颈。因此，通过健全投融资体系，拓宽资金来源，与政策性资金形成互补、互动关系，成为广西北部湾地区海洋非物质文化遗产生产性保护的重要途径。

第一，拓宽社会资本进入领域。不断加大广西北部湾地区海洋非物质文化遗产生产性保护领域的开放力度，鼓励社会资本参与生产性保护的配套设施建设和产品生产、销售流通、品牌推广等环节，以发挥社会资本对广西北部湾地

区海洋非物质文化遗产生产性保护的支持作用。并根据广西北部湾地方实际，给予社会资本参与海洋非物质文化遗产生产性保护更多的优惠政策，如对于社会资本参与或主导的海洋非物质文化遗产生产性保护项目，开通前期工作办理的"绿色通道"、政府免费进行宣传推介以及贷款贴息等。第二，创新海洋非物质文化遗产生产性保护融资方式。为有效解决海洋非物质文化遗产生产性保护资金不足的问题，可推动海洋非物质文化遗产资源与金融资本的有效对接，通过资本运营实现资源价值。如通过银行对生产性保护企业的资金注入，促进双方在资本和资源方面实现渗透与互补，促进海洋非物质文化遗产生产性保护的跨越式发展。同时，鼓励金融机构加大产品和服务创新力度，针对广西北部湾地区海洋非物质文化遗产生产性保护的特点与需求，开发出有针对性的文化金融产品。如针对广西北部湾地区海洋非物质文化遗产生产性保护资金不足的现状，为不同类型、不同发展阶段的企业提供量身定制的文化金融产品等。第三，优化融资服务。优化社会资本参与广西北部湾地区海洋非物质文化遗产生产性保护的环境，通过创造更加公平、规范、开放的市场环境，提高社会资本在非物质文化遗产生产性保护领域的配置效率；通过搭建海洋非物质文化遗产生产性保护与金融合作平台，如构建"广西北部湾地区海洋非物质文化遗产生产性保护文创大赛""广西北部湾地区文化资源与金融资本创意融合研讨会"等，为广西北部湾地区海洋非物质文化遗产生产性保护的融资提供平台支持。

6.4　加强人才队伍建设，强化人才支撑

不同资源性质、产品形式和外部环境决定了广西北部湾地区海洋非物质文化遗产生产性保护的复杂性与专业性。它涉及多学科知识，需要掌握生产性保护理论知识并具有丰富实践经验的专业人才在整个生产性保护过程中进行科学规划、专业引导、妥善执行和监督反馈等。因此，人才是其必要支撑。现阶段广西北部湾地区海洋非物质文化遗产生产性保护存在着人才培养机制不完善、管理人才培养体系缺乏等问题，制约着生产性保护的深入开展，亟须加强人才队伍建设，强化人才支撑作用。

第一，实施重点人才开发计划。在广西北部湾地区海洋非物质文化遗产生产性保护过程中，行政领导承担着海洋非物质文化遗产生产性保护的统筹与规划、经营管理人才负责具体的运营与管理、专业技术人才为生产性保护提供技

术支撑，都是生产性保护的重要支撑力量。因此，应通过大力实施行政领导干部轮训、积极开发培训经营管理人才和专业技术人才。如通过"生产性保护领军人才培训""生产性保护专家库建设项目""生产性保护青年技术人才提升计划"等提高重点人才的实力与影响力，为广西北部湾地区海洋非物质文化遗产的生产性保护提供关键支撑力量。第二，加强海洋非物质文化遗产生产性保护相关教育。积极促进海洋非物质文化遗产生产性保护与职业教育融合，如通过开展海洋非物质文化遗产生产性保护职业教育课程、对接海洋非物质文化遗产生产性保护人才招聘等方式，发挥职业教育在广西北部湾地区海洋非物质文化遗产生产性保护中的重要支撑作用；加强海洋非物质文化遗产生产性保护相关学科专业建设，如鼓励高校根据广西北部湾地区海洋非物质文化遗产生产性保护需求，开展旅游管理、市场营销、艺术设计等相关专业，为广西北部湾地区海洋非物质文化遗产生产性保护提供智力支持。第三，加强生产性保护人才培养的国际合作。充分发挥广西北部湾地区在"一带一路"建设中的区位优势，与沿线国家广泛开展联合培养工作，提高生产性保护人才的综合水平。同时，大力引进国外高端海洋非物质文化遗产开发人才和创新人才，借鉴国际成功经验，服务于广西北部湾地区海洋非物质文化遗产的生产性保护。

6.5　关注利益群体诉求，协调利益关系

非物质文化遗产的生产性保护不同于一般的开发利用，它不仅强调经济效益，更将推动区域经济发展与社会全面协调可持续相结合，注重实现经济效益与社会效益的统一。而在非物质文化遗产资源转化成产品形成经济效益的过程中，往往涉及各利益相关者的博弈问题。生产性保护应该由谁主导；谁是生产性保护资源的拥有者；生产性保护经济效益应该由谁创造，与谁共享，又怎样分配：这些都是生产性保护中必须面临和解决的问题，是各利益相关者的重要关切，也是生产性保护可持续发展的基础保障。由前文分析可知，广西北部湾地区海洋非物质文化遗产的生产性保护涉及诸多利益相关者，如企业、传承人、科研院所、社区居民、政府部门、消费者等，如何满足各利益相关者的利益诉求、协调利益关系，成为广西北部湾地区海洋非物质文化遗产生产性保护的核心内容之一。

第一，鼓励社会主体参与生产性保护工作。积极采取诸如产业扶持、产业

链延伸、资金倾斜、参与奖励等措施，鼓励个人、企业积极参与广西北部湾地区海洋非物质文化遗产的生产性保护。同时，建立非营利性质的社会中介组织，通过搭建政府沟通平台、信息共享平台等途径，发挥企业、民间组织、非遗行业协会等中介组织在广西北部湾地区海洋非物质文化遗产生产性保护工作与社会需求、市场需求之间的桥梁与纽带作用，使企业等中介组织成为广西北部湾地区海洋非物质文化遗产生产性保护工作的主体，从而实现政府职能转变，充分发挥市场作用，由政府主导推动式转变为市场自发驱动型市场，激发广西北部湾地区海洋非物质文化遗产生产性保护工作的市场活力。第二，制定合理的利益分配机制。可采取股份合作制引导当地居民以海洋非物质文化遗产技艺、海洋非物质文化遗产生产性保护开展场所、自身劳动力等量化为股本入股参与广西北部湾地区海洋非物质文化遗产生产性保护工作，将生产性保护所获利益进行合理分配，可在分配前提取部分资金作为公积金，用于基础设施建设与维护、海洋非遗传承与保护、环境保护与景观整治等，确保扩大再生产，剩余资金以按股分红和按利分红相结合的方式进行利益分配，保证社区居民、传承人等按照自己的股份获得相应的利益分配。第三，构建利益协调者组织机构。鼓励成立海洋非物质文化遗产生产性保护相关行业协会，支持协会开展广西北部湾地区海洋非物质文化遗产相关的宣传、展示、教育、传播、研究、出版等活动，鼓励协会制定有关海洋非物质文化遗产代表性项目在项目展演、项目传承、与其他产业融合方面的相关标准和规范，支持协会开展行业管理、行业服务、行业维权等工作，通过行业自律和行业监管，推动广西北部湾地区海洋非物质文化遗产的健康发展，并建立公开透明的沟通平台，为获取公众建议提供平台，促进广西北部湾地区海洋非物质文化遗产生产性保护的有效开展。

6.6 坚持创新驱动发展，打造科技引擎

广西北部湾地区海洋非物质文化遗产生产性保护通过将非物质文化遗产资源转化成文化产品的形式，有效实现文化资源向经济价值的转化，这也是对其进行生产性保护的直接动力。新时期，如何推动广西北部湾地区海洋非物质文化遗产生产性保护由简单的资源驱动、低水平要素驱动向创新驱动转变，成为广西文化产业转型升级的关键。创新驱动战略作为我国经济发展转型期新的发展方式，主要以科技创新为核心，通过融合其他形式的创新如制度创新、管理

创新等，形成创新系统，共同推动经济发展，并有效促进产业转型升级[166]。因此，广西北部湾地区海洋非物质文化遗产的生产性保护应坚持创新驱动发展，通过打造生产性保护科技引擎，为其发展提供不竭动力。

第一，坚持创新驱动理念。引领广西北部湾地区海洋非物质文化遗产走文化创意、科技创新道路，提升海洋非物质文化遗产文化内容的原创能力，并结合"大众创业、万众创新"，形成广西北部湾地区海洋非物质文化遗产生产性保护创新发展的良好氛围，充分激发全社会文化创造活力。第二，加强广西北部湾地区海洋非物质文化遗产生产性保护的科技创新与转化能力，围绕广西北部湾地区海洋非物质文化遗产生产性保护的具体需求，积极运用互联网、增强现实、虚拟现实、人工智能等技术，为海洋非物质文化遗产生产性保护的自主研发和创新提供技术支持，并大力支持数字化技术在海洋非物质文化遗产生产性保护过程中的技术研究与应用，以增强广西北部湾地区海洋非物质文化遗产的科技创新能力；积极促进海洋非物质文化遗产文化科技成果的转化，如通过增强现实、虚拟现实等技术的运用对一些濒临消失的海洋非物质文化遗产进行原生态恢复与还原，生产出相应的电影、动漫，唤起人们的保护意识，并扩大海洋非物质文化遗产文化产品的流通、销售，还可以运用数字化技术建立海洋非物质文化遗产生产性保护数据库，及时向外界推送相关信息，并作为产品销售平台。第三，建立支撑海洋非物质文化遗产生产性保护的市场技术监管系统，涵盖海洋非物质文化遗产生产性保护的市场宏观决策、市场准入、综合执法、动态监管等核心应用，从而形成统一的信息共享平台、信用服务平台、业务关联平台、应用集成平台和技术支撑平台，为广西北部湾地区海洋非物质文化遗产的生产性保护提供大力支持。

第 7 章　研究结论与展望

7.1　研究结论

　　广西北部湾地区沿海沿边，也是"一带一路"有机衔接的重要门户，独特的地理位置和勤劳的劳动人民共同创造了类型丰富、特色鲜明的海洋非物质文化遗产，极具开发与保护价值。本课题针对广西北部湾地区海洋非物质文化遗产的生产性保护进行研究，不仅对于深入挖掘与合理开发利用广西北部湾地区海洋非物质文化遗产资源，实现广西北部湾地区海洋非物质文化遗产保护传承与开发利用的协同发展具有重要理论意义；而且对于进一步揭示并有效破解广西北部湾地区海洋非物质文化遗产生产性保护的瓶颈制约，探索广西北部湾地区海洋非物质文化遗产生产性保护的创新模式，提升其保护与开发绩效，实现广西北部湾地区海洋强区和民族文化强区战略的发展目标具有重要实践意义与应用价值。鉴于此，本课题以广西北部湾地区海洋非物质文化遗产的生产性保护为研究对象，系统调查分析了该区域海洋非物质文化遗产资源、剖析了其生产性保护现状；并在此基础上，分析了广西北部湾地区海洋非物质文化遗产生产性保护的影响因素，探明了广西北部湾地区海洋非物质文化遗产生产性保护的驱动机制，而后针对广西北部湾地区海洋非物质文化遗产独特的环境和海洋非物质文化遗产生产性保护现状，构建了广西北部湾地区海洋非物质文化遗产生产性保护模式，并提出了优化对策，最终得出以下结论。

　　（1）独特的自然地理环境、多样的社会经济环境共同构成了广西北部湾地区海洋非物质文化遗产的生存环境，形成了类型多样、数量丰富的海洋非物质文化遗产资源。该区域拥有 137 项海洋非物质文化遗产，其中民间文学类 40

项，传统表演与游艺类 43 项，传统工艺与技能类 27 项，民间信俗类 27 项；主要分布在北海（39 项）、钦州（21 项）、防城港（77 项）；地域性、民族性、多样性、活态性、脆弱性是其主要特征；交流娱乐、教育传承、凝聚民心是广西北部湾地区海洋非物质文化遗产的重要功能；历史文化价值、社会经济价值和科学研究价值是广西北部湾地区海洋非物质文化遗产的重要价值。

（2）广西北部湾地区海洋非物质文化遗产生产性保护成绩与问题并存。目前，广西北部湾地区海洋非物质文化遗产的生产性保护取得了政策法规逐步完善、管理体系逐渐健全、形式日渐多样化、效益日益突显的好成绩；但因受市场宏观调控不足、人才培养机制尚未建立、原生环境发生改变、发展机制存在缺陷等原因的制约，仍存在着生产性保护资金来源不足、专业人才匮乏、商业化现象严重、布局结构失衡等问题亟待解决。

（3）广西北部湾地区海洋非物质文化遗产生产性保护的影响因素与不同利益相关者的利益诉求及其关系有关。其中，广西北部湾地区海洋非物质文化遗产生产性保护的核心利益相关者主要有企业、政府部门、传承人、消费者、社区居民、科研院所六类，共 23 项影响因素，通过因子分析法将 23 项影响因素归为经济因素、文化因素、社会因素和环境因素，四类因素共同影响着广西北部湾地区海洋非物质文化遗产生产性保护的持续发展。

（4）广西北部湾地区海洋非物质文化遗产生产性保护的驱动机制由相互作用、相互影响的四大子系统构成。广西北部湾地区海洋非物质文化遗产生产性保护的驱动因素为 23 项；在系统动力学、"推—拉"等理论的指导下，构建了包括推力系统、拉力系统、支持系统和中介系统等四个子系统的广西北部湾地区海洋非物质文化遗产生产性保护动力系统；继而剖析了各子系统的特征、结构、子系统间相互关系及作用机理，探明了广西北部湾地区海洋非物质文化遗产生产性保护的驱动机制。

（5）基于广西北部湾地区海洋非物质文化遗产生产性保护视角，结合文化产业理论、产业集聚理论、点轴开发理论等，本课题探讨了生产性保护模式的架构和形成机理，并从核心层、辅助层和关联层分别构建了以市场为主导的文化产品保护模式、以政府为主导的产业融合发展模式和以文化传播为主导的资源共享模式等生产性保护模式。其中，以市场为主导的文化产品保护模式包括以文化创意产品为主的还原式、以文化旅游产品为主的适应式和以文化艺术产品为主的创意式三大类型；以政府为主导的产业融合发展模式包括海洋非遗产业园区、海洋非遗文化会展、海洋非遗传承基地三种类型；以文化传播为主导的资源共享模式包括海洋非遗的虚拟体验式、海洋非遗的媒体传播式、海洋非遗社区共建共享式三种类型。三大模式以"小点轴－大网络"的方式分布，并分别从不同视角为广西北部湾地区海洋非物质文化遗产生产性保护提供运作思路。

（6）广西北部湾地区海洋非物质文化遗产的生产性保护亟须优化完善。基于生产性保护视角，提出了科学资源利用规划，整合发展布局；规范市场管理体系，优化发展环境；健全投融资体系，拓宽资金来源；加强人才队伍建设，强化人才支撑；关注利益群体诉求，协调利益关系；坚持创新驱动发展，打造科技引擎等优化对策。

7.2 研究不足

本课题取得了一定研究成果，但受主观、客观等诸多因素的影响，研究成果仍存在一定不足，有待进一步深入和完善。

（1）广西北部湾地区海洋非物质文化遗产分布区域广阔，而且海洋非物质文化遗产资源的数量大、类型多，其生存、发展环境也存在差异，以致课题组难以全面、系统地掌握所有遗产的全部资料，只能局部掌握一些特色突出、品质较高的海洋非物质文化遗产资源的第一手资料。因此，本课题结论的现实基础显得有些薄弱，研究结论的普适性与代表性将受到一定影响，日后尚需深入研究。

（2）广西北部湾地区海洋非物质文化遗产生产性保护驱动因素的确定存在主观性较强的问题。虽然经过了三轮筛选，但主要是专家和学者的建议，缺乏定量分析，所以驱动因素的科学性还有待进一步验证。另外，广西北部湾地区海洋非物质文化遗产生产性保护的驱动因素较多，本课题没有进一步分析哪些是主要因素，哪些是次要因素。由于本领域目前相关的研究还比较少，再加上能力和时间有限，对广西北部湾地区海洋非物质文化遗产生产性保护的驱动机制研究仍不够深入，还需进一步优化和完善。

（3）广西北部湾地区海洋非物质文化遗产生产性保护的模式构建有限。本课题仅就生产性保护的主要途径构建了三大类型的生产性保护模式，但由于各方面因素的制约，尚未能为生产性保护模式设计绩效测评体系，以测量模式的实践效益，实施动态化的跟踪调查，为后续生产性保护工作的优化提供可量化的参考依据。今后可进一步拓展探讨基于其他视角、其他类型的生产性保护模式，为模式设计可测量的绩效评价体系，以进一步深化该领域的研究。

7.3 研究展望

本课题对广西北部湾地区海洋非物质文化遗产的生产性保护进行了初步探讨，构建了驱动其发展的动力系统、驱动机制模型以及生产性保护模式。但是本课题还存在一些问题，今后需在以下几个方面进行深入探索。

（1）广西北部湾地区海洋非物质文化遗产的生产性保护始终处于动态发展的状态，因此长期、动态的跟踪调查研究，对于了解海洋非物质文化遗产的生产性保护现状、存在问题、今后的发展方向、更好地采取保障与改进措施等具有重要意义。在动态视角、系统理论、全面研究方面，本次研究存在一定的欠缺。因此，如何用动态的视角，运用对比的分析方法，进行纵向和横向对比，全面考察、系统梳理广西北部湾地区海洋非物质文化遗产仍然是需要继续开展的工作。

（2）关于驱动因素的选取问题。广西北部湾地区海洋非物质文化遗产生产性保护的动力系统是一个非常复杂的系统，涉及的因素较多。本课题所选取的因素十分有限，如果条件允许，可以进一步丰富和完善动力系统因子。对驱动因素的选取和确定采取主观与客观相结合的方法，以提高其科学性，并通过相关方法进一步分析各因素对生产性保护的具体作用程度。另外，本课题所确定的23项海洋非物质文化遗产生产性保护的驱动因素中，大部分因素无法完全量化考评，因此还需研究一种有效的量化方法，以减小定性研究的主观差异。

（3）关于驱动机制和生产性保护模式的优化和完善问题。驱动机制是一个动态系统，它会随着时间的变化而不断发展变化，所以需要不断地对驱动机制进行优化和完善，以适应其自身发展的需要。生产性保护模式也需要不断地验证其普适性，提高其科学性和有效性。本课题没有对驱动机制和生产性保护模式的优化和完善进行分析，也没有对生产性保护模式的绩效评价体系进行分析，在今后研究中仍需进一步深入探讨。

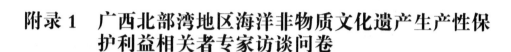

附　录

附录1　广西北部湾地区海洋非物质文化遗产生产性保护利益相关者专家访谈问卷

尊敬的专家：

您好！非常感谢您在百忙之中抽时间填答这份问卷。广西北部湾地区海洋非物质文化遗产历史悠久、文化内涵丰富，极具保护与开发利用价值，其生产性保护亟须各相关主体的支持参与。为此，课题组在利益相关者理论的指导下开展关于广西北部湾地区海洋非物质文化遗产生产性保护中利益相关者界定的调查。您的客观、真实回答将有助于本课题完成。谢谢您的支持！

一、广西北部湾地区海洋非物质文化遗产生产性保护的利益相关者界定

请您在认为是广西北部湾地区海洋非物质文化遗产生产性保护的利益相关者的选项前面打"√"。

利益相关者	入选请打"√"	利益相关者	入选请打"√"
企业		行业协会	
高校		传承人	
社区居民		新闻媒体	
消费者		非遗保护机构	

利益相关者	入选请打"√"	利益相关者	入选请打"√"
科研院所		社会公众	
金融机构		政府部门	

二、广西北部湾地区海洋非物质文化遗产生产性保护中利益相关者分类

请您将所挑选出的广西北部湾地区海洋非物质文化遗产生产性保护的利益相关者（在表格相应空格内具体填写清楚），从主动性、重要性和紧急性这三个维度的轻重程度对其进行评分，分值范围为 1 ～ 5 分。

利益相关者	主动性 （1～5）	重要性 （1～5）	紧急性 （1～5）

再次感谢您的合作，祝您生活愉快！

附录 2　广西北部湾地区海洋非物质文化遗产生产性保护的利益相关者分类调查问卷

尊敬的专家：

您好！非常感谢您在百忙之中抽时间填答这份问卷。广西北部湾地区海洋非物质文化遗产生产性保护关系海洋非物质文化遗产的活态传承和持续发展。随着时代的快速发展，社会对海洋非物质文化遗产的保护提出了更高要求。因此，广西北部湾地区海洋非物质文化遗产生产性保护亟须各相关主体的支持参与。为此，课题组在前期广西北部湾地区海洋非物质文化遗产生产性保护利益相关者界定的调查分析基础上，对已界定的广西北部湾地区海洋非物质文化遗产生产性保护的八类利益相关者开展进一步调查，以明确广西北部湾地区海洋非物质文化遗产生产性保护中利益相关者的分类。您的客观、真实回答将有助于本课题完成。谢谢您的支持！

请您对广西北部湾地区海洋非物质文化遗产生产性保护的八类利益相关者（如下表），从主动性、重要性和紧急性这三个维度的轻重程度对其进行评分，分值范围为 1～5 分。

利益相关者	主动性（1～5）	重要性（1～5）	紧急性（1～5）
企业			
社区居民			
消费者			
科研院所			
金融机构			
传承人			
非遗保护机构			
政府部门			

再次感谢您的合作，祝您生活愉快！

附录3 广西北部湾地区海洋非物质文化遗产生产性保护的企业调查问卷

尊敬的女士/先生:

您好!非常感谢您在百忙之中抽时间填答这份问卷。为能更好地从利益相关者的角度,对广西北部湾地区海洋非物质文化遗产生产性保护影响进行探讨,现对各利益相关者的利益诉求进行调查。您的客观、真实回答将有助于本课题的完成。谢谢您的支持与帮助!

一、广西北部湾地区海洋非物质文化遗产生产性保护的企业利益诉求

以下是广西北部湾地区海洋非物质文化遗产生产性保护中企业利益诉求的一些描述,请根据您个人的看法,在相关选项里选择您认为的重要程度打"√"。

利益诉求	很不重要	不重要	一般	重要	很重要
	1分	2分	3分	4分	5分
经济收益的获取					
产品影响力的扩大					
企业竞争力的增强					
文化产业的转型升级					
文化传承规范的引导					
良好市场环境的营造					
社会责任的承担					

二、您的基本信息

1. 您的性别: A. 男   B. 女
2. 您的年龄: A. 18岁及以下   B. 19～30岁   C. 31～40岁
             D. 41～50岁   E. 51～60岁   F. 61岁以上

3.您的受教育程度：

A. 初中及以下　　B. 高中／中专　　C. 本科／大专　　D. 研究生及以上

F. 其他

4.您的个人平均月收入：

　A. 1 000 元以下　　　　　B. 1 001 ～ 2 000 元　　　C. 2 001 ～ 3 000 元

　D. 3 001 ～ 4 000 元　　　E. 4 001 ～ 5 000 元

5.您所在的：_____企业_____岗位_____职务

再次感谢您的合作，祝您生活愉快！

附录4 广西北部湾地区海洋非物质文化遗产生产性保护的政府部门调查问卷

尊敬的女士/先生：

您好！非常感谢您在百忙之中抽时间填答这份问卷。为能更好地从利益相关者的角度，对广西北部湾地区海洋非物质文化遗产生产性保护影响进行探讨，现对各利益相关者的利益诉求进行调查。您的客观、真实回答将有助于本课题的完成。谢谢您的支持与帮助！

一、广西北部湾地区海洋非物质文化遗产生产性保护中的政府部门利益诉求

以下是广西北部湾地区海洋非物质文化遗产生产性保护中的一些描述，请根据您个人的看法，在相关选项里选择您认为的重要程度打"√"。

利益诉求	很不重要 1分	不重要 2分	一般 3分	重要 4分	很重要 5分
遗产的活态传承					
遗产造血功能的加强					
遗产生存环境的改善					
生产性保护设施的完善					
区域文化品牌的建设					
区域经济的发展					
促进社会就业					

二、您的基本信息

1. 您的性别：A. 男　　　B. 女
2. 您的年龄：A. 18 岁及以下　　　B. 19 ~ 30 岁　　　C. 31 ~ 40 岁

　　　　　　　D. 41 ~ 50 岁　　　E. 51 ~ 60 岁　　　F. 61 岁以上

3.您的学历：

    A.本科   B.硕士研究生   C.博士研究生   D.其他

4.您所在的：_____单位_____岗位_____职务。

再次感谢您的合作，祝您生活愉快！

附录 5　广西北部湾地区海洋非物质文化遗产生产性保护的传承人调查问卷

尊敬的女士／先生：

您好！非常感谢您在百忙之中抽时间填答这份问卷。为能更好地从利益相关者的角度，对广西北部湾地区海洋非物质文化遗产生产性保护影响进行探讨，现对各利益相关者的利益诉求进行调查。您的客观、真实回答将有助于本课题的完成。谢谢您的支持与帮助！

一、广西北部湾地区海洋非物质文化遗产生产性保护的传承人利益诉求

以下是广西北部湾地区海洋非物质文化遗产生产性保护中的一些描述，请根据您个人的看法，在相关选项里选择您认为的重要程度打"√"。

利益诉求	很不重要	不重要	一般	重要	很重要
	1分	2分	3分	4分	5分
遗产的活态传承					
政府支持力度的加强					
经济收入的增加					
自身社会地位的提高					
生产性保护的决策权					
遗产传承机制的健全					
遗产的规范管理					

二、您的基本信息

1. 您的性别：A. 男　　B. 女
2. 您的年龄：A. 18 岁及以下　　B. 19 ~ 30 岁　　C. 31 ~ 40 岁
D. 41 ~ 50 岁　　E. 51 ~ 60 岁　　F. 61 岁以上

3.您的受教育程度:

　A.初中及以下　　B.高中/中专　C.本科/大专　　D.研究生及以上

　F.其他

4.您的个人平均月收入:

　A.1 000元以下　　　　B.1 001～2 000元　　　C.2 001～3 000元

　D.3 001～4 000元　E.4 001～5 000元

5.您为哪一级别的代表性传承人?

　A.国家级　　　　B.区级　　　　C.市级　　　　D.县级

再次感谢您的合作，祝您生活愉快!

附录6　广西北部湾地区海洋非物质文化遗产生产性保护的消费者调查问卷

尊敬的女士/先生:

您好! 非常感谢您在百忙之中抽时间填答这份问卷。为能更好地从利益相关者的角度, 对广西北部湾地区海洋非物质文化遗产生产性保护影响进行探讨, 现对各利益相关者的利益诉求进行调查。您的客观、真实回答将有助于本课题的完成。谢谢您的支持与帮助!

一、广西北部湾地区海洋非物质文化遗产生产性保护的消费者的利益诉求

以下是广西北部湾地区海洋非物质文化遗产生产性保护中的一些描述, 请根据您个人的看法, 在相关选项里选择您认为的重要程度打"√"。

利益诉求	很不重要	不重要	一般	重要	很重要
	1分	2分	3分	4分	5分
精神文化需求的满足					
文化产品的多元化					
良好文化氛围的营造					
基础设施的改善					
市场环境的规范					
配套服务的完善					

二、您的基本信息

1. 您的性别: A. 男　　　B. 女
2. 您的年龄: A. 18岁及以下　　B. 19~30岁　　C. 31~40岁
　　　　　　D. 41~50岁　　E. 51~60岁　　F. 61岁以上

3. 您的受教育程度：

 A. 初中及以下　　B. 高中／中专　　C. 本科／大专　　D. 研究生及以上

 F. 其他

4. 您的职业：

 A. 公务员或企事业单位工作人员　　　B. 私营公司职员　　　C. 自由职业者

 D. 教师　　　　E. 工人　　　　F. 学生　　　　G. 农民　　　H. 其他

5. 您的个人平均月收入：

 A. 1 000 元以下　　　　B. 1 001 ～ 2 000 元　　　C. 2 001 ～ 3 000 元

 D. 3 001 ～ 4 000 元　　E. 4 001 ～ 5 000 元

6. 您来自：_____国家_____省份_____市（县）

　　　　　　　　　　　　再次感谢您的合作，祝您生活愉快！

附录7 广西北部湾地区海洋非物质文化遗产生产性保护的社区居民调查问卷

尊敬的女士/先生：

您好！非常感谢您在百忙之中抽时间填答这份问卷。为能更好地从利益相关者的角度，对广西北部湾地区海洋非物质文化遗产生产性保护影响进行探讨，现对各利益相关者的利益诉求进行调查。您的客观、真实回答将有助于本课题的完成。谢谢您的支持与帮助！

一、广西北部湾地区海洋非物质文化遗产生产性保护的社区居民利益诉求

以下是广西北部湾地区海洋非物质文化遗产生产性保护中的一些描述，请根据您个人的看法，在相关选项里选择您认为的重要程度打"√"。

利益诉求	很不重要 1分	不重要 2分	一般 3分	重要 4分	很重要 5分
遗产的活态传承					
生产性保护的参与权					
基础设施的改善					
文化生活的丰富					
消费水平的提升					
就业机会的增多					

二、您的基本信息

1.您的性别：A. 男　　　B. 女

2.您的年龄：A. 18岁及以下　　B. 19～30岁　　C. 31～40岁
　　　　　　D. 41～50岁　　　E. 51～60岁　　F. 61岁以上

3. 您的个人平均月收入：

   A. 1 000 元以下　　　　B. 1 001 ～ 2 000 元　　　C. 2 001 ～ 3 000 元

   D. 3 001 ～ 4 000 元　　E. 4 001 ～ 5 000 元

4. 您的家庭收入主要来源：

   A. 参与非遗活态传承　　　B. 务农　　　C. 外出打工　　　D. 其他

再次感谢您的合作，祝您生活愉快！

附录8 广西北部湾地区海洋非物质文化遗产生产性保护的科研院所调查问卷

尊敬的女士/先生：

您好！非常感谢您在百忙之中抽时间填答这份问卷。为能更好地从利益相关者的角度，对广西北部湾地区海洋非物质文化遗产生产性保护影响进行探讨，现对各利益相关者的利益诉求进行调查。您的客观、真实回答将有助于本课题的完成。谢谢您的支持与帮助！

一、广西北部湾地区海洋非物质文化遗产生产性保护的科研院所利益诉求

以下是广西北部湾地区海洋非物质文化遗产生产性保护中的一些描述，请根据您个人的看法，在相关选项里选择您认为的重要程度打"√"。

利益诉求	很不重要	不重要	一般	重要	很重要
	1分	2分	3分	4分	5分
新型文化产品的研制					
科研成果的转化					
创新型人才队伍的建设					
遗产的持续传承					
区域文化的发展					
海洋经济强区建设的推进					

二、您的基本信息

1. 您的性别： A. 男　　　B. 女
2. 您的年龄： A. 18 岁及以下　　B. 19 ~ 30 岁　　C. 31 ~ 40 岁
　　　　　　　D. 41 ~ 50 岁　　E. 51 ~ 60 岁　　F. 61 岁以上

3.您的学历：

　A.本科　　　 B.硕士研究生　　　C.博士研究生　　　 D.其他

4.您所在的：_____单位／学校_____岗位_____职务。

再次感谢您的合作，祝您生活愉快！

附录9 广西北部湾地区海洋非物质文化遗产生产性保护影响因素的专家调查问卷

尊敬的专家:

您好!非常感谢您在百忙之中抽时间填答这份问卷。本课题拟对所建立的广西北部湾地区海洋非物质文化遗产生产性保护影响因素量表进行重要性评价分析,以下是通过讨论确定的海洋非物质文化遗产生产性保护影响因素,希望您根据自身知识与研究经验,对变量重要性进行评价,以确定它们在因素选择中的重要程度。十分感谢您的参与!

评分说明:重要性是指影响因素中各变量的重要程度与代表性,若变量越重要,代表性越强,则表示广西北部湾地区海洋非物质文化遗产生产性保护较大程度受到该因素的影响,即变量的得分越高,其重要性也越高。

一、广西北部湾地区海洋非物质文化遗产生产性保护的影响因素

以下是广西北部湾地区海洋非物质文化遗产生产性保护的一些描述,请根据您个人的看法,在相关选项里选择您认为的重要程度打"√"。

变量	很不重要	不重要	一般	重要	很重要
	1分	2分	3分	4分	5分
文化消费需求					
人均消费水平					
文化产业转型升级					
海洋经济强区建设					
区域经济发展水平					
企业投融资能力					
遗产的自身活力					
文化的创新发展					
媒体的宣传推广					

变量	很不重要	不重要	一般	重要	很重要
	1分	2分	3分	4分	5分
创新型人才队伍支撑					
传承人的保护与培养					
公共文化服务能力					
民众文化自信和文化自觉					
民众的精神文化需求					
政府重视和支持力度					
社区参与积极性					
社会就业需求					
和谐社会构建					
遗产的生存环境					
市场秩序的规范性					
生产性保护基础设施建设					
生产性保护工作机制健全度					
遗产传承机制完善程度					

二、您认为上述变量还需进行哪些方面的修改

_____

_____

_____

_____

感谢您的合作，祝您生活愉快！

附录10 广西北部湾地区海洋非物质文化遗产生产性保护的驱动因素确定专家调查表（第一轮）

尊敬的专家：

您好！我们是"广西北部湾地区海洋非物质文化遗产生产性保护研究"课题组，正在对广西北部湾地区海洋非物质文化遗产生产性保护的驱动机制进行研究。为更好地完善广西北部湾地区海洋非物质文化遗产生产性保护的驱动因素，特开展此次调查。以下是根据现有理论研究遴选出来的驱动因素，请您根据驱动因素的重要程度打分，并提出宝贵的意见。非常感谢您的参与和支持！

"广西北部湾地区海洋非物质
文化遗产生产性保护研究"课题组

请在下表中根据驱动因素的重要性打"√"

驱动因素	不重要	较不重要	一般	较重要	很重要
1.区域经济发展水平	1	3	5	7	9
2.政府支持	1	3	5	7	9
3.社会重视程度	1	3	5	7	9
4.企业竞争与合作	1	3	5	7	9
5.文化产业转型升级	1	3	5	7	9
6.文化生态环境保护	1	3	5	7	9
7.传统文化保护与弘扬	1	3	5	7	9
8.特色文化产业发展	1	3	5	7	9
9.海洋非遗资源吸引力	1	3	5	7	9
10.海洋非遗经济价值	1	3	5	7	9
11.海洋非遗活态性特征	1	3	5	7	9
12.海洋非遗创新变革能力	1	3	5	7	9

续表

驱动因素	不重要	较不重要	一般	较重要	很重要
13.海洋非遗保护与传承的需要	1	3	5	7	9
14.经济利益的驱使与追求	1	3	5	7	9
15.海洋非遗生产性保护方式	1	3	5	7	9
16.市场需求	1	3	5	7	9
17.海洋非遗传承人保护	1	3	5	7	9
18.科技进步与创新	1	3	5	7	9
19.生产性保护经验借鉴	1	3	5	7	9
20.生产性保护人才队伍建设	1	3	5	7	9
21.基础设施建设	1	3	5	7	9
22.非遗保护机构	1	3	5	7	9
23.企业经营	1	3	5	7	9
24.学校教育	1	3	5	7	9
25.媒体传播	1	3	5	7	9
26.民间组织	1	3	5	7	9

您认为需要更改、删减或增加的驱动因素：

更改的驱动因素	
删减的驱动因素	
增加的驱动因素	

感谢您的合作，祝您生活愉快！

附录 11 广西北部湾地区海洋非物质文化遗产生产性保护的驱动因素确定专家调查表（第二轮）

尊敬的专家：

您好！我们是"广西北部湾地区海洋非物质文化遗产生产性保护研究"课题组，正在对广西北部湾地区海洋非物质文化遗产生产性保护的驱动机制进行研究。为更好地完善广西北部湾地区海洋非物质文化遗产生产性保护的驱动因素，特开展此次调查。以下是根据上一轮调查结果整理而成的驱动因素，请您根据驱动因素的重要程度打分，并提出宝贵的意见。非常感谢您的参与和支持！

"广西北部湾地区海洋非物质
文化遗产生产性保护研究"课题组

请在下表中根据驱动因素的重要性打"√"

驱动因素	不重要	较不重要	一般	较重要	很重要
1. 区域经济发展水平	1	3	5	7	9
2. 政府支持	1	3	5	7	9
3. 社会重视程度	1	3	5	7	9
4. 企业竞争与合作	1	3	5	7	9
5. 文化产业转型升级	1	3	5	7	9
6. 传统文化保护与弘扬	1	3	5	7	9
7. 科技进步与创新	1	3	5	7	9
8. 文化生态环境保护	1	3	5	7	9
9. 海洋非遗资源吸引力	1	3	5	7	9
10. 海洋非遗经济价值	1	3	5	7	9
11. 海洋非遗活态性特征	1	3	5	7	9

驱动因素	不重要	较不重要	一般	较重要	很重要
12. 海洋非遗创新变革能力	1	3	5	7	9
13. 市场需求	1	3	5	7	9
14. 社区居民文化自觉与自信	1	3	5	7	9
15. 经济利益的驱使与追求	1	3	5	7	9
16. 资本资源	1	3	5	7	9
17. 学术研究	1	3	5	7	9
18. 生产性保护人才队伍建设	1	3	5	7	9
19. 基础设施建设	1	3	5	7	9
20. 海洋非遗生产性保护方式	1	3	5	7	9
21. 非遗保护机构	1	3	5	7	9
22. 企业经营	1	3	5	7	9
23. 媒体传播	1	3	5	7	9
24. 民间组织	1	3	5	7	9
25. 非遗行业协会	1	3	5	7	9

您认为需要更改、删减或增加的驱动因素：

更改的驱动因素	
删减的驱动因素	
增加的驱动因素	

感谢您的合作，祝您生活愉快！

参考文献

[1] 韩湖初, 杨士弘. 关于中国古代"海上丝绸之路"最早始发港研究述评 [J]. 地理科学, 2004,24(6): 738–745.

[2] 熊正德, 郭荣凤. 国家文化软实力评价及提升路径研究 [J]. 中国工业经济, 2011(9):16-26.

[3] DURÁN ROI, FARIZO BEGOÑA A.,VÁZQUEZ MARÍA XOSÉ. Conservation of maritime cultural heritage: A discrete choice experimentin a European Atlantic Region [J]. Marine Policy,2015(51): 356–365.

[4] SIDI, ALI OULD. Maintaining Timbuktu'sunique tangible and intangible heritage[J]. International Journal of Heritage Studies,2012(3): 324–331.

[5] GEORGIEV, GEORGI, VASLEVA, et al. Tangible And Intangible Cultural Heritage In The Western Balkan Countries And Tourism Development [J]. Faculty of Tourism & Hospitality Management in Opatija,2012(6):501–506.

[6] ESFEHANI, MINOO H,ALBRECHT, et al. Roles of intangible cultural heritage in tourism innatural protected areas[J].Journal of Heritage Tourism,2018(1):15–29.

[7] López–Guzmán,Tomás,Santa–Cruz,et al.Visitors'experiences with Intangible Cultural Heritage:a case study from Córdoba,Spain[J].Journal of Heritage Tourism,2017(4):410–415.

[8] PARK, CAREY. Intangible Cultural Heritage Safeguard Systems of East Asia and the UNESCO Convention[J].Art History Forum,2012(34):295–320.

[9] BYUN JIAUN. A study on necessity and direction of intangible cultural properties in Kyunggi–do[J].The Journal of Art and Culture Studies,2016(8):128–144.

[10] 박희진 .Conservation and Utilization of Circular Craft Skills Handed Down for Management Proposal[J].The Korea Society of Craft,2014(2):45–60.

[11] 朝倉敏夫 .Japan's Strategy to Win Designation as World Heritage[J].The Journal of Paekche Culture,2009(40):5–35.

[12] MARTINA KALAMAROVA, ERIKA LOUCANOVA, JAN PAROBEK,et al.The Support of the Cultural Heritage Utilization in Historical Town Reserves[J].Procedia Economics and Finance,2015(26): 914–919.

[13] COMINELLI, FRANCESCA.Governing Cultural Commons: The Case of Traditional Craftsmanship in France[C]//Sustaining Commons: Sustaining Our Future, the Thirteenth Biennial Conference of the International Association for the Study of the Commons,2011(1):1–27.

[14] MANUEL BAMERTA, MAARIT STRÖBELEB, MATTHIAS BUCHECKERB. Ramshackle farmhouses, useless old stables, or irreplaceable cultural heritage? Local inhabitants' perspectives on future uses of the Walser built heritage[J]. Land Use Policy, 2016(5):121–129.

[15] JAMES BENDER. Conceptual development of the trail methodology for the preservation ofintangible maritime heritage:A case for the Adriatic coast and islands [J].Journal of Marineand Island Cultures, 2015(4): 55–64.

[16] DE FIGUEIREDO,MARINA DANTAS.The effects of safeguarding on ways to organize, produceand reproduce intangible culturalheritage[J].Pasos:Revista de Turismoy Patrimonio Cultural,2015(5):1037–1046.

[17] JULIE URQUHART, YIM G ACOTT. Re-connecting and embedding food in place: Rural development and inshore fisheries in Cornwall, UK [J]. Journal of Rural Studies, 2013(32): 357–364.

[18] SU RUI.Safeguarding intangible cultural heritage [J].Journal of Heritage Tourism,2013(4):362–363.

[19] SUN MENG-YANG,SHI MEI-YU. Study on the Motivation of Intangible Cultural Heritage Recreational Visitors and Its Market Segmentation[J].Tourism Tribune / Lvyou Xuekan,2012(12):95–102

[20] 여사헨 나성숙.Storytelling Through Design Utilization of the Wonhaeng Eulmyo Jeongri Euigwe[J].Journal of Korean Society of Communication Design,2014(1):97–109.

[21] TSEN-CHIEN CHEN,KUO-CHENGKU, TA-CHUNG YING. A process-based collaborative model of marine tourism service system e the case of Green Island area, Taiwan [J]. Ocean & Coastal Management,2012(64):37–46.

[22] 류호철 .Preserving and Utilizing Traditional Liquor as an Intangible Cultural Heritage[J]. Dong Asia Kodaehak(The East Asian Ancient Studies),2016(44):95–121.

[23] FALSER M. S.From a colonial reinvention to postcolonial heritage and a global commodity: performing and re–enacting Angkor Wat and the Royal Khmer Ballet[J].International Journal Of Hheritage Studies,2014(20):7–8.

[24] JAMES BENDER. Conceptual development of the trail methodology for the preservation ofintangible maritime heritage: A case for the Adriatic coast and islands[J]. Journal of Marine and Island Cultures,2015(2): 55 – 64.

[25] LEEJAE–SOO.Status of Religious Rituals Registered with Unesco Representative List ofthe Intangible Cultural Heritage and the Task of Inscribing Yeon Deung Hoe on the List[J].Journal of The Pure Land Buddhism Studies,2017(27):281–330.

[26] 송희영 . A Study of the Puy du Fou Theme Park in France – Focused on the Matter of Utilization of Local Cultural Heritage in Planning Creative Cultural Product[J].Korean association of arts management,2012(5):73–96.

[27] 안 재 식 , 이 상 노 , 이 달 원 , 다 른 .A Study on Restoration and Utilization Plans forTaekkyeon, an Intangible Cultural Property: With a focus on the Wangship–ri of Araedae Taekkyeon[J].The Korean Journal of Physical Education,2015(2):353–362.

[28] 민 경 선 , 최 영 화 .A Multidisciplinary Study on the Utilization Policies of Intangible Cultural Heritage Combining Science and Technology[J]. Korea Science & Art Forum,2017(28):61–74.

[29] 최형섭 .Study on the Features and the Actual Utilization of State–level Intangible Cultu- ral Heritage of The Miao Ethnic Minority[J].The journal of the research of chinese novels,2015(46):391–426.

[30] 고상현 .A Study on the Creative Utilization Methods of the Cultural Heritage Contentsof the Royal Palace through the Yeondeunghoe[J]. journal of eastern–asia buddhism and culture,2014(20):512–541.

[31] KIM, SANGTAE, 심연옥 .A Suggestion on the Exhibition Space Planning of Hansanmosi Museum in Seocheon by Inscription on the UNESCO Intangible Cultural Heritage List[J].Journal Of The Korean Institute Of Culture Architecture, 2014 (46):23–32.

[32] KIM, H.W, HOAN JEONG GANG, HU TING. A Comparative Study of the Effects on Cultural Heritage Festival[J]. Journal of Tourism Industry Studies,2012(1):183–193.

[33] 임장혁 .Important Intangible Cultural Heritage Recording and its Utilization–Focusing onKorean traditional dances[J].The Journal of DSDH,2008(15):121–142.

[34] CHEUNGS, SIDNEY C.H. From foodways to intangible heritage:a case study of Chinese culinary resource, retail and recipe in Hong Kong[J].International Journal of Heritigestudies, 2013(4):353–364.

[35] KRISTEN K. SWANSON , DALLEN J. TIMOTHY. Souvenirs: Icons of meaning, commercialization and commoditization[J]. Tourism Management,2012(3): 489‒499.

[36] KIM, K , 최승용 .The Value and Utilization Policies of (In)Tangible Cultural Heritages of Pohang City in Korea–Focused on the fable 'Yeon–oh–rang Se–oh–nyeo' and 'Chilpori Petroglyphs' [J].The Journal of Korean Historical–forklife,2015(49):122–149.

[37] SILVIA RITA SEDITA. Leveraging the intangible cultural heritage: Novelty and innovation through exaptation[J]. City, Culture and Society,2012(4): 251–259.

[38] VASILE VALENTINA, SURUGIU MARIUS–RĂZVAN. Innovative Valuing of the Cultural Heritage Assets. Economic Implication on Local Employability, Small Entrepreneurship Developmentand Social Inclusion[J]. Procedia ‒ Social and Behavioral Sciences,2015(14): 16‒26.

[39] Mateja Šmid Hribar,David Bole, Primož Pipan. Sustainable Heritage Management:Social,Economic and Other Potentials of Culture in Local Development[J]. Procedia ‒ Social andBehavioral Sciences,2015(14):103–110.

[40] IRINI DIMITRIYADIS, SÜREYYA O. AKYUZ, FERIDE H. BASTURK. A Proposition for a Mechanism to Provide Supplemental Funding for Cultural Heritage[J]. Procedia ‒ Social and Behavioral Sciences,2012(24):1332–1336.

[41] ANDREA BÄEZ , LUIS CËSAR HERRERO. Using contingent valuation and cost–benefit analysisto design a policy for restoring cultural heritage[J]. Journal of Cultural Heritage,2012(3): 235–245.

[42] TULLIO SCOVAZZI. Intangible Cultural Heritage as Defined in the 2003 UNESCO Convention[J]. Cultural Heritage and Value Creation,2014(2): 105–126.

[43] ESTEVE–SENDRA CHELE , MORENO–CUESTA RICARDO, PORTALÉS–MAÑANÓS Ana, et al. Bamboo, from Traditional Crafts to Contemporary Design and Architecture[J].Procedia–Social and Behavioral Sciences,2012(5): 777‒781.

[44] HEE MIN CHOI, BONG HWAN KO, SO YOUNG SOHN.Designing a business model for financial products for cultural heritage in the Korean market[J].2010(3): 315‒320.

[45] FRÉDÉRIC LEROY,PWTER SCHOLLIERS, VIRGINIE AMILIEN. Elements of innovation and tradition in meat fermentation: Conflicts and synergies[J]. International Journal of Food Microbiology,2015(6):2-8.

[46] SUSAN LUCKMAN. Craft Revival: The Post-Etsy Handmade Economy[J]. Craft and the Creative Economy,2015(4):12-44.

[47] YONG-SOOK LEE, WOO-JIN SHIN. Marketing tradition-bound products through storytelling: a case study of a Japanese sake brewery[J]. Service Business,2015(2): 281-295.

[48] NYASHA A.GURIRA,PATRICK NGULUBE . Using Contingency Valuation Approaches to Assess Sustainable Cultural Heritage Tourism Use and Conservation of the Outstanding Universal Values (OUV) at Great Zimbabwe World Heritage Site in Zimbabwe[J].Procedia-Social andBehavioral Sciences，2016,225(7)：291-302.

[49] 刘玲 . 宁波海洋非物质文化遗产的保护与开发利用 [J]. 宁波经济 (三江论坛),2012(8):18-20.

[50] 崔凤 . 海洋实践视角下的海洋非物质文化遗产研究 [J]. 中国海洋社会学研究 ,2017(8):175-187.

[51] 黄国平 , 黄永良 . 海洋民俗体育功能及发展动力机制的研究 [J]. 浙江体育科学 ,2008,30(4)：65-67.

[52] 祁正道 . 创新推动龙泉青瓷生产性保护策略研究 [J]. 设计 ,2017(4):118-119..

[53] 潘树红 . 山东省海洋非物质文化遗产价值评估 [J]. 中国海洋经济 ,2017(1):284-296.

[54] 丁爱梅 . 重视海洋非物质文化遗产的文化价值 [N]. 中国海洋报 ,2017-07-05(2).

[55] 杨亚庚 , 陈亮 , 贺正楚 , 等 . 非物质文化遗产生产性保护探索 [J]. 东南学术 ,2014(1):210-217.

[56] 刘德龙 . 坚守与变通——关于非物质文化遗产生产性保护中的几个关系 [J]. 民俗研究 ,2013(1):5-9.

[57] 陈炜 , 高翔 . 广西北部湾地区海洋非物质文化遗产功能与价值评价 [J]. 青年时代 ,2016(18)：14-15.

[58] 李瑞林 . 我国海洋非物质文化遗产——汉沽飞镲 [J]. 海洋信息 ,2012(3):62-65.

[59] 贾全聚 . 舟山海洋非物质文化遗产保护与开发研究 [D]. 舟山 : 浙江海洋学院 ,2013.

[60] 王高峰 . 海洋非物质文化遗产的保护与传承 [D]. 舟山 : 浙江海洋学院 ,2013.

[61] 张茜,毛海莹.论浙江海洋非物质文化遗产保护的新模式[J].宁波教育学院学报,2015,17(1):89-92.

[62] 徐霄健.传统海洋"百工技艺"的保护问题探析——以传统技艺类海洋非物质文化遗产的保护为例[J].中国海洋社会学研究,2017(1):233-249.

[63] 王伟君.虚实相间、瑰丽神奇的口头传承——论民间文学类海洋非物质文化遗产的特点与保护[J].中国海洋社会学研究,2017(1):202-216.

[64] 于家宁.当"海洋"遇上"民俗类非物质文化遗产"——海洋实践视角下的传承与保护[J].中国海洋社会学研究,2017(1):188-201.

[65] 孙靓,金云亮.海洋非物质文化遗产活态保护的思考[J].管理观察,2017(20):70-71+74.

[66] 裘杰.宁波海洋非物质文化遗产创意产业化开发研究[D].杭州:浙江工业大学,2014.

[67] 李远龙,曾钰诚.产业与数字:黔南少数民族非物质文化遗产生产性保护研究[J].中南民族大学学报(人文社会科学版),2017,37(4):64-68.

[68] 李志丹.河南省非物质文化遗产生产性保护——基于旅游开发视角[J].北方经贸,2012(5):125-126+129.

[69] 廖国一.东兴京族海洋文化资源开发——环北部湾地区边境旅游研究系列论文之一[J].西南民族大学学报(社会科学版),2005(1):327-331.

[70] 官秀成,马友乐.生态伦理视角下广西海洋文化可持续发展的反思[J].学术论坛,2013(5):74-78.

[71] 席晓丽.海南疍家饮食文化及其旅游开发初探[J].黑龙江生态工程职业学院学报,2016,29(3):13-15.

[72] 韩富贵.基于旅游资源开发的西藏非物质文化遗产生产性保护模式研究[J].四川民族学院学报,2011,20(1):67-69.

[73] 苏勇军.海洋非物质文化遗产旅游的可持续发展研究[J].浙江旅游职业学院学报,2010,6(1):10-13.

[74] 俞爱玲.海南海洋民俗体育文化传承与旅游开发途径分析[J].新东方,2014(1):34-37.

[75] 谭宏.非物质文化遗产生产性保护的实施与控制——以民族旅游为例[J].广西师范学院学报(哲学社会科学版),2016,37(3):77-83.

[76] 于晨曦.旅游产业视角下我国海洋非物质文化遗产保护与传承研究综述[J].知识经济,2016(17):75-76.

[77] 苏勇军. 文化经济背景下海洋非物质文化与旅游产业互动发展 [J]. 宁波经济（三江论坛）,2011(6):31-35.

[78] 裘杰. 宁波海洋非物质文化遗产创意产业化开发研究 [D]. 杭州：浙江工业大学,2014.

[79] 张鹏. 海洋非物质文化遗产的产业化探究——以舟山群岛新区为例 [J]. 四川省干部函授学院学报,2015(01):8-11.

[80] 赵英如. 青岛海洋遗产保护性开发研究 [D]. 青岛：中国海洋大学,2013.

[81] 刘堃. 海洋经济与海洋文化关系探讨——兼论我国海洋文化产业发展 [J]. 中国海洋大学学报（社会科学版），2011(6)：32-35.

[82] 李锋. 从工业设计实践角度看龙泉青瓷的生产性保护模式 [J]. 装饰,2017(10):128-129.

[83] 胡卫伟. 海岛旅游发展进程中的社会变迁研究 [D]. 泉州：华侨大学，2015.

[84] 杨姗姗，黄小华. 广西少数民族体育非物质文化遗产生产性保护模式 [J]. 广西民族师范学院学报,2017,34(1):21-24.

[85] 魏利粉. 非物质文化遗产衍生品设计开发——以红安大布为例 [D]. 武汉：武汉纺织大学,2016.

[86] 覃萍，张发钦. 生产性保护视角下非物质文化遗产品牌化运营研究——以广西为例 [J]. 广西社会科学,2014(10):188-193.

[87] 刘石磊. 非物质文化遗产产业化法律规制研究 [D]. 石家庄：河北师范大学,2015.

[88] 郑岩，李晓敏. 海洋文化与大连海洋旅游开发 [J]. 大连海事大学学报（社会科学版）,2013,12(6):80-84.

[89] 贾全聚. 舟山海洋非物质文化遗产保护与开发研究 [D]. 舟山：浙江海洋学院,2013.

[90] 华海坤. 论海洋非物质文化遗产的文化空间——以舟山群岛海洋非物质文化遗产为例 [J]. 管理观察,2015(4):27-30.

[91] 熊诗意. 湖南通道侗锦非物质文化遗产的生产性保护研究 [D]. 长沙：湖南大学,2014.

[92] 周梅. 贵州民族"非遗"生产性保护研究 [D]. 贵阳：贵州大学,2015.

[93] 孙谦. 论传承人在"非遗"生产性保护中的作用 [D]. 金华：浙江师范大学,2014.

[94] 唐芒果，孟涛. 武术非物质文化遗产传承人生产性保护模式及其路径研究 [J]. 南京体育学院学报（社会科学版）,2016,30(5):13-18.

[95] R·爱德华·弗里曼. 战略管理——利益相关者方法 [M]. 王彦华，梁豪，译. 上海：上海译文出版社，2006.

[96] 王其藩 . 系统动力学 :2009 年修订版 [M]. 上海 : 上海财经大学出版社 ,2009.

[97] 程名望 , 史清华 , 徐剑侠 . 中国农村劳动力转移动因与障碍的一种解释 [J]. 经济研究 ,2006(4):68–78.

[98] 张雯妍 . 非物质文化遗产与地方旅游业的互动研究——以贵州茅台酒为例 [D]. 贵阳 : 贵州大学 ,2015.

[99] 百度百科 . 北部湾 [EB/OL].[时间不详]. http://baike.baidu.com item/ 北部湾 /318903?fr=aladdin.

[100] 范成大 . 桂海虞衡志 [M]// 范成大 . 范成大笔记六种 . 孔凡社 , 点校 . 北京 : 中华书局 ,2002.

[101] 袁泽民 , 季浏 . 对民族传统体育文化传承与发展的生态探讨——以云南彝族传统体育为例 [J]. 贵州民族研究 ,2011(3):183–186.

[102] 李延超 , 饶远 . 水与火洗礼中的民族传统体育——傣族体育与彝族体育的比较研究 [J]. 体育科学 ,2006,26(11):41–48.

[103] 李穗军 . 对北海疍家文化的点滴思考 [N]. 北海日报 ,2009–11–20(7).

[104] 张世均 , 甘爱冬 . 我国少数民族非物质文化遗产的类型与特点 [J]. 重庆交通大学学报 (社会科学版),2007,7(3):52–55.

[105] 任幸 . 基于"活态性"理论的洛阳宫灯传承保护及应用研究 [D]. 西安 : 陕西科技大学 ,2013.

[106] 陈炜 , 高翔 . 民族地区体育非物质文化遗产活态传承绩效评价指标体系及模型构建 [J]. 青海民族研究 ,27(4):81–85.

[107] 文冬妮 , 王媛 . 广西少数民族特色村寨非物质文化遗产传承现状研究 [J]. 桂林师范高等专科学校学报 ,2017,31(2):7–12.

[108] 北海市人民政府办公室 . 北海市文化产业发展规划 (2015—2020 年)[EB/OL].[2015–12–21].http://www.beihai.gov.cn/zwgk/jcxxgk/zfwj/Sz+bgawj/201512/t2015122/_159693.html.

[109] 吴白桦 . 我市文化产业成经济增长亮点 [N]. 北海日报 ,2017–04–14.

[110] 高翔 . 广西北部湾地区海洋非物质文化遗产旅游开发研究 [D]. 桂林 : 桂林理工大学 ,2016.

[111] 刘娟 , 钱逍 . 试论地方高校在"非遗"保护、传承与创新中的作用——以徐州地区非物质文化遗产保护、传承与创新为例 [J]. 徐州师范大学学报 (哲学社会科学版),2012,38(4):105–109.

[112] 甘宁 . 广西边境"非遗保护发力百姓求知求富求乐 [N]. 南国早报 ,2013–03–10(8).

[113] 陈鹏.非物质文化遗产传承人培养研究——以广西为例 [J].广西师范学院学报 (哲学社会科学版),2016,37(3):84–88.

[114] 陈炜,文冬妮.桂滇黔少数民族传统体育文化资源开发利用的现状及前景 [J]. 贵州民族研究 ,2012,33(5):167–172.

[115] 吴磊.我国少数民族非物质文化遗产政策研究 [D].北京 : 中央民族大学 ,2012.

[116] PRESTON.THE STAKEHOLDER THEORY OF THE CORPORATION : CONCEPT， EVIDENCE， AND IMPLICATIONS[J].Academy of Management， 1995(20)： 52–63.

[117] 杨修发,许刚.利益相关者理论及其治理机制 [J].湖南商学院学报 ,2004(5): 38–40.

[118] FREEMAN R,E.Strategic.Management:A Stakeholder Approach[M]. Boston:Pinnan,1984.

[119] 黄昆.利益相关者理论在旅游地可持续发展中的应用研究 [D].武汉 : 武汉大 学 ,2004.

[120] FREDERICK,W.C.Business and Society,Corporate Strategy,Public Policy,Ethics.Mc Graw–Hill book Co,1988.

[121] BLAIR M.M.and Stout L.A.Response to Peter C. Kostant's Exit, Voice and Loyalty in the Course of Corporate Governance and Counsel's Changing Role[J].Journal of Socio Economics,1999,28(3):251–253.

[122] 贾生华,陈宏辉. 利益相关者的界定方法述评 [J].外为经济与管理 ,2002,24(5):13–18.

[123] 尹乐,李建梅,周亮广.利益相关者视角下的皖东地区非物质文化遗产旅游资 源评价研究 [J].地域研究与开发 ,2013, 32(5):163–166.

[124] 孙梦阳,石美玉,易瑾.非物质文化遗产旅游开发利益平衡模型研究 [J].商业 研究 ,2015(9):171–178.

[125] 张素霞.基于利益相关者理论的传统手工艺类非物质文化遗产保护效果评价模 型构建和保护体系研究 [D].北京 : 北京交通大学硕士学位论文 .2014.

[126] 大卫·威勒,玛丽亚·西兰芭.利益相关者公司 [M].北京 :经济管理出版社 ,2002.

[127] MITCHELL A ,WOOD D. Toward a Theory of Stakeholder Identification and Salience: Defining the Principle of Who and What really Counts[J]. Academy of Management Review， 1997,22 (4): 853–886.

[128] 陈宏辉, 贾生华. 企业利益相关者三维分类的实证分析 [J]. 经济研究, 2004(4): 80-90.

[129] 吴玲, 贺红梅. 基于企业生命周期的利益相关者分类及其实证研究 [J]. 四川大学学报 (哲学社会科学版), 2005(6): 35-39.

[130] 大卫·莫瑟. 旅游与当地居民之间的不和谐关系: 澳大利亚的经验 // 威廉·瑟厄波德. 全球旅游新论 [C]. 张广瑞, 等, 译. 北京: 中国旅游出版社, 2000: 96-124.

[131] 胡象明. 利益相关者原理对分析政府经济政策行为的方法论意义 [J]. 中国行政管理, 1999(12): 45-48.

[132] 洪程程, 王福鑫. 常熟 "非遗" 生产性保护现状与发展对策研究——基于常熟花边制作技艺的调查 [J]. 中国市场, 2016(51): 114-115.

[133] 陈炜, 凌亚萍, 劳国炜. 广西北部湾地区海洋非物质文化遗产生产性保护现状研究 [J]. 桂林师范高等专科学校学报, 2018, 32(1): 46-51.

[134] 吕锋. 关于推进沈阳非物质文化遗产生产性保护的对策研究 [J]. 决策咨询, 2016(4): 67-69.

[135] 段涵. 湖北武陵山区非物质文化遗产生产性保护对策研究 [J]. 传播与版权, 2016(6): 89-91.

[136] 陈俊秀. 非物质文化遗产的生产性保护利用模式研究 [J]. 学习与实践, 2015(5): 118-123.

[137] 杨姗姗, 黄小华. 广西少数民族体育非物质文化遗产生产性保护模式 [J]. 广西民族师范学院学报, 2017, 34(1): 21-24.

[138] 张晓虹. 旅游地产驱动因素和开发模式研究 [D]. 上海: 华东师范大学, 2012.

[139] 任艳艳, 单军, 姜含春. 文化生态视域下茶非物质文化遗产保护的影响因素分析——以黄山毛峰为例 [J]. 山西农业大学学报 (社会科学版), 2015, 14(3): 300-305.

[140] 陈炜. 民族地区传统体育文化与旅游产业融合发展的驱动机制研究 [J]. 广西社会科学, 2015(8): 194-198.

[141] 夏云岭. 千岛湖旅游地居民迁居意愿的测度与驱动机制研究 [D]. 芜湖: 安徽师范大学, 2017.

[142] 文冬妮, 杨主泉. 旅游开发与非物质文化遗产保护协同发展的驱动因素 [J]. 广西民族师范学院学报, 2017, 34(1): 29-34.

[143] 何昭丽, 米雪. "少数民族非物质文化遗产保护" 与 "旅游开发" 双赢发展研究 [J]. 广西民族研究, 2017(5): 149-155.

[144] 胡健, 许芳红. 手工技艺类非物质文化遗产生产性保护基地建设路径探讨 [J].

淮阴师范学院学报 (哲学社会科学版),2017,39(6):607–610.

[145] 李志雄 . 高校旅游发展的驱动机制研究——以武汉市为例 [D]. 武汉 : 华中师范大学 ,2009.

[146] 伍朝胜 . 北海海洋文化 : 发展新引擎 [J]. 当代广西 ,2014(13):36–37.

[147] 李穗军 . 对北海疍家文化的点滴思考 [N]. 北海日报 ,2009–11–20(007).

[148] 任幸 . 基于 "活态性" 理论的洛阳宫灯传承保护及应用研究 [D]. 西安 : 陕西科技大学 ,2013.

[149] 谷少杰 . 文化自觉与中国特色社会主义文化建设 [J]. 实事求是 ,2012(2):88–92.

[150] 方李莉 . 探索非物质文化遗产保护的新高度——从 "文化自觉" 走向 "文化自信" [J]. 徐州工程学院学报 (社会科学版),2011,26(4):1–7.

[151] 龚微 , 谭萍 , 罗婉红 . 民间组织与《非物质文化遗产法》的完善 [J]. 吉首大学学报 (社会科学版),2014,35(5):75–80.

[152] 鲍婧 . "非遗" 生产性保护政策研究 [D]. 北京 : 中国艺术研究院 ,2014.

[153] 韩玄武 , 章莉莉 . 海南非物质文化遗产数字化传播与旅游开发模式 [J]. 艺海 ,2015(11):71–73.

[154] 黄宇 . 海南国家级非物质文化遗产体验型旅游开发模式探讨 [J]. 特区经济 ,2015(01):25–27.

[155] 田艳 . 试论贵州非物质文化遗产的生产性保护 [J]. 贵州民族研究 ,2014,35(01):13–17.

[156] 何龙芬 . 海洋文化产业集群形成机理与发展模式研究——基于文化再生产理论 [D]. 舟山 : 浙江海洋学院 ,2011.

[157] 焦志明 . 我国文化产业集群运行机理分析 [D]. 太原 : 山西财经大学 ,2008.

[158] 沈炜 . 旅游场域中民族文化资本及其再生产研究 [D]. 武汉 : 中南民族大学 ,2011.

[159] 吕屏 . 传统民艺的文化再生产 [D]. 北京 : 中央民族大学 ,2009.

[160] 李凌 . 民族传统体育的复兴与文化再生产——日本那霸赛龙舟的个案研究 [J]. 北京体育大学学报 ,2017,40(11):140–145.

[161] W. CHRISTALLER. Central Place in southern Germany[M].Translated by Baskey C.W, Englewood Cliffs.N. J. and London: Prentice Hall,1966.

[162] T. HAEGERSTRAND. Aspeker der Raeumlichen Struktur von Sozialen Kommunikations netzen und der Informationsauabreitung , Kiepenheuer[M].Witsch, Berlin,1970.

[163] 佩鲁 . 略论 "增长极" 概念 [J]. 经济学译丛 ,1988(9):67–72.

[164] 周茂权 . 点轴开发理论的渊源与发展 [J]. 经济地理 ,1992(2):49-52.

[165] 陆大道 . 区域发展及其空间结构 [M]. 北京 : 科学出版社 ,1995.

[166] 洪银兴 . 关于创新驱动和协同创新的若干重要概念 [J]. 经济理论与经济管理 ,2013(5):5-12.